한성시대 백제와 마한

최 몽 룡 · 김 경 택

도서출판 주류성

한성시대 백제와 마한

저　　　　자 ： 최 몽 룡 · 김 경 택
저 작 권 자 ： (재) 백제문화개발연구원
발　　　　행 ： 도서출판 주류성
발　행　인 ： 최 병 식
인　쇄　일 ： 2005년 6월 13일
발　행　일 ： 2005년 6월 20일
등　록　일 ： 1992년 3월 19일 제 21-325호
주　　　　소 ： 서울특별시 서초구 서초동 1305-5 창람(蒼藍)빌딩

T　E　L ： 02-3481-1024(대표전화)
F　A　X ： 02-3482-0656
HOMEPAGE ： www.juluesung.co.kr
E - M A I L ： juluesung@yahoo.co.kr

값 10,000원

잘못된 책은 교환해 드립니다.
ISBN　89-87096-48-3

본 역사문고는 국사편찬위원회를 통한 국고보조금으로 진행되는
3개년 계획 출판사업입니다.

▲ 고양 멱절산성 내 토실(土室, 경기도 박물관 발굴)

▶ 인천 계양구 동양동 백제 토광묘(한국문화재보호재단 발굴)

▼ 몽촌토성 밖 미술관 부지 내 집자리(국립문화재연구소 발굴)

▲ 나주 금천 신가리 당가 요지(窯址, 동신대학교 박물관 발굴)

▲ 연천 백학 학곡리 적석총(기전문화재연구원
　발굴)

▶ 춘천 천전리 고인돌(강원문화재연구원 발굴)

▼ 양평 양수리 상석정 철자형(凸字形) 집자리
　(성균관대학교 박물관 발굴)

▲ 안성 원곡 반제리 종교·제사유적(중원문화재연구원 발굴)

▲ 진천 문백 사양리의 탄요(炭窯, 중앙문화재연구원 발굴)

◀ 이성산성(사적 제422호) 현문이 보이는 동벽(한양대학교 박물관 발굴)

▼ 서산 음암 부장리 유적
　출토 무문토기(충남역사
　문화연구원 발굴)

▲ 풍납동토성(사적 제11호) 동벽 출토 경질무문토기(국립문화재연구소 발굴)

▼ 포천 자작리 유적 출토 기대(器臺, 경기도 박물관
　발굴)

▼ 가평 달전 2리 토광묘 출토 화분형토기(한림대학교
　박물관 발굴)

▶ 공주 의당 수촌리에서 발굴된 계수호(鷄首壺, 충남
역사문화연구원 발굴)

▲ 양평 양수리 상석정 유적 출토 한나라 도기(성균관대
학교 박물관 발굴)

▲ 안성 원곡 반제리 유적 출토. 이중구연에 단사선문이 있는 토기(중원문화재연구
원 발굴)

▲ 강화 교동 대룡리 패총 출토. 한나라 영향
하에 제작된 도기(인천시립박물관 발굴)

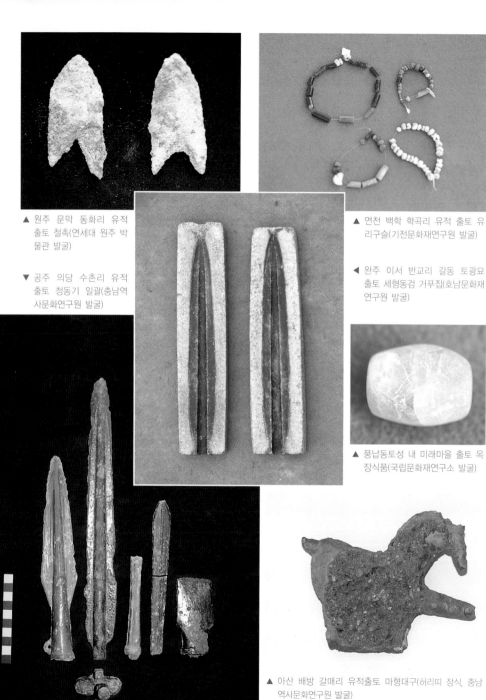

▲ 원주 문막 동화리 유적 출토 철촉(연세대 원주 박물관 발굴)

▼ 공주 의당 수촌리 유적 출토 청동기 일괄(충남역사문화연구원 발굴)

▲ 연천 백학 학곡리 유적 출토 유리구슬(기전문화재연구원 발굴)

◀ 완주 이서 반교리 갈동 토광묘 출토 세형동검 거푸집(호남문화재연구원 발굴)

▲ 풍납동토성 내 미래마을 출토 옥 장식품(국립문화재연구소 발굴)

▲ 아산 배방 갈매리 유적출토 마형대구(허리띠 장식, 충남 역사문화연구원 발굴)

한성시대 백제와 마한

고고학자료로 본 한국고고학·고대사의 새로운 맥락

머리말

    필자가 한성시대백제(漢城時代百濟)와 마한(馬韓)에 관한 고고학적 연구를 시작한 지도 어느덧 20년이 지났다. 지난 1985년 「고고학적 자료를 통해 본 백제 초기의 영역 고찰-도성 및 영역문제를 중심으로 본 한성시대 백제의 성장과정」(『천관우 선생 환력(還曆) 기념 한국사학논총』)이란 글을 통해 한성시대 백제에 관한 연구를 시작하였고, 그 이듬해인 1986년에 발표된 「고고학적 측면에서 본 마한」(『마한·백제 문화』 제9집)이란 논문은 필자의 첫 마한 연구였다. 필자가 이 두 주제에 관심을 갖고 연구를 시작했던 20년 전에는 이용 가능한 고고학 자료가 극히 적어, 초기 연구는 몇몇 문헌 사료와 단편적인 고고학 자료를 이용한 가설(假說) 수준에 머무를 수밖에 없었다. 그런데 1980년대 후반 주암댐 수몰지구 유적발굴조사에서 전남 승주군 송광면 대곡리와 낙수리에서 각각 당시까지 유래가 없었던 대규모 철기시대 전기와 마한시대 생활유적을 조사하는 기회를 갖게 되었다. 두 유적은 당시까지 단편적인 문헌자료 이외에 고고학 자료가 거의 전무했던 마한의 생활상과 문화상에 관한 귀중한 정보를 제공해 주었다. 청동기시대부터 철기시대 전기를 거쳐 삼국시대 전기(철기시대 후기) 및 후기의 집자리들이 조사된 대곡리 도롱 및 한실 유적은 마한의 성립 배경 및 변천과정에 관한 정보를 제공해 줌으로써 마한고고학 연구가 활성화될 수 있는 중요한 계기가 되었다. 한강 유역에서는 1970년대에 석촌동 적석총을 포함한 몇몇 고분군들이 조사된 이래 1980년대에는 석촌동 고분군, 몽촌토성, 이성산성 등이 조사되어 한성시대 백제를 고고학적으로 연구할 수 있는 기반이 제공되었다. 그리고 1990년대 후반 이후 지금까지는 풍납동 토성에 대한 발굴조사가 계속되어 한성백제 연구에 커다란 진전을 가져왔다. 이렇듯 아직까지 충분하다고는 할 수 없지만 상당한 고고학 자료의 축적이 이루어졌으며, 필자의 연구 역시 새로이 확인된 고고학 자료의 도움으로 보다 구체화되고 있다. 그런데 필자가 2003년 「고고학으로 본 마한」(원광대학교 마한·백제 문화연구소 창립 30주년 기념 학술대회)과 「한성시대 백제와 마한」(『문화재』 36호)이란 두 편의 글을 발표할 때까지도 한성 백제와 마한 연구에 관한 필자의 기본적 시각 내지 입장은 이 분야 연구를 처음 시작했던 20년 전과 비교해 별다른 변화가 없다. 새로이 추가되고 있는 마한 및 백제 관련 고고학 자료들은 필자의 견해를 수정하기보다는 오히려 필자의 시각을 보완하여 보다 구체화시켜 주고 있다.

주지하듯이 한국의 토착사회를 형성했던 지석묘는 한국고고학 시대 구분상 청동기시대(靑銅器時代: 기원전 2000년~기원전 400년. 필자는, 早期 단계를 설정하여 한국 청동기시대의 상한을 기원전 2000년까지 올리고 있다)의 중심 묘제로 알려져 있다[단 전남지방, 경상도 지역과 제주도의 경우는 철기시대 전기(鐵器時代前期: 기원전 400년~기원전 1년)까지도 지석묘 축조가 성행]. 무엇보다도 중요한 것은 중국과 러시아의 고고학자료를 비교해 볼 때 한반도의 철기시대 상한연대가 종전의 기원전 300년 보다 100년이 앞선 기원전 400년으로 올라갈 수 있다는 점이다. 그래서 이번 책에서부터 철기시대의 상한을 기원전 400년으로 기술하고 기원전 400년에서 기원전 1년까지의 세분화된 편년 즉, 전기·중기·후기의 편년 설정은 점토대토기의 단면의 원형 장방형과 삼각형으로 정하나, 그 구체적인 내용과 설명은 앞으로 기회가 있는데로 따로 발표할 생각이다. 그리고, 기원전 3~2세기 무렵부터 경기도, 충청도, 전라도 지역에는 마한 54국이 존재하고 있었는데, 이들 소국(小國)들은 청동기시대부터 철기시대 전기까지 존재하였던 우리나라 토착 지석묘 사회를 기반으로 하여 발전한 것이다. 문헌 기록에 따르면 마한 54국의 중심세력은 마한인(馬韓人)들의 공립(共立)을 받은 진왕(辰王)이 다스리는 목지국(目支國)이었다. 이 목지국은 처음에는 성환·직산·천안(용원리가 그 중심지로 추정됨) 일대에 위치하였으나 이후 전북 익산(益山)을 거쳐 최종적으로는 전남 나주 반남면(全南 羅州 潘南面) 대안리·덕산리·신촌리(사적 76·77·78호) 일대에 존재했으며, 마한은 5

세기 말 또는 6세기 초에 이르러 백제에 정치적으로 동화 내지 병합된 것으로 보인다. 한편 『삼국사기(三國史記)』에 기원전 18년 건국한 것으로 기록된 백제는 건국 초기에는 마한왕(馬韓王)으로부터 영토를 할양받았던 보잘것 없는 작은 세력이었다. 그러나 백제는 시간이 흐르면서 점진적으로 마한의 영토를 잠식하며 세력을 확장해 나갔는데, 특히 제13대 근초고왕(近肖古王: 재위 346~375년)대에는 천안(天安) 용원리를 중심으로 하던 마한의 목지국을 남쪽으로 내몰기에 이르렀다(근초고왕 14년, 369년). 즉, 시대에 따른 목지국의 위치 변천 과정은 한성, 웅진, 사비시대로 이어지는 백제 도읍의 변천 과정과 그 궤를 같이 하는 것으로 이해할 수 있다.

 따라서 필자는 평양을 중심으로 존재했던 위만조선(衛滿朝鮮: 기원전 194년~기원전 108년), 위만조선의 멸망 후 이를 대치했던 낙랑(樂浪)과 대방[帶方, 후한(後漢) 마지막 왕 13대 헌제(獻帝) 건안(建安) 서기 196년~220년간에 대방군이 됨]의 존재와 마한 사회를 역사적 실체로 인정하고, 『삼국사기』에 기록된 백제를 포함한 삼국(三國)의 건국 연대를 수용하는 입장을 취하고 있다. 그래야만 별다른 무리 없이 한국 고대사의 서술이 전개될 수 있으며, 그중에서도 삼국사기 신라본기 혁거세(赫居世) 38 · 39년(기원전 20 · 19년)조의 신라와 마한과의 기사가 쉽게 이해된다. 그렇다면, 백제의 건국 훨씬 이전부터 존재했던 마한에 관한 서술이 한성백제의 서술에 앞서 구체적으로 이루어져야 하는데, 아직 마한관계 자료와 연구 성과가 부족해 부득이 한성백제를 중심으로 서술이 이루어진 면이 없지 않다. 다시 말해서 삼국지(三國志) 위지(魏志) 동이전(東夷傳)에 보이는 마한 54국의 실제 위치와 목지국을 포함한 마한 제소국(諸小國) 세력들과 초기 한성시대 백제와의 통상권(通商圈: Interaction Sphere), 즉 마한과 한성시대 백제와의 문화적 공유 관계를 구체적으로 언급하기 위해서는 고고학 자료의 축적을 좀 더 기다려야 한다. 그러나 1990년대 후반 이후 경기도, 충청남북도 그리고 전라남북도에서 토실(土室), 굴립주(掘立柱)건물, 주구묘(周溝墓) 그리고 조족문(鳥足文) 및 거치문(鋸齒文) 토기 등을 포함한 마한의 실체를 구체화해 줄 것으로 기대되는 고고학 자료들이 지속적으로 확인되고 있어 오래지 않아 이에 관한 구체적인 논의를 진행할 수 있을 것이다.

　지난 1985년 백제문화개발연구원의 학술연구보조비의 도움을 받아 필자의 첫 한성시대 백제 연구가 이루어진 바 있는데, 다시 2004년 봄 백제문화개발연구원으로부터 '한성시대 백제와 마한'이란 주제로 집필 의뢰를 받게 되었다. 필자 역시 지난 20년 동안 진행해 온 한성 백제와 마한 관계 연구들을 종합적으로 정리하고 새로운 자료를 추가하여 한 권의 책을 펴낼 계획을 세우고 준비하던 중이라 별다른 망설임 없이 집필 의뢰를 수용하게 되었다. 백제는 마한의 기반 위에 성립하였기 때문에 '마한과 한성시대 백제'라는 서명(書名)이 보다 타당하겠으나 여기에서는 '한성시대 백제와 마한'으로 하였다. 그리고 백제문화개발연구원의 양해를 얻어 미국 오레곤 주립대학교(University of Oregon) 인류학과에서 박사학위를 취득하고 돌아온 필자의 제자 김경택(金庚澤) 박사와 함께 이 일을 진행하게 되었다. 지난 1983년 이래 필자의 지도를 받아 온 그 역시 일찍부터 한성백제와 마한이란 주제에 많은 관심을 가져왔고, 필자와 함께 이 분야에 관한 몇 편의 글을 발표한 바 있다. 또 그는 그동안 여기에 실린 필자의 글 13편들을 먼저 읽고 그 내용을 이해하기 쉽도록 풀어쓰는데 적지 않은 도움을 주어 왔다. 특히 그는 필자와 학문적 시각과 입장에 큰 차이가 없어 공저자의 한 사람으로 이름을 넣었다. 왜냐하면 이를 통해 필자의 오랜 생각인 한국 고고학과 고대사의 새로운 시각과 맥락이 좀더 폭넓게 받아들여질 수 있는 새로운 학파(學派)가 형성되기를 바라고 있기 때문이다. 본 책은 필자가 '미래를 위한 문화유산의 보존과 정책'(계간감사, 2001)과 '한성시대 백제와 마한'(『문화재』 36호, 2003)이란 글들을 비롯하여 지난 20여 년간 개별적으로 발표했던 13편의 글들에 최근 새로이 확인된 자료를 추가하고, 내용을 약간 수정 · 보완하여 한 권의 책으로 묶는데 무리가 없도록 하였는데, 공동 집필자인 김경택은 그 전반적인 진행과 본서 말미에 실린 영문 초록(New Perspectives in the Korean Archaeology and Ancient History: Emergence and Development of Hanseong Period Baekje and Mahan)의 작성에 많은 도움을 주었다. 집필을 마치고 보니 여러 편의 글에서 부분적으로 내용의 중복이 눈에 띄는데, 이는 '한성시대 백제와 마한'이란 주제가 특정 시기나 유구 · 유물에 관한 독립된 주제라기보다는 한국 고고학상 청동기시대(기원전 2000년~기원전 1500년), 철기시대 전기

(기원전 400~기원전 1년), 삼국시대 전기(또는 철기시대 후기, 서기 1~300년)와 후기(서기 300~660년)를 아우르는 기원전 2000년부터 서기 300년까지 약 2300년간의 상당한 시간대에 걸친 매우 복합적인 연구 주제임을 보여주고 있기 때문이다. 다시말해 이 책은 2300년간의 한국 고고학개설에 해당한다. 그래서 〈고고학자료로 본 한국 고고학·고대사의 새로운 맥락〉이라는 부제를 달아 놓았다. 다시 말해 본서는 한국 고고학 및 고대사의 새로운 맥락에서 본 '한성시대 백제와 마한'이라 할 수 있겠으며, 또 필자가 계획하고 있는 『한국 고고학·고대사의 신연구(韓國 考古學·古代史의 新研究)』라는 책의 준비작업 내지는 서문(序文)이라 할 수 있다. 필자가 한성백제 연구를 시작할 수 있도록 지원해 주었고, 또 20년에 걸쳐 진행되어 온 '한성시대 백제와 마한' 연구를 종합적으로 검토하고, 앞으로의 연구방향을 설정할 수 있는 기회를 주신 백제문화개발연구원 신병순(申柄淳) 사무국장, 주류성 최병식(崔秉植) 사장과 전체 교정을 꼼꼼하게 보아준 성균관대학교 사학과 대학원 박사과정에 재학 중인 윤용희(尹龍熙) 군에게 이 자리를 빌어 고마움을 표한다.

2005년 1월 1일

희정(希正) 최몽룡(崔夢龍) 識

차 례

제3부 고고학적 관점에서 본 한성시대 백제

제4부 한성시대 백제와 한강유역

제5부 한국고대사의 새로운 이해

차   례

사진목록

차 례

제1부 백제의 신화와 제의

한국의 건국신화와 용(龍)

1. 설화

설화(說話)란 일정한 구조를 지닌 꾸며낸 이야기를 일컫는데, 이에는 신화, 전설 그리고 민담이 포함된다. 신화는 '종교적 교리 및 의례의 언어적 진술'이라 정의되는데, 이는 다시 그 내용에 따라 건국, 씨족, 마을, 무속 신화의 네 가지로 분류된다(김열규 1976: 70~74). 한국에서는 신격을 타고난 인물이 범상(凡常)을 벗어나 과업을 성취하는 신화와 주인공의 원향(原鄕)에 관한 이야기에서 시작하여 출생, 성장, 혼인, 즉위를 거쳐 죽음에 이르는 일련의 통과의례 과정을 다룬 건국신화(建國神話)나 시조신화(始祖神話)를 으뜸으로 인식하여 왔다. 김열규는 무속 원리에 의해 신성화된 한국의 신화들은 공통적으로 무속신화의 중요한 속성 중의 하나인 '본풀이'(또는 본향풀이: 바리공주 신화에서 볼 수 있음)의 요소를 지니고 있다고 보았다. 한편 한국의 건국신화는 왕권을 신성화하는데, 이러한 건국신화들은 단순한 신화의 영역을 뛰어넘어

역사적으로 구체화된 신화와 전설의 복합체라 할 수 있다. 신화의 주인
공은 인간의 한계를 뛰어넘는 능력을 지닌 신적인 존재이며, 신화는 민
족 내부에서 전승된다는 견해가 제시된 바 있다. 이 견해에 따르면 국
가는 국가창건신화의 증거물에 해당하며, 만일 신화에서 이와 같은 증
거물이 없다면, 그 전승은 중지되거나 민담으로 전환된다고 한다(조희
웅 1983).

우리나라의 상고사(上古史)를 살펴보면, 한민족이 중심이 되어 건국된
단군조선, 부여, 고구려와 신라에는 각기 고유하면서도 서로 맥이 통하
는 신화가 존재한다. 그리고 백제와 고려 그리고 조선의 경우는 각기
역사적인 구체적 사실을 미화시켜 건국신화를 만들려고 노력하였다.
여기에는 우리나라 역사에 등장했던 부여, 고구려, 백제, 신라 그리고
고려와 조선의 건국신화와 시조신화에 주제로 등장한 용(龍)이 중요한
위치를 점하고 있다. 필자는 1993년 12월 국립부여박물관에서 조사한
'부여 능산리(扶餘 陵山里) 출토 국보 제287호 백제금동대향로(百濟金銅
大香爐)'에 대한 새로운 해석 등을 통해 '용의 상징성'에 대한 고고학
및 신화학적 배경에 관한 연구를 진행해 왔는데, 이는 본격적인 고찰에
앞선 서설(序說) 또는 여적(餘滴)이라 할 수 있다(최몽룡 1994, 1997).

2. 우리나라의 건국신화

『삼국유사』 권(卷) 제 1 기이(紀異) 제2조(條)에 따르면, 왕검조선(王儉

朝鮮)은 풍사(風師)·우사(雨師)·운사(雲師)를 거느리고 지상[신단수 아래 신시(神市)]에 내려온 상제 환인(上帝 桓因)의 서자 환웅(桓雄)이 3·7일을 굴에서 지낸 후 여자가 된 웅녀(熊女)와 결혼해서 난 단군왕검(檀君王儉)이 아사달(阿斯達)에서 나라를 열면서 생겨났다. 그 해가 요제(堯帝) 즉위 후 50년 경인년[庚寅年, 실제로는 정묘년(丁巳年)] 즉, 기원전 2333년으로 『동국통감』에 의하면 당고(唐高) 무진년(戊辰年)에 해당한다. 참고로 신라 진평왕(眞平王) 50년(서기 628년) 여름에 큰 가뭄이 들자 시(市)를 옮기고 용(龍)을 그려 비가 오기를 기원했다는 기록이 있고, 이를 근거로 이시(移市)와 기우제(祈雨祭)를 하나의 연관된 과정으로 보는 견해도 있는데(金昌錫 1997: 70), 단군신화의 우사(雨師)도 이와 연관이 있을 것으로 추측된다. 단군왕검은 평양성(平壤城)에 도읍을 정하고, 국호를 조선(朝鮮)이라 하였는데, 이후 백악산 아사달로 도읍을 옮겨 1500년 동안 나라를 다스리다가, 주 무왕[周 武王 또는 호왕(虎王)] 기묘년(기원전 1122년)에 기자조선(箕子朝鮮)이 들어서서 장당경(藏唐京)으로 도읍을 옮겼다. 단군왕검은 후일 아사달에 숨어 산신이 되었다고 하는데, 당시 그의 나이는 1908세에 이르렀다고 한다. 지난 1993년 이래로 북한 고고학자들이 평양 근교 강동군 대박산(江東郡 大朴山) 기슭에서 소위 단군릉이 발굴되었다고 주장하고 있으나, 무덤의 위치, 연대, 묘의 구조, 인골의 연대 및 출토 유물 등 여러 부분에서 모순점이 엿보인다(최몽룡 1997: 103~116).

북부여는 해모수(解慕漱)가 하늘에서 다섯 마리의 용을 타고 내려와 나라를 세우면서 건국된 것으로 되어 있는데, 이는 전한 선제 신작(前漢 宣帝 神爵) 3년으로 기원전 59년에 해당한다. 북부여의 시조 해모수의 가계는 해부루[解扶婁, 가엽원(迦葉原)으로 도읍을 옮겨 동부여(東夫餘)라 함], 금와(金蛙, 하늘이 점지한 개구리 같은 어린이란 의미로 해부루의 수양아들이자 태자)를 거쳐 대소(帶素)에게로 이어진다. 『삼국사기』권 1 동부여조(東夫餘條)에 따르면, 이 나라는 왕망(王莽) 15년, 즉 기원후 22년[고구려 제3대 대무신왕(大武神王) 5년]에 망한 것으로 되어 있다. 그러나 부여는 346년 연왕(燕王) 모용 황에게 망했으며[그 중심지는 장춘 동단산 남성자(長春 東団山 南城子)로 추정됨], 실제로는 고구려에 투항했던 494년까지 지속되었다. 한편 동명왕[東明王, 주몽(朱蒙), 성은 고(高)]의 고구려 건국에는 대개 세 가지 설화가 전해지고 있는데 이들 설화는 다음과 같이 요약될 수 있다. 주몽은 북부여의 건국자인 천제의 아들 해모수와 용왕의 딸인 하백녀[河伯女, 유화(柳花)] 사이에서 나온 알에서 나왔는데[난생(卵生)], 그 해는 한(漢) 신작(神爵) 4년, 즉 기원전 58년이다. 따라서 그는 해모수의 아들인 해부루와는 이모형제간(異母兄弟間)이 된다. 금와의 태자인 대소와 사이가 좋지 않았던 주몽은 졸본주[卒本州, 졸본부여, 홀본골성(忽本骨城), 현재 오녀산성으로 추정됨]로 가 나라를 세웠는데, 이규보(李奎報)의 『동국이상국집』(東國李相國集) 동명왕편(東明王篇)에 의하면, 그 해는 한(漢) 원제(元帝) 12년, 즉 기원전 37년(최근 북한 학자들은 고구려의 건국연대를 기원전 277년으로 잡고, 그 이전 단계를 '구려'로 보고 있다)으로 당시 주몽의 나이는 21세였다. 주몽이 부여에 있을 때 예(禮)씨 부인으로부터 얻은 아들이 유리(瑠璃)인데, 주몽은 기원전 19년 자기 집 일곱 모난 소나무 기둥 아래[칠령칠곡(七嶺七谷)의 돌 위에 선 소나무 기둥]에서 부러진 칼을 찾아 온 그에게 왕위를 물려주었다고 한다(기원전 19년~기원후 18년).

백제의 건국자는 주몽의 셋째 아들인 온조(溫祚, 기원전 18년~기원후 28년)인데, 아버지 주몽을 찾아 부여에서 내려온 왕자 유리(고구려의 제2대 왕)의 등장에 신분의 위협을 느낀 그는 한(漢) 성제(成帝) 홍가(鴻嘉) 3년(기원전 18년) 형 비류(沸流)와 함께 남하하여 하북위례성[河北慰禮城, 현 서울 중랑천(中浪川) 근처이며, 온조왕 14년(기원전 5년)에 옮긴 하남위례성(河南慰禮城)은 서울 송파구에 위치한 사적 제11호인 풍납토성(風納土城)으로 추정됨]에 도읍을 정하였다. 한편 그의 형 비류는 미추홀(彌鄒忽, 현 인천)에 정착하였다. 『삼국유사』는 이들 형제를 고구려의 건국자인 주몽[또는 추모왕(鄒牟王)]과 졸본부여왕의 둘째 딸 사이에서 태어난 아들로 전하고 있다. 그런데 같은 책 전기(典記)에 따르면, 온조는 동명왕의 셋째 아들이다. 그러나 『삼국사기』 백제본기 별전(권 23)에 따르면 온조는 북부여의 두 번째 왕인 해부루의 서손(庶孫) 우태(優台)의 아들이다. 이는 그의 어머니인 소서노(召西奴)가 우태의 부인이었다가 나중에 주몽에게 개가했기 때문이라 생각된다.

일연(一然)의 『삼국유사』(충렬왕 7년, 1281년) 기이 제2 무왕조(武王條)에는 백제 제29대 법왕(法王)의 아들인 제30대 무왕[武王, 재위

600~641년, 일명 장(璋) 혹은 서동(薯童)]은 과부인 어머니가 서울 남쪽 남지(南池)에 사는 용(龍)과 통교(通交)해서 낳은 아들로 기록되어 있다. 이는 백제 왕실에서 처음으로 가계가 용과 연루된 예이다. 고려의 경우는 이승휴(李承休)의 『제왕운기』(충렬왕 13년, 1287년)에 기록된 작제건(作帝建) 설화가 있다. 이 설화에 따르면, 왕건(王建)의 할아버지 작제건은 아버지인 당(唐) 황제를 찾아 가다가 서해 용왕의 딸과 혼인해 융(隆)을 낳았는데, 융의 아들인 왕건이 고려 왕권을 창출했다. 설화에 따르면 성골장군(聖骨將軍)→송악군의 사찬(沙粲) 강충(康忠)→보육[寶育: 양자동(養子洞)의 거사(居士), 원덕대왕(元德大王)]×보육의 형인 이제건(伊帝建)의 딸 덕주(德周)와 혼인→진의[辰義, 정화왕후(貞和王后)]×당황제[唐皇帝, 당충왕(唐忠王), 숙종(肅宗)]→작제건(作帝建)×서해용왕의 딸[용녀(龍女)]과 혼인→금성태수 융(隆)×한씨(韓氏) 부인→왕건(王建)으로 가계가 이어지며, 이에 따르면 왕건의 가계 역시 용과 관련된다.

조선왕실의 경우는 『용비어천가』(龍飛御天歌)[세종(世宗) 27년, 1445년]에 목조-익조-도조(또는 탁조)-환조-태조-태종 등 세종의 6대 할아버지를 육룡(六龍)으로 묘사하고 그들의 행적을 기록하였다. 왕조 초기 피로 얼룩진 개국 상황을 덕을 쌓아 하늘의 명을 받아 나라를 열었다는 식으로 합리화시킨 것으로 이해되는데, 조선 역시 그 가계를 용과 관련시키고 있다.

한편 학계에서 위서(僞書)로 보고 있는 『환단고기』(桓檀古記, 桂延壽 1911)에는 직접적으로 용과 관련되지는 않지만 신라의 건국에 대한 이야기가 수록되어 있다. 같은 책의 고구려국 본기(高句麗國本紀)에 따르면 신라의 시조 혁거세(赫居世)는 선도산(仙桃山) 성모(聖母)의 아들인데 부여제실(扶餘帝室)의 딸 파소(婆蘇)가 남편 없이 임신을 하여 남들의 의심을 받게 되자 눈수(嫩水)에서 동옥저(東沃沮)를 거쳐 배를 타고 진한(辰韓)의 내을촌(奈乙村)에 이르렀다. 그 곳에서 소벌도리(蘇伐都利)의 양육 하에 지내다가 13세에 이르러 서라벌에 도읍을 정하고 사로(斯盧)라는 나라를 세웠다. 이에 근거하여 혁거세를 도래신(渡來神)으로 보고 부여(夫餘)-동옥저(東沃沮)-형산강구(兄山江口)로 온 경로를 추정한 연구도 있었다. 이는 혁거세가 서술성모(西述聖母)가 낳은 아이라는 『삼국유사』 기록에 근거하여 파소(婆蘇)=서술(西述)로 보고 혁거세가 출현할 때 나정(蘿井, 사적 245호), 옆에 있던 백마를 북방계의 기마민족(騎馬民族)과 연결시켜 주몽신화와 같은 계열로 보는 입장이라 하겠다(尹徹重 1996: 251). 박혁거세는 유이민 세력과 토착 세력 사이의 일정한 관계 속에서 국가를 형성하고 임금이 된 것으로 여겨진다(최광식 1997: 16). 나정의 발굴 결과 철기시대 전기의 점토대토기 문화의 바탕 위에 신라가 건국했으며, 또 실제 그곳에는 박혁거세의 신당(神堂), 또는 서술성모의 신궁이 팔각(八角)형태의 건물로 지어져 있었음으로 신라의 개국연대가 기원전 57년이라는 것도 새로이 믿을 수 있게 되었다. 신화에 가려져 있는 신라 초기의 역사가 점차 역사적 사실로 받아들여지고 있다. 그러나 박혁거세의 부인이 된 알영(閼英)은 사량리(沙梁里) 알영정[閼英井, 사적 172호 오능(五陵) 내]에 나타난 계룡(鷄龍)의 옆구리에서 나온 동녀(童女)라 전해지고 있다. 비록 부인의 경우이기는 하지만, 신라 역시 용과 관련을 맺고 있음이 주목된다. 따라서 신화상으로 볼 때 신라도 고구려 및 백제와 같은 계통이라는 추정이 가능하지만, 이는 앞으로 학계의 논증을 필요로 한다.

한편 왕계(王系)와 직접적인 관련이 있다고 이야기할 수는 없지만, 1990년대 말 국보 제224호 경회루(慶會樓) 북쪽 하향정(荷香亭) 앞바닥의 준설작업에서 오조(五爪)의 동룡(銅龍)이 발견된 바 있다. 비늘과 뿔이 달린 것으로 미루어 이 용은 교룡(蛟龍) 또는 규룡(虯龍)이라 할 수 있다. 경회루전도(慶會樓全圖)에 의하면 정학순(丁學洵)이 1867년 경회루 중건 후 화재를 방지하기 위해 고종(高宗, 조선 제26대 왕, 1852~1919년)의 명을 받들어 구리로 만든 용 두 마리를 넣었다고 한다. 또 신라 제30대 문무대왕(文武大王, 661~681년 재위)의 호국원찰(護國願刹)로 추정되는 감은사(感恩寺) 동쪽 삼층석탑(三層石塔, 국보 제112호)에서 나온 사리기(舍利器)의 지붕 네 모서리에는 용 네 마리가 장식되어 있다(서쪽 삼층석탑에서 나온 사리함 일괄유물은 이미 보물 제366호로 지정되어 있었다). 이들은 죽어 동해의 용이 되어 왜구를 막겠다는 문무왕의 발원(發願)과 무관하지 않다. 전자는 조선조의 고종과 후자는 통일의 과업을 이룩한 문무왕 왕가(王家)와 연관되어 있다.

3. 부여 능산리 출토 백제금동대향로(百濟金銅大香爐)

1993년 12월 22일 부여 능산리(陵山里) 고분군(사적 제14호)과 나성(羅城, 사적 제58호) 사이에서 확인된 공방 터라 추정되던 건물지에서[현재 능사로 알려진 이 일대의 발굴에서 보희사(寶喜寺)·자기사(子基寺)란 사찰 명칭이 적힌 목간(木簡)이 확인되기도 함] 백제시대의 백제금동대향로[百濟金銅大香爐: 처음에는 금동용봉봉래산향로(金銅龍鳳蓬萊山香爐, 국보 287호)로 불렸으며, 일명 박산로(博山爐)라고도 함]가 출토되어 세인의 주목을 끈 바 있다. 그리고 그 다음해 계속된 발굴에서는 당시의 다리 터와 함께 창왕(昌王) 13년명(年銘) 사리감(舍利龕)이 확인되기도 했는데, 이는 1971년 7월 국립박물관장 고(故) 김원용(金元龍) 교수에 의해 발굴된 공주 송산리(宋山里, 현 금성동: 고분군은 사적 제13호임) 소재 제25대 무령왕릉(武寧王陵, 송산리 7호분) 이래 백제고고학 최대의 성과로 인식되고 있다.

전체 높이가 64㎝에 이르는 이 향로는 크게 뚜껑과 몸체의 두 부분으로 구분된다. 보다 구체적으로는 뚜껑 꼭대기의 봉황장식, 뚜껑, 몸체와 용으로 된 다리의 네 부분으로 나누어 볼 수 있다. 최상단 꼭대기에 봉황이 장식되어 있고, 그 아래에서 봉황장식을 받치고 있는 뚜껑부에는 봉래·방장·영주의 삼신산형(三神山形)의 문양장식이 있다. 최상단에 피리, 비파, 소, 현금과 북을 연주하는 다섯 사람의 주악상(奏樂像)이 있는데, 인물들은 모두 머리 우측으로 머리카락을 묶어 내려뜨리고 앉아 있다. 그 밑으로 다섯 개의 산이 돌아가는데, 산꼭대기에는 앉아 있거나 나는 새의 형상이 조각되어 있다. 뚜껑 밑의 몸체에는 연꽃 잎 문양이 삼중으로 위를 향해 있고, 그 연꽃 잎 가운데에는 물고기, 용, 택견의 모습을 취하고 있는 어린 소년상이 양각(陽刻)되어 있다. 그 제 작연대는 표현된 여러 양식으로 미루어 보아 부여시대 또는 사비시대 (538~660년)의 마지막인 7세기경으로 추정된다. 부여시대 백제의 왕으 로는 성왕, 위덕왕, 혜왕, 법왕, 무왕, 의자왕의 여섯 명이 있었다. 그런 데 『삼국사기』 백제본기 무왕(武王) 35년 기사, 즉 '…春二月 王興寺(『三 國遺事』에서는 彌勒寺로 봄)成 其寺臨水 彩飾壯麗 王每乘舟入寺行香…' 으로 미루어 보아 40년이 넘는 긴 재위기간 동안 많은 업적을 남겼던 무왕(武王, 600~641년) 35년, 서기 634년에 이 향로가 만들어졌을 것으 로 생각된다. 그리고 이 향로가 매장된 장소가 보여주는 어수선한 정황 은 나당연합군(羅唐聯合軍)에 의한 백제 멸망의 순간과 무관하지 않은 것으로 추측된다. 따라서 이 향로의 제작연대의 하한은 백제가 망하는 해인 서기 660년이 되겠다.

이제까지 하북성(河北城) 만성현(滿城縣) 능산(陵山)의 중산왕(中山王) 유승(劉勝)의 묘(전한)와 평양 석암리 9호 및 219호 등의 낙랑고분(樂浪 古墳)에서 향로가 실물로 출토된 예가 있으며, 신안 앞바다에서는 14세 기 원대(元代)의 청동제 박산향로가 확인된 바 있다. 이들은 향을 불살 라 연기를 쐬어 냄새를 제거하거나 방충제 역할을 하는 훈로(燻爐)의 일종인데, 그 중에서 뚜껑이 봉래산과 같은 산악형을 이룬 것을 박산로라 한다.

　중국 전국시대(戰國時代) 말기에 출현한 박산로는 한대(漢代)에 가장 성행했으며, 이후 위진 남북조(魏晉南北朝), 당 그리고 원나라 때까지 계속 사용된 것으로 알려져 있다. 그런데 박산은 구체적인 지명이라기보다는 당시 황실이나 귀족사회에서 유행했던 도교사상의 중심이었던 신선사상에서 유래한 상상의 지명으로 여겨지는데, 이 향로에는 불교적인 색채도 보인다. 즉 향로가 향을 피우는 불구(佛具)이며, 박산이 수미산(須彌山)을 지칭한다고 볼 때 그러하다. 이번에 발견된 향로의 몸체에 불교의 상징이라 할 수 있는 연화문[仰蓮覆瓣蓮花文]이 새겨져 있다. 연꽃은 만물을 화생(化生)시키는 불교적인 생성관(生成觀)인 연화화생(蓮花化生)의 불교사상과 무관하지 않다(한국관광공사 1995: 26; 국립청주박물관 1996). 이 향로에 장식된 문양을 통해 볼 때 백제사회에 도교와 불교사상이 깊이 침투해 있음을 알 수 있다. 기록에 의하면, 백제15대 침류왕(枕流王) 원년(서기 384년) 진(晉)나라에서 온 호승(胡僧) 마라난타가 백제에 불교를 전래했다. 불사는 그 이듬해 한산(漢山)에서 이루어졌으며, 그 곳에 10여 명의 도승이 거주하고 있었다고 기록되어 있다. 그러나 도교에 관한 기록은 거의 없다. 최근 무령왕릉(武寧王陵)에서 발견된 매지권(買地券: 죽어 땅속에 묻히기 전에 산주인 산신에게 땅을 사는 문권, 국보 제163호)의 말미에 보이는 부종률령(不從律令: 어떠한 율령에도 구속받지 않는다)이란 단어가 도교사상에서 기인한 묘지에 대해 신의 보호를 기원하는 주술적인 의미로 해석되기도 한다. 또

제13대 근초고왕이 서기 371년 고구려 고국원왕을 사살시키고 난 후 장수 막고해가 언급했던 '지족불욕(知足不辱) 지지불태(知止不殆)'라는 표현은 노자(老子)의 명여신(名與身)의 글을 그대로 인용한 것으로 당시 백제 사회에 도교의 영향이 있었음이 확실하다. 이러한 견해를 수용한다면 도교가 이미 백제왕실에 전래되어 있었던 것으로 해석할 수 있겠다. 고구려 고분벽화에는 연개소문이 심취했던 도교의 신선사상의 표현이라 할 수 있는 사신도[四神圖: 남주작(南朱雀), 북현무(北玄武), 좌청룡(左靑龍), 우백호(右白虎)]가 빈번히 등장한다. 공주 송산리 6호와 부여 능산리 2호 고분 벽화에서 보이는 사신도, 부여 규암면 외리에서 발견된 반룡문전(蟠龍文塼), 봉황문전과 산수산경문전(山水山景文塼)도 이러한 맥락에서 이해될 수 있다. 삼국 중 중국의 앞선 문물을 가장 빨리 받아들여 이를 백제화하고, 더 나아가서 일본에까지 전파시킨 백제의 문화감각으로 볼 때, 도교는 이미 상류층의 사상적 기조를 이루고 있었을 것이다.

  불교와 도교의 사상이 한꺼번에 표현된 이 향로는 서왕모(西王母)가 중국 임금인 황제(黃帝)에게 바친 신물(神物)이었다는 전설과 함께 태자를 책봉할 때 봉정했던 왕통의 상징일 가능성도 이야기되고 있다. 이러한 기록은 중국의 『고금도서집성』(古今圖書集成) 권 236의 고공전 노부(考工典 爐部)에서도 보인다. 여기에 표현된 용봉(龍鳳) 문양은 종교적인 것이라기보다는 오히려 왕을 상징하는 것으로 볼 수 있다. 또 연꽃잎 가운데 새겨져 있는 문양이 아래에서부터 물고기, 용 그리고 마지막

에는 택견의 자세를 취하고 있는 상투를 튼 어린 아이의 순서로 이루어
져 있는 것 역시 왕 또는 왕권의 계승과 관계가 있는 것 같다. 아마도
그 어린아이는 왕세자를 표현한 것이라 짐작된다. 이제까지 백제인의
얼굴모습에 대한 자료는 별로 알려져 있지 않다. 기껏해야 양서 직공도
(梁書 職貢圖)에 보이는 백제의 사신, 서산(瑞山) 마애삼존불(磨崖三尊
佛, 국보 제84호)과 금동미륵보살반가상(국보 제83호)과 부여 관북리
(사적 428호) 승상(僧像) 등을 통해 백제인의 옛 모습을 추정해 볼 수 있
는 정도이다. 따라서 이 향로에 나타난 어린아이의 형상은 그가 입고
있는 옷과 상투모습과 함께 앞으로 백제인의 모습뿐만 아니라 그들의
복식까지도 알려줄 수 있는 중요한 자료가 될 것이다.

　앞으로 전문가들의 견해가 나오겠지만, 몸체 아랫부분에 표현된 물고
기, 용, 인간(왕세자)의 모습을 왕가의 전통 또는 태자로 이어지는 왕권
계승을 상징하는 것으로 볼 수도 있다는 측면에서 새로운 가설이 나올
수도 있다. 즉, 이 향로는 왕실의 왕권계승과 왕실전통의 표현, 다시 말
해 용으로 상징되는 백제왕조의 '탄생설화'에 관한 기록일 수도 있겠
다(최몽룡 1998). 이러한 가설에 따른다면, 이 향로에 장식된 내용은 비
록 글로 쓰인 것은 아니지만, 고구려의 건국자인 동명왕(東明王)에 대
한 서사시인 이규보의 동명왕편이나 고려 태조 왕건의 서사시인 이승
휴의 『제왕운기』 또는 조선건국신화인 『용비어천가』에 비견될 수 있는
백제의 건국을 노래한 서사시로 이해될 수도 있겠다.

　단군신화의 후기적 형태라 볼 수 있는 주몽의 건국신화는 서기전 59

년(전한 선제 5년) 다섯 마리의 용을 타고 온 동부여의 건국자 해모수와 그의 아들 해부루로부터 비롯된다. 주몽이 하백녀 유화와 천손 해모수 사이에서 나온 알에서 태어났다는 것이 그의 난생 설화이다. 주몽이 동부여의 건국자인 해모수의 서자라면 주몽과 부루는 어머니가 다른 형제가 된다. 해모수와 하백녀 사이에서 나온 주몽은 해모수의 아들, 손자 그리고 증손자인 부루, 금와, 대소의 질투를 피해 졸본으로 가서 기원전 37년 고구려를 세웠고, 동부여에 있을 때 예씨 부인으로부터 얻은 아들인 유리에게 왕권을 세습했다. 그런데 주몽은 소서노(부루의 서자인 우태의 부인으로, 나중에 주몽에게 개가)에게서 온조와 비류 두 아들을 두었다. 주몽의 아들이자 고구려 제2대 왕인 유리를 피해 남하한 온조는 하북·하남위례성에 도읍을 정했는데, 이것이 백제의 건국이며, 그 연대는 서기전 18년이다.

백제의 건국자인 온조는 천손(天孫)인 해모수나 용왕의 딸인 유화(하백녀)와 같은 신화 속의 주인공을 배경으로 하여 등장했다기보다는, 주몽, 소서노, 우태라는 복잡하고도 현실적인 관계 속에서 출현하였다. 더구나 유리왕(기원전 19년~기원후 18년)을 피해 남천하여 개국을 이루었으므로 백제는 부여나 고구려 왕실에 대한 열등감을 극복하고 백제왕통에 정통성을 부여하기 위하여 태자책봉으로 이어지는 왕권세습에 어느 왕실보다도 많은 신경을 썼으리라 짐작된다. 백제 제13대 근초고왕(近肖古王, 재위 346~375년)은 서기 371년 평양에 쳐들어가 고구려 제16대 고국원왕(故國原王, 재위 331~371년)을 사살했지만, 평양에 머물지 않고 한성으로 되돌아 왔는데, 이는 고구려에 대한 백제왕실의 열등의식을 잘 나타내 주는 좋은 예이다. 따라서 신화보다는 사실에 바탕을 둔 용으로 상징되는 왕권을 계승하는 설화가 만들어지게 되었고, 그 내용이 이 향로에 구현된 것이 아닌가 여겨진다. 따라서 이 향로에 표현된 탄생설화 역시 어떤 특정인을 구체적으로 지목하기보다는 왕통의 계승을 의미하는 전통적인 백제왕실의 상징물로 구성되었으며, 이후 이 향로는 백제왕실의 신물이 되었다고 여겨진다. 그렇다면 향로의 뚜껑에 표현된 도교적인 요소는 백제왕실의 사상이나 정치적 이상향의 표현이라 볼 수도 있겠다.

　최근 중국 용문석굴연구소(龍門石窟硏究所) 명예소장인 원위청(溫玉成)은 백제금동대향로가 백제왕실의 탄생설화와 관련이 있다는 입장을 밝히면서 그 향로를 백제금동천계금마산제조대향로(百濟金銅天鷄金馬山祭祖大香爐)라 바꾸어 부를 것을 주장하였는데(溫玉成 1996), 필자도 이에 공감한다. 능산리에서 발견된 이 향로가 기록에 전하지 않는 백제사와 그 문화적 공백을 상당부분 보완해 주리라 기대되는데, 이는 바로 이 향로가 지닌 값진 의미이다. 그러나 표면에 양각된 문양의 의미를 구체적으로 이해하기 위해서는 앞으로 보다 많은 시간과 노력이 필요하다.

4. 중국의 용문양(龍文樣)

중국 요령성(遼寧省) 심양(沈陽) 요령박물관(遼寧博物館)에는 용문양(龍文樣)이 장식된 유물들이 여러 점 전시되어 있다. 요령성 사라향(沙羅鄉) 부신현(阜新縣) 사해(査海, 7600년 전), 내몽고(內蒙古) 오한기(敖漢旗) 흥륭와(興隆窪, 8000~7600년 전, 기원전 5520~4945년), 하남성(河南省) 복양현(濮陽縣) 서수파(西水波, 6500년 전), 내몽고 오한소산(敖漢小山) 신혜진(新惠鎭) 조보구(趙寶溝, 7400~6700년 전), 요령성 건평(建平) 능원현(凌源縣) 홍산(紅山) 우하량(牛河梁, 기원전 6500~5000년 전), 감숙성(甘肅省) 산서평(山西平) 묘저구(廟底溝, 5000년 전), 산서성(山西省) 양분(襄汾) 도사(陶寺, 4500년 전), 내몽고 오한기(敖漢旗) 대전자(大甸子, 4000년 전)와 하남성 언사현(偃師縣) 이리두(二里頭, 3500년 전, 기원전 1900~1500년) 등의 유적에서 표면에 용문양을 압인(押印)한 토기와 함께 저수룡(猪首龍)을 비롯한 옥매미·거북·자라·누에·옥결(玉玦)·머리상투장식(馬蹄形玉器) 등이 출토된 바 있다. 모두 요령 수암옥(岫巖玉)으로 밝혀지고 있는 이들은 홍산 문화(紅山文化) 시기에 이미 등장한 옥(玉)으로 상징되는 아마도 신권정치(神權政治)의 종교권력과 계급의 분화와도 밀접한 연관을 지닌다(중국 CCTV 4. 2005. 01. 31~02. 03 방영). 기원전 6000년기에 속하는 사해 유적의 경우 1986년 발굴된 토기표면에서 압인문(押印文)의 용문양이 확인되었는데, 이는 중국 최초의 용문양이다. 앙소(仰韶) 문화에 속하는 서수파 유적은 1987~1988년에 발굴되었다. 두향(頭向)이 남향인 45호 무덤의 경우 1.76m에 달하는 남성 피장자의 서쪽에는 호랑이[虎]를 동쪽에는 용의 형상을 조개껍질로 만들어 놓았다. 그 외에도 섬서(陝西) 보계(寶鷄) 북수령(北首嶺) 유적(신석기시대) 출토의 흑회조룡도세경도병(黑繪鳥龍圖細頸陶瓶)에서도 용의 형상이 확인되었다. 한편 섬서성(陝西省) 고헌원황제교릉[古軒轅黃帝橋陵, 또는 황릉(黃陵)]은 교산용어(橋山龍馭)로, 『사기』(史記) 천관서(天官書)에는 '헌원(軒轅), 황룡체(黃龍體)' 등 용과의 관련을 명기해 놓고 있다. 흥릉와의 옥저룡에서 홍산의 C형옥(C形玉)·조룡(彫龍)에 이르는 구체적인 고고학 자료로서의 용문양에 관한 한 현재까지의 고고학적 자료는 중국이 가장 앞서는데, 그들은 이 주제를 왕과 관련시키고 있다(李西興 1994). 우리나라의 경우는 북부여의 해모수가 오룡거(五龍車)를 타고 내려와 나라를 세웠다는 기록에서 처음으로 용이 등장하는데, 그 연도가 기원전 59년임을 고려할 때 용이란 주제가 중국으로부터 왔다는 점에 있어서는 이견이 있을 수 없다.

5. 백제 시조신화의 특징

조지훈(趙芝薰)과 이동환(李東歡)을 비롯한 여러 관련 학자들이 지적한 대로 국조탄생설화(國祖誕生說話), 이주개국형(移住開國型), 난생설화, 개척국가(開拓國家), 중서자립국(衆庶子立國)과 이모형제(異母兄弟) 등의 요소들이 한국 고대신화에 공통적으로 등장한다(李東歡 1975:

17~18). 용과 개국신화의 관점에서 볼 때 단군조선과 부여는 단절된 듯하지만, 부여, 고구려 그리고 백제는 같은 맥 또는 한 핏줄을 이루면서 형성되었음을 알 수 있다. 북한은 이러한 역사적 맥락을 김일성-김정일 부자의 정치적 정통성을 확립하고 정당화시키는데 이용하고 있다. 그러나 백제의 건국자인 온조는 고구려의 경우에 보이는 천손(天孫)인 해모수, 용왕의 딸인 하백녀(유화) 등의 신화적인 요소 또는 알에서 태어난 주몽의 탄생과 같은 난생설화를 배제한 채 처음부터 주몽-소서노-우태라는 구체적이고 실존적인 인물들을 배경으로 등장하였다. 그런 연유로 백제에는 부여나 고구려다운 건국신화나 시조신화가 없는데, 이는 백제가 어버이 나라인 고구려에 항상 열등의식을 지녀온 이유가 될 수 있을 것이다. 이는 온조왕 원년의 동명왕묘(東明王廟) 건립 또는 백제 제13대 근초고왕이 371년 평양으로 쳐들어가 고구려 제16대 고국원왕을 사살하지만, 평양을 백제의 영토로 편입시키려는 노력을 기울이지 않고 한성으로 되돌아 왔던 점 등을 통해 이해될 수 있다. 다시 말해 백제 왕실은 고구려 왕실에 대한 열등감을 극복하려 노력하면서 한편으로는 왕실의 정통성을 부여하려고 애를 써왔다. 그 노력의 결과 전설적인 신화보다는 용이 왕을 상징하는 구체적인 역사적 사실에 바탕을 둔 왕권의 탄생설화가 만들어지게 된 것 같다. 중국과 한국에서 용은 물(비)이 절대적으로 필요한 농경사회를 상징하는 왕이다(李御寧 1976: 192~193). 부여 능산리에서 발견된 백제금동봉대향로의 뚜껑과 몸체에 표현된 도교 및 불교적 문양과 용봉(또는 주작과 현무), 연화문

가운데 보이는 태자상(太子像)의 장식 등이 그러한 증거로 보인다. 후일 신화가 없어도 될 것 같은 고려나 조선에서도 『제왕운기』나 『용비어천가』를 편찬해 건국의 정신적, 이념적 틀을 꾸준히 보완했음은 역시 이러한 맥락에서 이해될 수 있겠다.

6. 후언

용문양은 중국에서 기원하였으며, 우리나라의 경우는 기원전 59년 북부여의 해모수가 나라를 열 때 다섯 마리의 용이 끄는 수레를 타고 내려왔다는 신화에 처음으로 용이라는 존재가 등장한다. 신라의 건국(기원전 57년) 이전에 혁거세의 부인이 된 알영을 낳은 계룡(鷄龍)에 대한 이야기가 등장한 시기는 해모수의 북부여 건국과 거의 비슷한 시기로 짐작된다. 따라서 이 시기를 즈음하여 용이란 존재가 중국으로부터 들어왔던 것으로 생각된다. 용 하나만을 놓고 보면 북부여-고구려-백제는 한 계통에서 갈라져 나온 것으로 추측된다. 그리고 신라의 박혁거세의 어머니인 사소[娑蘇, 또는 서술성모(西述聖母), 선도성모(仙桃聖母)]를 혁거세를 낳은 도래신(渡來神)으로 본다면, 그녀의 출자지(出自地)인 부여 또한 고구려와 백제와 같은 원향(原鄕)을 가진 셈이다. 부여 능산리 출토의 백제금동대향로는 백제왕실의 상징물로 이해되어야 하는데, 여기에는 물론 불교의 연화화생설(蓮花化生說)이나 도교의 사상이 반영되어 있다. 그러나 이 향로의 궁극적인 의미는 백제왕실의 상징물이며,

거기에 나타나는 용문양은 왕을 상징하는데, 이는 우리나라 전 시대에 걸쳐 통용된다. 앞으로 이러한 유물에 대한 연구는 고고학, 신화학뿐만 아니라 민속학과 고대사와의 학제적 연구를 통해 이루어져야 할 것이다. 참고로 앞에서 언급된 경회루에서 발견된 동룡(銅龍)의 경우는 비록 직접적인 왕권의 실재는 확인되지 않았더라도 엄연한 한국의 문화현상의 하나로 지적되고 있다. 이는 단군신화의 우사(雨師)가 비를 주는 신, 또는 용을 의미했으며, 신라 제3대 왕 석탈해(昔脫解)는 용성국왕(龍城國王)의 아들이며, 또 신라 제49대 헌강왕대(憲康王代)의 관리로 알려진 처용(處容)이 동해용왕(東海龍王)의 아들로 이야기되는 점 역시 이런 측면에서 이해되어야 한다고 하는데(任東權 1998: 7), 이는 용(龍)의 의미가 민속학적 입장에서도 고려되어야 함을 시사해 준다.

백제의 제사유적

  제사유적이란 고대부터 내려오는 신성시되거나 성역화된 장소를 지칭한다. 우리나라의 경우 거의 최근까지 제사유적이라고 부를 만한 유적이 학술적으로 발굴조사된 적은 거의 없었다. 단지 선사시대에 조성된 것들로 알려진 울주 반구대와 천전리(국보 제147호), 고령 양전동(보물 제605호), 홍해 칠포리, 포항 인비동, 영천 봉수리, 영주 가흥리, 여수 오림동과 남원 대곡리 등의 암각화 등이 제사유적일 가능성이 타진되어 왔다. 역사시대에 들어와서는 오늘날에도 지방에 많이 남아 있는 서낭당[城隍堂], 장승[長栍] 그리고 당산(堂山) 등이 제사유적에 해당한다고 알려져 왔다. 제사유적이라 하면 국태민안(國泰民安)을 위해 국가의 신이나 조상을 제사하는 사직(社稷)이나 종묘(宗廟)의 기능은 물론 마을 주민의 무병과 안녕 또는 다산, 풍요나 풍어(豊漁)를 기원하는 기능도 함께 지니고 있다. 그리고 문헌에는 소도(蘇塗)에 대한 기록이 있는데, 소도는 철기시대 전기(기원전 400~1년) 이래 정치적 우두머리인 족장(族長)과 분리된 전문직 제사장이 다스리던 신성한 장소로 알려져 있으며, 이는 죄인의 피신처로 이용되기도 했다고 전한다.

공주 송산리 개로왕의 가묘(1988, 문화재연구소), 부안 변산반도의 죽막동(1992, 국립전주박물관), 부여 능산리의 건물지(1994, 국립부여박물관) 등의 우리나라 역사시대 유적들은 백제시대의 제사유적일 가능성이 있는 것들로 알려져 있다. 한편 제주시 용담동(1992, 제주대학교박물관)에서 제사유적이 발굴된 바 있는데, 이는 통일신라시대 유적으로 추정되고 있다. 또 고구려시대 초기에 제사를 지내던 수신(燧神)이라고 하는 동굴유적이 확인된 바 있는데, 이는 『후한서』(後漢書)나 『삼국지』(三國志) 등의 문헌에 보이는 고구려왕이 10월 동맹(東盟)이라는 제사를 지냈던 국동대혈(國東大穴)로 알려져 있으며, 그 위치는 고구려의 옛 수도인 국내성[國內城, 지금의 집안(集安)] 동쪽이다. 또 고구려의 두 번째 도성이었던 국내성에서 약 0.5km 떨어진 곳에 위치한 평탄한 대지가 1958년 중국 길림성 박물관에 의해 발굴된 바 있다. 발굴 결과에 따르면, 동대자(東臺子)로 불리는 이 유적은 사서에 의하면 고구려 중기(제19대 광개토왕 2년, 서기 392년)에 조성된 국사(國社)로서 사직과 종묘의 제사유적임이 밝혀졌다(方起東 1982).

충남 공주 송산리에서 조사된 방단계단형(方壇階段形) 무덤은 그 무덤의 형태가 서울 송파구 석촌동에서 조사된 계단식적석총의 구조와 흡사하여 한성시대 백제계 무덤으로 추측된다. 그런데 그 내부에서 무덤의 구조는 확인되지 않았다. 그래서 이 무덤은 서기 475년 고구려의 장수왕에 의해 한성백제(서기전 18년~서기 475년)가 함락되면서 당시 백제왕이었던 개로왕이 죽임을 당하였고, 그 후 개로왕의 아들인 문주왕이 공주로 천도한 후 아버지의 시체 없이 송산리에 축조한 개로왕의 가묘 또는 허묘로 보는 해석이 제기된 바 있는데(조유전 1991), 이에 따르면 개로왕을 위한 제사 터로 볼 수도 있다.

국립전주박물관은 지난 1992년 전북 부안 죽막동에서 항해의 안전을 기원하던 삼국시대의 제사유적을 발굴조사한 바 있다(한영희 · 이규산 · 유병하 1992). 해안가의 절벽 위에 위치한 죽막동은 섬은 아니지만, 일본의 오끼노시마(沖島)의 노천유적과 거의 비슷한 조건을 갖추고 있으며, 유공원판(有孔圓板), 동경(銅鏡), 갑옷, 곡옥(曲玉), 철제 칼, 동물을 형상화한 토제품 등이 출토되어 오끼노시마에서 나온 유물상과 비슷하다. 오끼노시마 섬은 일본 규슈와 한반도의 현해탄 사이에 위치한 섬으로, 둘레는 약 4㎞에 이르고, 해발 243m의 산이 가운데 있는 비교적 험준하고 조그만 섬이다. 바다 한 가운데에 위치하고 지형까지 험하여 오늘날 이 섬에 거주하는 주민은 거의 없으나, 야요이(彌生) 시대 이래로 고훈(古墳)시대, 나라(奈良)시대에 이르는 제사유적이 확인되어 학계의 주목을 받아 왔다. 수많은 제사유적들이 밀집해 있어서, 사람들은 일명 이 섬을 '바다의 정창원(正倉院)' 또는 '섬으로 된 정창원'이라고도 부르며, 이 섬은 일찍이 근대화 이전인 에도(江戸) 시대부터 알려져 있었고, 지역 주민들도 이들 유적들을 신앙화하고 성역화해 왔다고 한다. 그러나 본격적인 고고학 조사가 행해진 것은 1953년이며, 이후 연차적인 조사가 이루어져 현재까지 23개소의 유적이 발견 또는 조사되었다. 오끼노시마에서는 서기 4세기 후반부터 9세기까지 제사가 행해졌는데, 그 시기는 크게 4단계로 나뉜다. 그 중 세 번째 단계는 바위의 그늘과 노천의 중간단계에 제단이 설치된 것으로, 거대한 바위의 끝자락에 유구가 위치한 예가 많다. 유물로는 굽은 옥[曲玉], 철제 무기, 토기, 활석제 제사용품 등이 있으며, 당삼채(唐三彩)를 비롯한 여러 중국제품으로 보이는 유물들이 출토되어, 당시 한반도뿐 아니라 중국과도 활발한 교류를 행했음을 반증해 주는데, 그 시기는 서기 7세기에서 8세기경이다. 이 섬은 한국과의 관련성이 아주 높다고 알려져 있다[북구주(北九州)시립역사박물관 1978]. 항해의 안전을 기원하던 제사 터인 오끼노시마를 옛부터 관장하는 곳이 구주의 무나카다(宗像)인데, 그곳에는 오늘날에도 교통안전(항해도 포함됨)을 기원하는 운전기사들이 처음 차를 사서 제사를 지내거나 부적을 받기 위해 줄을 서 기다리고 있다.

 발굴자의 견해에 따르면, 노천 유적인 죽막동은 5세기를 전후한 시기에 조성되었는데, 일본에서 노천유적은 7세기에 이르러 등장한다. 일본 최고(最古)의 제사유적은 한반도와 가장 가까운 오끼노시마이며, 그 후 점차 내륙 쪽으로 퍼져나가는 양상을 보여주는데, 이는 당시 우리나라와 일본과의 교류가 밀접했음을 방증해 주는 것이며, 동시에 삼국에서 일본으로 건너간 많은 도래인(渡來人) 문제와 결부시켜 생각해 볼 문제이다. 일본의 제사유적에서 한반도 계통 유물이 출토되고, 고대인의 정신세계를 가장 정확하게 반영해 주는 제사유적의 양상이 한반도와 거의 유사하며, 또 한반도에서 가까운 곳에서 내륙으로 퍼져나가는 양상을 보여준다는 점은 앞으로 연구되어야 할 흥미로운 과제라 할 수 있다. 오끼노시마에서 출토된 한국계 유물 중 금동제용두(金銅製龍頭)는 경북 풍기와 강원도 양양 진전사지에서 출토된 것들과 그 형태가 거의 비슷하며, 갑옷을 모방한 활석제 모형 역시 죽막동에서 발견된 바 있다.

지난 1993년 금동용봉봉래산향로(金銅龍鳳蓬萊山香爐, 백제금동대향로, 국보 287호)가 부여 능산리 건물지 발굴에서 출토되어 학계의 주목을 끈 바 있는데(국립부여박물관 1994), 이 향로는 사비시대(538~660년) 백제의 멸망과 관련이 있어 향로와 건물지와의 관계는 매우 중요하다. 발굴결과의 검토에 따르면, 이 건물지는 바로 앞에 위치한 능산리 고분군(사적 제14호)과 관련이 있는 것으로 보인다. 즉, 이 건물은 능들을 수호하거나 제사를 지내던 곳, 또는 나라의 사직(社稷) 터일 가능성이 높다. 이 건물의 배치는 집안(輯安)현 국내성 외부에서 조사된 고국양왕대에 건립된 것으로 추정되는 동대자의 제사유적[社稷]의 건물배치와 유사하다. 백제의 출자가 고구려임은 이미 건국신화와 역사적 사실을 통해 널리 알려져 있으며, 또 고고학적 유물로도 입증이 되고 있다. 따라서 능산리 건물지가 고구려의 것과 유사함은 전혀 문제가 되지 않으며, 오히려 향로와 건물지의 중요성을 더욱더 부각시켜 준다.

아직 한반도에서 백제시대의 제사유적이라고 할 수 있는 유적은 공주 송산리, 부안 죽막동 그리고 부여 능산리 정도밖에 알려지지 않았다. 최근 경기도 하남시 덕풍골에서 청동기시대 중기(기원전 10~8세기)의 정령숭배(animism)의 종교·제사유적과 관계 유물이 세종대학교 박물관에 의해 발굴·조사 됨으로써 이런 제사유적의 기원이 청동기시대 중기까지 소급됨도 알 수 있다.

　그러나 앞으로 더욱더 많은 유적이 발견되고, 이 분야의 연구가 진척된다면, 한국과 관련된 오끼노시마 제사유적의 중요성은 물론 국가의 종묘나 사직과 같은 중요한 정신적 의미가 담긴 종교·제사유적에 대한 재평가가 이루어질 수 있을 것으로 기대된다. 백제의 제사유적의 발굴은 기록이 매우 부족한 백제의 역사를 재조명하는데 커다란 기여를 할 수 있을 것이다.

제2부 고고학적 관점에서 본 마한과 목지국

고고학에서 본 마한

　한국고고학에 있어 마한에 대한 고고학적 연구는 이제 시작이라고 해
도 과언이 아닌데, 이는 약간의 단편적인 문헌자료 이외에는 고고학적
자료가 극히 적기 때문이다. 필자가 원광대학교 마한·백제문화연구소
주최의 학술 심포지엄에서 「고고학상(考古學上)으로 본 마한연구(馬韓研
究)」(최몽룡 1994)라는 주제의 글을 발표할 때만 하더라도 한국 고고학
계에서 '마한(馬韓)'이란 용어는 그리 익숙한 표현이 아니었다. 그러나
최근 경기도, 충청남북도 및 전라남북도 지역에서 확인되고 있는 고고
학적 유적 및 문화의 설명에 있어 지난 수십 년간 명확한 개념정의 없이
통용되어 오던 원삼국시대(原三國時代)란 용어가 '마한시대(馬韓時代)'
또는 '마한문화(馬韓文化)'란 용어로 대체되는 경향이 생겨나고 있는데,
이는 마한을 포함한 삼한 사회 및 문화에 대한 학계의 관심이 증폭되고,
또 이를 뒷받침할만한 고고학 자료가 많아졌음에 따른 것이다.
　『삼국지』위서 동이전 및 『후한서』동이열전 한조(韓條)에 기록된 진
한(辰韓) 노인에 관한 기사는 진나라(기원전 249~207년: 기원전 211년

진시황이 통일)의 고역(苦役)을 피해 한나라에 왔고, 마한에서 동쪽 국경의 땅을 분할하여 주었다는 내용인데, 이 기록은 마한의 상한(上限)이 늦어도 기원전 3세기까지는 소급될 수 있음을 보여준다. 그리고 『삼국사기』 권 제1 신라본기 시조 혁거세 거서간(居西干) 38년(기원전 20년) 및 39년(기원전 19년)조에 보이는 마한왕(馬韓王) 혹은 서한왕(西韓王)의 기록과 『삼국사기』 백제본기 권 제23 시조 온조왕 13년조(기원전 6년)의 마한왕에게 사신을 보내 강역을 정했다는 기록 등은 마한이 늦어도 기원전 1세기경에는 왕을 중심으로 하는 국가체계를 갖추었던, 신라와 백제보다 앞서 형성되었던 국가였음을 알려 준다. 또 동이전(東夷傳)에는 진왕(辰王)이 통치했던 목지국[目支國, 월지국(月支國)으로도 쓸 수 있으나 본고에서는 목지국으로 통일함]은 마한을 구성하는 54국이 공립하여 세운 나라였다는 기록이 있다. 다시 말해 마한의 상한은 기원전 3세기까지 거슬러 올라 갈 수 있으며, 『삼국사기』의 기록은 마한이 기원전 1세기대에 신라 및 백제와 통교했음을 알려 주고 있으므로, 마한의 중심연대는 기원전 2~1세기경이었다고 상정할 수 있겠다. 마한의 하한연대에 대하여는 적지 않은 이견이 있지만, 최근 동신대 박물관이 발굴조사한 나주 금천면 신가리 당가의 토기 가마를(목포대학교 박물관·동신대학교 박물관 2001: 사진 49) 통해 볼 때 서기 5세기 말 또는 6세기 초경이 아니었나 생각된다.

　따라서 마한의 존속 시기는 기원전 3~2세기경부터 서기 5세기 말~6세기 초까지 대략 700년 정도로 볼 수 있는데, 이 시간대는 한국고고학

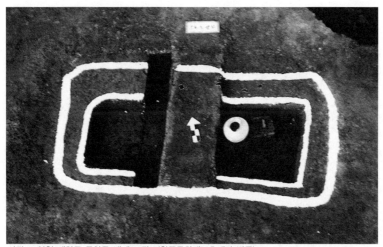

사진 1. 인천 계양구 동양동 백제 토광묘(한국문화재보호재단 발굴)

편년상 철기시대 전기(기원전 400~기원전 1년), 철기시대 후기 또는 삼
국시대 전기(서기 1~300년) 그리고 삼국시대 후기(서기 300~660년경)
에 해당된다(최몽룡 1987, 1997, 2000, 2002; Choi and Rhee 2001).
즉 시기상으로 어느 정도 차이가 있기는 하지만, 마한의 존속 시기는
백제의 역사와 그 궤를 같이 한다고 할 수 있다. 백제가 강성해져 그 영
역이 확대됨에 따라 마한의 영역은 축소되면서 그 중심지가 남쪽으로
이동되었던 것으로 해석할 수 있겠다. 참고로 한성시대 백제의 강역이
가장 넓었던 시기는 제13대 근초고왕대로 여겨진다. 최근 확인된 고고
학 자료를 통해 볼 때 당시 한성백제의 실제 영역은 서쪽으로 강화도
교동 대룡리 및 인천 문학산 일대까지, 동쪽으로는 여주 하거리와 연양

리, 진천 석장리 산수리(사적 제325호)와 삼룡리(사적 제344호)를 넘어 원주 법천리와 춘천 거두리와 홍천 하화계리까지 확대되었으며, 북쪽으로는 포천 자작리와 파주 주월리(백제 육계토성 내)와 탄현 갈현리(토광묘) 일대까지 그리고 남쪽으로는 평택 자미산성과 천안 성남 용원리에 중심을 둔 마한과 경계를 두는 정도에 이르게 되었던 것으로 해석된다.

앞으로 보다 많은 고고학 자료를 통해 검증되어야 하는 가설 수준이기는 하지만, 지금까지의 고고학 자료를 통해 시기에 따른 마한의 중심지를 추정해 볼 수 있다. 즉 한성시대 백제(기원전 18년~서기 475년) 시기의 마한 영역은 천안 성남 용원리, 청당동 및 평택·성환·직산을 포함하는 지역이었을 것으로 추정되며, 백제의 공주 천도 이후(서기 475~538년) 마한의 중심지는 익산 영등동, 신동리와 여산면 유성, 전주 송천동과 평화동, 군산 내흥동과 산월리 그리고 남원 세전리, 고창 정읍 신정동 일대로 이동되었다. 마지막으로 부여 천도 후(서기 538~660년)에는 나주 반남면 대안리, 신촌리와 덕산리(사적 제76·77·78호)와 보성 조성면 조성리(금평패총 포함)와 진도 고군면 오산리 일대가 마한의 중심지였던 것으로 추정된다. 다시 말해 그 중심 지역의 변천에 따라 마한은 천안−익산−나주의 세 시기로 구분하여 생각해 볼 수 있다. 『삼국사기』 온조왕 27년(서기 9년) 4월 '마한의 두 성이 항복하자 그 곳의 백성들을 한산 북쪽으로 이주시켰으며, 마침내 마한이 멸망하였다[…마한수멸(馬韓遂滅)]' 라는 기사는 한성백제와 당시 천안을 중심으로 자리하고 있던 마한과의 영역다툼과정에서 일어난 사건을 기술한 것으로 볼 수 있겠다. 한편 근초고왕 24년(서기 369년) 마한의 고지를 진유(盡有)했다는 기사는 종래 이병도(李丙燾)의 견해대로 (1959: 359~362) 나주 일대의 마한세력을 멸망시킨 것이 아니라 천안 일대, 다시 말해 마한 I기의 중심지였던 천안(용원리, 청당동과 운전리를 중심) 일대의 마한세력을 남쪽으로 몰아냈던 사건을 기술한 것으로 해석하는 것이 보다 합리적이다. 이후 진왕이 다스리던 마한의 목지국은 익산을 거쳐 최종적으로 나주 일대로 그 중심을 옮겨갔을 것이다. 따라서 종래의 입장, 즉 마한을 삼한시대 또는 삼국시대 전기에 존속했던 사회 정치 체제의 하나로만 인식했던 단편적이고 지역적이었던 시각 또는 관점에서 탈피하여 마한사회를 전면적으로 재검토해야 할 시점에 다다른 것이다.

마한의 존재를 보여주는 고고학 자료로는 토실, 수혈 움집, 굴립주가 설치된 집자리, 토성 그리고 주구묘를 포함한 고분 등이 있으며, 또 승석문, 타날격자문, 조족문과 거치문 등은 마한의 특징적인 토기 문양들이다. 승석문과 타날격자문은 마한뿐 아니라 백제지역에서도 채택되었던 토기문양으로 인식되는데, 이러한 문양이 시문된 토기는 기원전 108년 한사군 설치와 함께 유입된 중국계 회청색 경질토기 및 인문(印文) 토기 등의 영향 하에 제작되었던 것으로 여겨진다. 이후 마한과 백제지역도 고온 소성이 가능한 가마를 수용하여 회청색 경질토기를 제작하게 되었다. 승석문 및 격자문이 시문된 연질 및 경질토기는 재래의 토착적인 경질무문토기와 한때 같이 사용되기도 했다. 그러나 한반도에서 중국제 경질토기를 모방하기 시작하면서 이들이 한반도 전역으로 확산되었는데, 그 시기는 서기 1~2세기경이었던 것으로 추정된다. 최근 기전문화재연구원에서 발굴조사한 용인 보정리 수지 빌라트 지역(4지점) 남측 14호 저장공에서 이들이 함께 출토되었는데, 그 하한연대는 2~3세기경으로 보고되었다.

이들 중 가장 두드러진 마한의 고고학적 자료는 토실[土室 또는 토옥(土屋)](사진 2~11)인데, 이는 마한인들의 집이 마치 무덤과 같으며 입구가 위쪽에 있다는 『후한서』 동이전 한전에 보이는 읍락잡거역무성곽작토실형여총개호재상(邑落雜居亦無城郭作土室形如塚開戶在上)이라는 기록과 『삼국지』 위지 동이전 한전의 거처작초옥토실형여총기호재상(居處作草屋土室形如塚其戶在上)이라는 기록과도 상통한다. 이러한 토실은 지금까지 20여 지점에서 확인되었는데, 종래에 수혈갱(竪穴坑) 또는 저장공으로 보고된 사례들을 포함하면 그 수는 훨씬 늘어날 것이다.

· 경기도 광주 남한산성(사적 57호) 내 행궁지 북담 옆 1구역 5차 발굴(사진 10)

　(경기도 기념물 164호)

· 경기도 가평 대성리

· 경기도 기흥 구갈리(사진 3)

· 경기도 고양 멱절산성 내 토실(사진 2)

· 경기도 용인 죽전 4지구(사진 5)

· 경기도 용인 보정리 수지빌라트 4지점

· 경기도 화성 상리

· 경기도 화성 동탄 감배산(사진 4)

· 경기도 화성 동탄 석우리 능리(사진 6)

· 경기도 화성 태안읍 반월리(사진 8)

· 경기도 시흥 논곡동

· 대전시 유성구 추목동 자운대(사진 7)

· 대전시 유성구 대정동

· 충청북도 충주 수룡리

· 충청남도 공주 장선리(구 안영리, 사적 433호: 사진 11)

· 충청남도 공주 장원리

· 충청남도 공주 산의리

· 충청남도 아산 배방면 갈매리

· 충청남도 논산 원북리

· 충청남도 논산 마전리

· 전라북도 전주 송천동

· 전라북도 전주 평화동

· 전라북도 익산 여산면 여산리 유성

· 전라북도 익산 신동리

· 전라북도 군산시 내흥동(사진 9)

토실이 확인된 유적들은 경기도, 충청남북도 그리고 전라남북도 일대에 분포하는데, 이들 유적들은 앞서 언급한 마한의 세 시기 중 천안-익산의 두 시기에 속한다고 볼 수 있겠다. 토실은 단실(單室)과 두 개 이상을 장방형 수혈주거와 묶어 만든 두 형식으로 구분되는데, 전자의 예는 남한산성과 용인 죽전에서, 후자의 경우는 용인 보정리와 공주 장선리에서 확인된 바 있다. 이는 토실들을 외형을 기준으로 형식분류할 수 있음을 의미하며, 이외에도 암반을 깎아 판 것과 군산 내흥동의 경우처럼 저습지에 조성된 것도 있어, 토실을 분류할 때에는 지역에 따른 환경에의 적응 및 기능도 고려해야 한다. 용인 보정리와 익산 여산리 유성의 경우에서는 불을 피웠던 흔적이 확인되었고, 가구시설이 발견되

사진 2. 고양 멱절산성 내 토실(土室, 경기도 박물관 발굴)

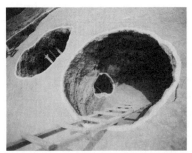

사진 3. 기흥 구갈리의 토실(기전문화재연구원
　　　발굴)

사진 4. 화성 동탄 감배산의 토실(경기대학교박
　　　물관 발굴)

사진 5. 용인 죽전 4지구의 토실(한국토지공사
　　　박물관 발굴)

사진 6. 화성 동탄 석우리 능리의 토실(기전문
　　　화재연구원 발굴)

사진 7. 대전 추목동 자운대의 토실(충남매장문
화재연구원 발굴)

사진 8. 화성 태안읍 반월리의 토실(기전문화재
연구원 발굴)

사진 9. 군산 내흥동의 토실(충남매장문화재연
구원 발굴)

사진 10. 남한산성 행궁지 내 토실(한국토지공
사 박물관 발굴)

었음을 고려할 때 토실의 주된 기능은 실제 주거였을 것이다.

토실 이외의 마한의 고고학 자료로 고분이 있는데, 마한의 고분은 아
직 그 기원 및 편년에 있어 상당한 이론이 있다. 마한 고분이 토광묘,
주구묘, 옹관묘의 순서로 편년된다는 점에 있어서는 별다른 이의가 없
다. 즉, 토광묘는 천안시기에, 주구묘는 천안-익산-나주의 전 시기에
걸쳐, 그리고 옹관묘는 나주시기에 주로 조성된 것으로 볼 수 있다. 흔

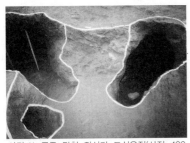
사진 11. 공주 탄천 장선리 토실유적(사적 433
호, 충남역사문화연구원 발굴)

히 낙랑고분은 토광묘, 귀틀묘, 전축분의 순으로 발생했던 것으로 인식되고 있는데, 청주 송절동 토광묘와 고창 봉덕리 만동 주구묘에서 이들이 낙랑의 초기무덤인 토광묘의 영향 하에서 조영되었을 것이라는 실마리가 확인되었다.

한편 이들이 분구묘의 영향 하에 조성된 것으로 보고 이를 중국 전국시대의 진(秦)나라(기원전 249~207년)와 연결시켜 보려는 견해도 있다. 영광 군동리의 주구묘의 경우는 흑색마연토기가 출토되어 주구묘의 상한연대가 적어도 철기시대 전기(기원전 400~1년) 중 기원전 1세기를 전후로 한 시기까지 올라간다는 보고도 있었다. 부여 석성면 증산리 십자거리 주구묘에서 출토된 철부(鐵斧)는 제주 용담동, 함안 도항 말산리 고분 및 제천 도화리 적석총 등지에서 출토된 것들과 연결되는 것으로 그 연대는 서기 1~2세기경까지 올라가는 것으로 보인다. 최근 발굴 조사된 마한의 고분과 집자리 유적으로 다음과 같은 유적들이 있다.

· 인천광역시 계양구 동양동(주구묘: 사진 1)

· 경기도 화성 향남면 발안리

· 경기도 화성 기안리(탄요)

· 충청남도 부여 석성 증산리 십자거리(철부)

- 충청남도 공주 하봉리
- 충청남도 공주 탄천면 장원리
- 충청남도 천안 운전리
- 충청남도 천안 청당동
- 충청남도 서산 음암 부장리
- 충청남도 천안 두정동
- 충청남도 천안 성남 용원리
- 충청남도 보령 관창리
- 충청북도 청주 송절동(토광묘)
- 전라북도 고창 아산면 만동 봉덕리
- 전라북도 군산 대야면 산월리 옹관 (거치문)
- 전라북도 진도 고군면 오산리(집자리. 거치문)
- 전라남도 영암 미암면 선황리 대초 옹관
- 전라남도 영암 학산면 금계리 계천
- 전라남도 영광 군동리
- 전라남도 승주 대곡리
- 전라남도 승주 낙수리
- 전라남도 광양읍 용강리
- 전라남도 함평 만가촌(전라남도 기념물 55호)
- 전라남도 함평 중랑리
- 전라남도 함평 해보면 대창리 창서(인물도)

· 전라남도 장흥군 유치면 탐진댐 내 신풍리 마전, 덕풍리 덕산과 상방(주구묘)

· 전라남도 나주 금곡리 용호

· 전라남도 나주 복암리(사적 404호)

토기 표면에 시문된 조족문과 거치문은 토실과 토광묘, 주구묘, 옹관묘의 순으로 발전했던 고분 이외에 또 하나의 마한의 고고학적 특징이라 할 수 있는데, 이들 토기 문양의 분포는 마한 문화의 전통을 시사해준다. 거치문은 나주 반남면 신촌리 고분 이외에 풍납동토성(사적 제11호), 전주 송천동 및 군산 대야면 산월리와 진도 고군면 오산리에서, 조족문은 청주 신봉동, 홍성 신금성, 평택 자미산성, 나주 반남면 덕산리 4호분과 신촌리 6호분, 설성산성(경기도 기념물 제76호) 등지에서 확인된 바 있다. 이뿐 아니라 청주 정북동 토성(사적 제415호)은 마한의 토성으로 여겨지며, 천안 장산리에서는 마한시대의 관개시설이, 진천 문백면 사양리와 화성 기안리에서는 탄요(炭窯)가, 나주 금천 신가리 당가

사진 12. 아산 배방 갈매리 유적출토 마형대구 (허리띠 장식, 충남역사문화연구원 발굴)

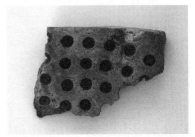

사진 13. 아산 배방 갈매리 유적 출토 유리구슬 거푸집(충남역사문화연구원 발굴)

와 오량동에서는 토기 가마가, 천안 청당동과 아산 배방면 갈매리(사진 12)에서는 마형대구(馬形帶鉤)가 확인되는 등 마한문화의 실체를 보여주는 새로운 자료들이 계속 보고되고 있다. 특히 함평 해보면 대창리 창서에서 발견된 마한시대의 인물도(人物圖)는 학계의 지대한 관심을 끌었는데, 그 얼굴 모습은 석굴암에서 보이는 10대 제자, 즉 인도인(유럽인, 코캐소이드인)의 모습과 유사하다. 이는 앞으로 당대의 해외 문화교류까지도 염두에 두어야 할 중요한 자료이다. 지금까지 언급한 마구, 관개시설, 옹관, 탄요, 가마와 토성 등 마한관계 기타 유적들은 다음과 같다.

· 인천광역시 중구 운서동(영종도)
· 경기도 가평 마장리
· 경기도 이천 설성산성(경기도 기념물 76호, 조족문토기: 사진 23)
· 충청남도 천안 청당동(마형대구)
· 아산 배방면 갈매리(마형대구 및 유리구슬거푸집: 사진 12~13)
· 충청남도 천안 봉명동
· 충청남도 천안 장산리 관개시설
· 충청남도 평택 자미산성(조족문토기)
· 충청남도 아산 영인면 구성리
· 충청남도 직산 사산성
· 충청북도 진천 문백면 사양리(탄요: 사진 14)
· 충청북도 청원군 부용면 부강리 남성골 산성

· 충청북도 충주 정북동 토성(사적 415호: 서기 130~260년)

· 전라북도 김제 벽골제(사적 111호, 서기 330년)

· 전라남도 무안 몽탄면 양장리(저습지)

· 전라남도 나주 금천면 신가리 당가(가마: 사진 49)

· 전라남도 나주 오량동(가마)

· 전라남도 보성군 조성면 조성리(토성)

앞으로 고고학 자료를 통해 검증되어야 할 가설이기는 하지만, 지금까지의 고고학 자료를 근거로 마한 문화의 성격을 논의하기 위해서는,

1) 사서에 등장하는 마한의 실체를 인정해야만 하는 시점에 이르렀다. 마한의 존속 기간, 즉 그 상한과 하한을 파악하고 자체 내에서 고고학 자료를 통한 구체적인 시기구분(편년)이 이루어져야 한다.

2) 역사상에 존재했던 마한 54국의 지역적 범위를 파악하고 그 자체 내에서 문화적 특성 및 차이를 파악해야 한다.

3) 필연적으로 마한의 정치체제 진화과정을 파악해야 한다. 현 시점에서 볼 때 마한 54국으로 표출된 크고 작은 여러 족장사회(族長社會, chiefdom society)로 시작된 마한은 백제가 그 영역을 확장하는 과정에서 그 영역이 축소 개

사진 14. 진천 문백 사양리의 탄요(炭窯, 중앙문화재연구원 발굴)

편되었다. 그 과정에서 각각의 족장사회는 통상권(通商圈, Interaction Sphere)을 형성하면서 복합족장사회(complex chiefdoms)로 발전되었고, 마지막 단계에 이르러 목지국이라는 국가 체제(state)의 사회로 성장했던 것으로 여겨진다.

『삼국사기』에 보이는 신라 및 백제와의 관계기사를 고려했을 때, 늦어도 기원전 1세기경에는 마한이 국가사회로 성장했던 것으로 추정되는데, 물론 이 과정이 고고학적으로 밝혀져야 한다.

4) 마한의 시원(始原)은 철기시대 전기(기원전 400~1년)까지 올라가지만 선사 고고학의 입장보다는 시간적으로 삼국시대 전기(철기시대 후기: 서기 1~300년)에 그 중심을 두고 역사 고고학적인 측면에서 연구되는 것이 보다 바람직하다. 이는 마한의 연구는 백제와의 역사적 관계 속에서 중심지의 변천 및 54국과의 관계 등을 항시 고려하며 진행되어야 하기 때문이다. 다시 말해 백제의 역사와 문화가 영역의 확장 및 도읍의 변천에 따라 한성-공주-부여의 세 시기로 구분되듯이 마한의 경우도 백제의 영향 하에 이루어진 중심지의 이동 및 변천에 따라 천안-익산-나주의 세 시기로 구분해 고려되어야 할 것이다.

이러한 부분에 대한 고려가 선행될 때 비로소 마한 연구의 올바른 방향이 설정될 수 있다. 한편 최근 상당량의 고고학 자료가 한꺼번에 쏟아져 나오게 되면서 양적 자료에 대한 질적 해석이 무엇보다도 시급하며, 최근 보고되고 있는 상당량의 마한관계 자료를 생각할 때 다시금 마한에 관한 고고학적 연구가 이제서야 시작되었음을 실감하게 된다.

나주 반남면 고분군과 목지국

1. 머리말

나주 반남면 덕산리, 대안리, 신촌리 일대에는 각각 사적 제76 · 77 · 78호로 지정된 고분군이 존재한다. 이들 고분들은 해방 전 야쓰이 세이치(谷井濟一)와 아리미쯔 고이치(有光敎一)에 의해 일부 발굴된 바 있으며, 간략하게나마 그 결과도 보고된 바 있다(谷井濟一 1920: 663; 有光敎一 1980; 전영래 1987). 고분군의 주체는 독무덤[甕棺墓]인데 이들은 나주 반남면 일대를 포함해서 다시면 복암리와 인근 영암군 시종면, 함평군 월야면 등지에 집중적으로 분포되어 있다(성낙준 1983; 이영문 1978). 이러한 독무덤의 군집현상은 아직까지 영산강 하류에서만 유일하게 확인되었는데, 이 지역의 독무덤들은 광산군 비아면 신창리의 철기시대 전기의 독무덤에서부터 그 전통이 이어져 내려온 것으로 생각되고 있다. 참고로 필자는 철기시대를 다음과 같이 시기구분하고자 한다(최몽룡 1996).

철기시대 전기: 기원전 400~기원전 1년: 종래의 초기 철기시대에 해당

철기시대 후기/삼국시대 전기: 기원후 1~300년: 종래의 원삼국시대에 해당

삼국시대 후기: 기원후 300 ~ 660년

　주로 삼국시대 전기(1~300년) 말에서 후기(기원후 300~660년)의 중반까지에 걸쳐 조성된 것으로 추정되는 반남면 일대의 고분들은 거대한 하나의 봉토 내에 여러 개의 옹관을 합장한 것들이다. 그 중 전방후원형의 경우(신촌리 6호, 덕산리 2호)는 그 외형과 옹관의 매장방법, 봉토주위를 돌아가는 도랑의 존재(덕산리 3호, 대안리 9호) 등에 있어 일본의 고분들과 유사해 일찍부터 주목을 받아왔다. 이들 고분들의 연대에 관해서는 학자들마다 이론이 많으나, 반남면 독무덤의 연대는 대략 5세기 후반을 전후한 시기로 알려져 있으며(穴澤口咊光 · 馬目順一 1973: 28), 이후 전방후원식 고분은 함평 월야 예덕리, 해남 북일면 장구봉, 영암 노포면 태간리와 광주 광산구 월계동과 명화동 등지에서도 발굴된 바 있다.

　그런데 전북 남원군 송동면 세전리에서 조사된 철기시대 전기 집자리 출토 유물들과의 비교를 통해 볼 때, 이 고분들의 연대는 5세기 이전으로 소급될 가능성이 많다. 즉, 1985년 이후 전북대학교 박물관에 의해 3차례에 걸쳐 발굴된 세전리유적에서는 8기의 말각방형(抹角方形) 또는 장타원형의 수혈 움집이 발견되었다. 그런데 세전리유적에서 확인된 집자리에서는 종래의 전통적인 민무늬토기와 함께 와질토기 및 김해토

기 계통의 적갈색 연질토기가 출토되었는데(전북대학교 박물관 1985; 윤덕향 1986: 18), 그 중 환원소성으로 제작된 사질(砂質)의 회백색토기들은 나주 반남면 고분군에서 출토되는 옹관 편들과 흡사하다. 철기시대 후기(기원후 1~300년)에 해당하는 세전리유적의 연대는 기원후 2~3세기경이 될 것으로 보인다. 나주 반남면보다 시기적으로 앞서는 세전리 유적과의 상관관계를 통해 볼 때 반남면 소재 고분들의 연대도 종래 생각했던 것보다 1~2세기 정도 올라갈 가능성이 충분히 있다. 고분의 연대, 금동관 등과 같은 신분을 상징하는 부장품의 존재 그리고 대형고분의 집중적인 분포상 등을 고려해 볼 때 나주시 반남면 일대가 사서(史書)에 나타나는 마한의 마지막 근거지가 될 가능성이 충분히 있다.

2. 마한-목지국의 위치비정

마한 54국 중 마한인을 공립(共立)하여 세운 목지국의 위치비정에 대해 많은 논의가 있어 왔다. 『후한서』 동이전 한조에는 '마한최대공립기종위진왕도목지국진왕삼한지지기제국왕선개시마한종인언(馬韓最大共立其種爲辰王都目支國盡王三韓之地其諸國王先皆是馬韓種人焉)'이라 하여 목지국의 존재가 나타나고 있는데, 목지국의 위치에 관한 지금까지의 견해를 정리하면 〈표 1〉과 같다.

이처럼 목지국의 위치에 대해서는 여러 가지 설이 제기되고 있다. 이병도는 『동국여지승람』 직산현조(稷山縣條)에 보이는 '본위례성(本慰禮

<표 1> 목지국의 위치

이 름	추 정 지	문 헌
신경준	익산 금마	『강계지』(疆界誌)
이병도	천원 직산 및 그 부근의 평택 · 성환	『한국고대사연구』 1976
신채호	서울 위례성	『한국사연구초』(韓國史硏究草) 1930 및 전집개정판, 1977
천관우	인천	『한국사연구』 24, 1979
김정배	익산→예산	『한국사연구』 13, 1976 및 『천관우선생(千寬宇先生) 환력기념 (還曆紀念) 한국사학논총』 1985
최몽룡	천안 · 직산→예산 또는 익산→ 나주 반남면	『전남 고문화(古文化)의 성격과 과제』 1986

城) 백제온조왕(百濟溫祚王) 자졸본부여(自卒本扶餘) 남나개국(南奈開國)
건도간차(建都于此)'라는 기사, 즉 백제 온조왕이 직산 위례성에 도읍
을 정했다는 기록에 근거하여 진국(辰國) 이래 목지국이 직산에 위치했
다고 주장했다. 천관우(1979: 28)는 인천의 고호(古號)가 미추홀(彌趨忽)
인데 그 음이 목지와 같다고 보고 목지국을 인천에 비정하고 있다. 김
정배(1985: 125)는 예산지역에서 청동기의 출토 예가 많은 것에 주목하
여, 종래의 익산설을 바꾸어 예산지역을 목지국의 중심지로 보고 있다.
한편 전남지방의 고인돌 유적을 종합적으로 정리한 이영문은 전남지방
고인돌의 밀집 분포권을 설정하고, 이를 천관우의 마한제소국 위치 비
정지에 대비하여 마한사회가 고인돌과 일정한 상관관계가 있음을 주장

한 바 있다(천관우 1979; 이영문 1993).

현재까지의 일반론을 따른다면 목지국의 처음 위치는 고(故) 이병도 교수의 설대로 충남 천원군 직산 일대로 추정된다. 이 일대에서는 후에 개축된 당시의 성이라고 추정한 바 있는 사산성(蛇山城)이 발굴되기도 하였으며, 최근 마한의 토성이라 생각되는 곳이 청주시 북정동에서 발굴되었다. 발굴자들은 처음에는 사산성이 4세기대에 축조된 것으로 추정하였으나(성주탁·차용걸 1985), 나중에는 6세기 말에서 7세기 초에 조성된 것이라 확정지은 바 있다(성주탁·차용걸 1994). 이후 청주 북정동에서 서기 40~220년(중심연대는 서기 130년)에 사용된 토성이 발굴되기도 했다(충북대학교 중원문화연구소 1999: 62).

그런데 백제의 근초고왕이 기원후 369년 (재위 24년)에 마한의 잔여세력을 복속시키고 전라도 남해안 일대에까지 그 세력권을 확장시켰다는 기록에 근거하여(이병도 1959: 362), 마한의 초기 영역이 천원군 직산 일대 및 부근의 평택·성환 일대였다 하더라도 후대에 이르러 그 영역이 남쪽의 익산 일대로 옮겨졌을 것이라는 주장도 있다(이기백·이기동 1982: 95, 138).

그러나 마한–목지국의 존속시기가 한국 고고학의 시대구분에서 철기시대 후기, 즉 서력기원을 전후로 한 시기로부터 기원후 300년경까지에 해당되며, 그 하한이 근초고왕대까지 내려감을 고려해 볼 때, 앞에서 제시된 지역들에서 이에 부응하는 고고학적 증거를 찾아보기는 어려운 실정이다. 그런데 나주 반남면 대안리, 덕산리, 신촌리 일대에는 시간적으로 이 시기에 근접하는 매우 설득력 있는 고고학적 증거가 있다. 즉, 이 일대에는 대형 독무덤들이 집중적으로 분포해 있는데, 분묘는 전통적인 형식 요소의 지속성이 매우 강하면서도 외부적인 자극에도 민감하게 반응하는 중요한 고고학적 자료이다.

나주 반남면 소재 신촌리 9호분에서는 강력한 지배집단의 존재를 시사해 주는 금동관이, 또 나주 복암리 3호분에서는 금동 신발이 출토된 바 있다. 그리고 한성시대 백제(기원전 18년~기원후 475년), 즉 시조 온조왕이 백제를 건국하여 문주왕(文周王)이 웅진으로 천도하기까지의 백제의 영역이 북으로 예성강, 동으로 춘천, 서로 인천, 남으로 제천 · 청주로 비정됨을 생각할 때, 목지국의 최종 위치는 종래 제기되어 오던 인천, 익산보다는 제천 · 청주 이남지역으로 비정되는 것이 보다 타당하다 하겠다(최몽룡 · 권오영 1985). 지난 1986년 충북 진천군 덕산면 산수리에서 발굴된 백제 초기의 토기 가마터는 이를 뒷받침해 주는 귀중한 자료이다(한남대학교 박물관 1987: 13~15). 한편 1989년 이후 발굴되어온 진천군 덕산면 석장리 유적에서는 백제 초기 제철로 4기, 용해로 2기, 철부용범(鐵斧鎔范) 등이 확인되었는데 이들은 초기 백제의 철 생산과 그 전이과정을 밝히는데 중요한 자료이다. 그리고 천안 청당동과 아산 배방면 갈매리 출토의 마형대구를 비롯하여 파주 주월리와 가평 대성리에서 확인된 백제 초기 철(凸)자형 집자리, 여주 하거리 고분, 수원 봉담 마하리 고분, 천안 성남 용원리 집자리와 고분 등은 이 시기 백제의 영역을 알려주는 고고학 자료들이다(국립중앙박물관

1998, 1999: 16; 김재열 외 1998; 신용철 · 강봉원 1999; 최몽룡 1999).

　필자는 문헌자료와 마한지역에서 이루어진 고고학적 성과를 이용하여 전남 나주 반남면 일대를 목지국의 마지막 근거지로 비정하는 가설을 세운 바 있다(최몽룡 1986). 마한의 특징적인 문양으로 여겨지는 조족문은 그 고고학적 근거중의 하나이다. 조족문이 시문된 토기는 청주 신봉동(차용걸 · 조상기 · 오윤숙 1995: 293~294), 홍성 신금성(성주탁 외 1990; 이강승 · 박순발 · 성정용 1994), 평택 안중면 덕우 1리 자미산성(경기도 박물관 1999: 8), 충북 중원군 가금면 장천리 · 하구암리의 장미산성(차용걸 · 우종윤 · 조상기 1992: 154), 나주 반남면 덕산리 4호분 및 신촌리 6호분 등에서 출토된 바 있는데, 이들은 마한의 목지국의 이동과 관련이 있는 것으로 여겨진다(최몽룡 · 이선복 · 안승모 · 박순발 1993: 246~247). 그 이후 주구묘의 존재가 청주 송절동, 보령 관창리, 익산 영등동과 함평 장년리, 중랑리 등지에서도 확인되어 마한의 묘로 인정되고 있다.

　이 가설은 서기 369년 근초고왕에 의해 마한의 잔여세력이 백제에 정치적 군사적으로 병합된 후에도 이 지역에 마한의 문화전통이 상당기간 동안 지속되었다는 전제하에서 이해될 수 있다.

3. 고고학적 측면에서 본 마한-목지국

　고고학적인 측면에서 마한-목지국 문화의 성격을 살펴보기 위해서는 먼저 전남지방에서 조사된 마한관계 유적의 성격을 정리해 볼 필요가 있다. 전남지방에서 발견된 마한-목지국 관련유적으로는 고인돌[支石墓]과 독무덤[甕棺墓]으로 대별되는 분묘유적과 생활유적인 집자리 유적이 있다(이영문 1993; 이영문·조근우 1996a, 1996b; 성낙준 1983).

1980년대 중반 이전 몇몇 선사시대 집자리 유적이 전남지방에서 확인된 바 있으나(최몽룡 1978; 최성락 1986a, 1986b; 이영문 1987) 마한시대에 해당하는 철기시대 후기의 집자리 유적이 조사된 예는 없었다. 그런데 1986~1989년에 걸쳐 이루어진 주암댐 수몰지구 발굴조사에서 승주군 낙수리와 대곡리 도롱부락에서 대규모 집단취락 유적이 확인되었다. 이들 유적에서 조사된 철기시대 후기의 집자리들은 전남지방에서 최초로 발견된 마한의 집자리들로 마한사회를 이해하는데 많은 자료를 제공하였다. 여기서 철기시대 후기(기원후 1~300년)는 필자의 한국고고학의 시대구분안에 제시된 삼국시대 전기를 말하는데 이는 종래의 원삼국시대이다. 그런데 전남지방의 경우 아직까지 이 시기를 삼국 중의 어느 한 국가와 연관지을 수 있는 고고학적 증거가 확인된 바 없으나 목지국의 존재로 보아 삼국시대 전기나 철기시대 후기란 시대명칭을 사용하는 것이 보다 타당할 듯하다.

한편 분묘유적으로는 석관묘와 함께 우리나라 청동기시대의 대표적인 묘제로, 특히 전남지방에 2만여 기가 무리를 이루면서 집중적으로 분포하고 있는 고인돌과 청동기시대 후기부터 등장하기 시작하여 철기시대 전기가 되면 지배적인 묘제가 되어 백제시대까지 사용된 독무덤

사진 15. 춘천 천전리 고인돌(강원문화재연구원 발굴)

이 있다. 전남지방의 고인돌은 청동기시대 후기부터 철기시대 전기에 이르기까지 축조되었는데, 이들은 당시의 정치·사회상을 밝히는데 매우 귀중한 자료를 제공하고 있다. 고인돌(사진 15) 사회에는 전문장인이 존재했으며, 각 지역 간에는 기술의 전파 및 물품의 교역이 이루어졌다. 고인돌 사회에서 성역화된 묘역을 가진 조상숭배 단계에 이르르면 사회진화 단계상으로 갈등론(conflict theory)에서 이야기하는 계층사회(stratified society)인 복합 족장사회(complex chiefdom society) 단계에 도달했다. 앞으로 고인돌의 공간적인 분포에 따른 세력권 또는 문화권이 설정되고, 전남지방 고인돌이 지니는 독자적인 성격이 구명(究明)되면, 차후 이 지방에 등장하는 사회의 성격을 파악하는데 커다란 도움이 될 것이다.

대형 독무덤이 집중적으로 분포하는 영산강 유역의 반남면 일대를 포함하는 나주지역은 전주와 함께 전라도라는 지명의 유래가 되었을 만큼 고대 한반도 남서부지방에서 정치·군사·경제·문화적으로 중추적인 역할을 담당해 왔다. 사서에 의하면 나주는 백제시대에는 발라군(發羅郡)으로, 통일신라 경덕왕(景德王) 때에는 금산(錦山)으로 불렸으며, 나주라는 현 지명이 처음 사용된 것은 고려시대에 이르러서이다(이홍직 1968: 321). 통일신라시대의 나주는 전남지역의 주치소(州治所)인 무주에 예속된 하나의 군에 지나지 않았다. 그런데 고려가 지방제도를 정비하면서 나주에 12목(牧)의 하나를 설치하게 되면서 나주는 고려 및 조선조에 걸쳐 영산강 유역 정치·경제의 중심지가 되었다(민현구 1975: 91). 그런데 통일신라 이전, 더 나아가 삼국시대에 이 지역이 백제의 영역으로 편입되기 이전의 상황에 관한 기록은 찾아보기 어려우며, 당시 나주 일대의 성격을 살펴볼 수 있는 자료로는 반남면 일대에 집중적으로 분포하는 고분군이 있을 뿐이다.

반남면 신촌리 9호분에서 출토된 금동관을 비롯한 여러 유물들을 통해 볼 때, 당시 이 지역에는 강력한 왕권을 중심으로 하는 정치체제가 존재할 수 있는 기반이 있었음을 알 수 있다. 물질적·문화적 기반은 반남면 일대를 포함하는 나주 지역에 마한 54국의 하나인 목지국을 비정하는 가설을 가능하게 한다. 그런데 학자마다 서로 견해가 달라 부미국(不彌國, 이병도 1976: 265), 포미지국(布彌支國, 이기백·이기동

1982: 138), 신미국(新彌國, 노중국 1990: 90), 치리국(哆唎國, 田中俊明 1997: 267) 등의 마한소국(馬韓小國)들이 이 일대에 존재했던 것으로 추정하고 있는데 현재로서는 이를 확인할 만한 자료가 부족하다. 비록 그 국명(國名)은 확실하지 않지만 나주 지역, 특히 반남면 일대에 분포된 고분군들의 연대로 볼 때 백제 초기부터 국가단계의 정치체계가 이 일대에 존재했었음을 쉽게 알 수 있다.

반남면을 비롯한 영산강 유역 소재의 대형 독무덤들은 이 일대가 실질적으로 백제의 영향권 내로 편입되기 이전에 자리 잡고 있던 마한의 지배층들의 분묘들로 보인다. 철기시대 전기 이후 새로운 철기문화를 수용함으로써 농업생산력을 증대시키고 사회적인 발전을 이룩한 마한의 소국들은 그들의 통치 권력을 확대·팽창시키면서 소형 독무덤을 거대화시켰던 것이다. 제반 사항을 종합해 볼 때, 영산강 유역이 실질적으로 백제의 지배 하에 편입되는 시기는 기록에 보이는 것처럼 4세기 후반경인 근초고왕대(기원후 369년으로 추정)라기보다는 대안리 5호분과 같은 백제의 석실분이 이 지역에 뿌리를 내리는 6세기 이후로 보아야 할 것이다(최몽룡·이청규·노혁진 1979).

영산강 유역에 밀집 분포하는 대형 독무덤들의 피장자들은 마한 제소국의 지배층들이었을 것으로 추정된다. 특히 금동관이 출토된 신촌리 9호분의 피장자는 목지국 말기의 지배자 또는 목지국의 전통을 이은 지방 호족이었을 것으로 추정된다. 따라서 백제가 남천하게 됨에 따라 백제의 지배영역이 남쪽으로 팽창함으로써 그 세력이 축소된 목지국의 최종 근거지는 영산강 유역의 나주 반남면 일대로 비정될 수 있을 것이다. 이러한 추정은 지금까지 발견·조사된 금동관들이 당시의 정치체제하에서 국가단계를 나타내는 최고 지도자 또는 왕의 상징물(status symbol)로서 인정되는 것으로도 그 타당성을 인정받을 수 있다.

1996년 나주 복암리 3호분(사적 제104호) 석실 내부 옹관 4호에서 출토된 금동제 신발, 1997년 석실 7호에서 출토된 금판 관모 장식, 금동제 이식, 삼두 환두대도 등이 이를 뒷받침해 준다. 그리고 1998년도 3월에 발굴된 5호와 16호 횡혈식 석실 2기에서는 은제관식(銀製冠飾)이 출토된 바 있다[여기에서 출토된 인골들은 석실 17호 널길(연도)에서 화장된 채로 발견된 32세 이상으로 추정되는 남복(男僕)의 경우를 제외하고는 모두 앙와신전장(仰臥申展葬)을 취하고 있었는데, 석실은 40세 이상 가족성원의 가족장(家族葬) 또는 추가장(追加葬)을 위해 조성된 것으로 여겨진다]. 이는 부여 하황리, 논산 육곡리 7호분, 남원 척문리, 나주 흥덕리와 부여 능산리 공설운동장 예정 부지 내에서 발굴된 36호 우측[인골 편은 남아있지 않으나 좌측에 남아있는 부인의 것으로 여겨지는 인골의 나이는 40세 이상으로 추정된다(최몽룡·김용민 1998)]에서 발견된 은제 관식에 이어 한반도에서 여섯 번째로 확인된 것이다. 피장자의 신분은 백제 16관등 중 6품인 나솔(奈率) 이상에 해당되는데, 이는 대안리 5호분의 백제식 석실분의 경우와 함께 피장자가 나주지역 백제의 행정체제 내로 편입되어 가는 과정을 보여주는 자료이다. 그리고 무엇보다도 중요한 것은 금동 신발인데 이는 신촌리 9호분, 공주 무령왕릉, 익산 입점리에 이어 백제지역에서 네 번째, 나주에서는 두 번째로 확인된 것이다(나주시·전남대학교 박물관 1997). 또 1998년 4월 나주 복암리 3호분 제8호 석곽 옹관에서는 주칠(朱漆)의 역만자문(逆卍字文)이 시문된 제8호 옹관 출토 개배(蓋杯)와 함께 일본 고분시대 말기에 보이는 규두대도(圭頭大刀)가 제5호 석실 연도 가까이의 현실(玄室) 벽에 기대어 놓인 채로 확인되었다. 출토 상황으로 보아 이 칼은 현실에 묻힌 피장자의 것이라기보다는 장례 행사에 참석했던 피장자와 가까운 손님이 마지막으로 끌러놓은 장송예물(葬送禮物)이었던 것으로 여겨진다. 참고로 역만자문(逆卍字文)은 '파(巴)'로 읽어야 하며, 그 의미는 죽음[死]을 뜻한다고 한다(渡邊素舟 1971: 78). 그렇다면 불교의 영향 하에 만들어졌다는 견해는 재고되어야 할 것이다. 또 귀두대도는 경남 창녕 출토로 전하는 고구라[小倉] 컬렉션 4호와 한국 출토로 알려진 동경국립박물관 소장 장도 두 점이 알려져 있어 일본제보다도 한국제일 가능성이 높다(具滋奉 1994).

복암리 3호분의 내부에서는 옹관묘, 수혈식 석곽, 횡혈식 석실, 횡구식 석곽, 횡구식 석실과 석곽, 옹관 등 34기에 이르는 매장유구가 확인되었다. 이 고분은 3~7세기의 약 300~400여 년에 이르는 기간에 걸쳐 한 집안의 가족묘지[世葬山]로 조성되었던 것으로 추정되는데, 오늘날과 같은 분구는 마지막으로 5호 석실분을 쓰면서 각각의 무덤에 조성된 봉토가 합쳐져 자연스럽게 형성되었던 것 같다. 그 피장자들은 과거 목지국의 지배층을 형성하는 토호들로 후일 이 지역이 백제의 행정구역으로 편입되어 가는 과정에서 백제왕실이 하사한 벼슬을 받았으며, 자신들의 무덤에도 백제양식을 채택했던 것으로 여겨진다. 특히 규두대도를 통해 시사되는 일본과의 문화적 교류는 앞으로의 연구를 통해 밝혀야 할 것이다. 은제 관식의 연대를 6세기 후반에서 7세기 초로 볼 수 있다면 목지국의 잔여세력인 토착세력은 거의 백제 멸망 시까지 존속했던 것으로 보인다. 이러한 점들을 통해 볼 때 목지국을 맹주국으로 하는 마한 제소국은 고구려, 백제, 신라 삼국과 공시적으로 상호 대등한 수준의 관계를 맺어 왔다고 보는 것이 타당할 것이다.

4. 맺음말

지금까지 마한 제소국(馬韓 諸小國)의 맹주국으로 알려진 목지국의 위치 비정에 대한 종래의 견해들을 살펴보고, 고고학적인 측면에서 나주 반남면 일대를 목지국의 최후 근거지로 비정하는 필자의 가설을 피력하였다. 그러나 이 문제는 남아 있는 문헌자료 및 고고학적 자료가 매우 영세하며, 더구나 부족한 문헌자료는 그 자료의 해석에 따라 전혀 다른 결론을 도출해 낼 수도 있는 상황이므로 현 시점에서 어떤 확정된 결론을 내리는 것은 매우 어려운 실정이다. 그러므로 여기서는 필자 나름대로의 연구를 통해 얻은 몇 가지 가설을 제시하는 것으로 맺음말을 대신하고자 한다.

첫째, 확실하지는 않지만 마한의 성립 시기는 늦어도 기원전 3~2세기까지 올라갈 수 있다. 그런데 마한이 4세기 후반 백제에 의해 멸망당한 후에도 538년 부여 천도 이후 백제가 반남면을 포함하는 나주 일대를 직접 통치할 때까지 이 일대에는 나름대로 독자적인 문화전통이 계승되어 왔다.

둘째, 마한 제소국의 맹주국이었던 목지국의 처음 위치는 천원군 직산 일대 및 부근의 평택·성환 근처로 비정될 수도 있겠으나, 이후 백제의 세력이 확대됨에 따라 목지국은 익산이나 예산으로 점차 이동하여 마지막에는 나주 반남면 일대까지 쫓겨 내려왔을 가능성이 크다.

셋째, 마한-목지국은 고대의 삼국과 마찬가지로 칭왕(稱王)을 할 정도의 강력한 국가체제를 형성했다. 즉, 비록 시대가 떨어지는 자료이기는 하지만 신촌리 9호분에서 출토된 금동관 등의 유물을 통해 볼 때 이 일대에 왕에 버금가는 최고 권력자나 정치체제가 존재했음이 충분히 입증될 수 있다.

마지막으로 반남면 일대는 4세기 후반경이 되면서 백제에 편입되었으나, 이 지역의 대형 고분군들은 실질적으로는 백제와는 별개인 독자적인 마한-목지국의 전통을 유지해 온 세력집단의 분묘로 추정된다.

마한 · 목지국 연구의 제문제(諸問題)

1. 서 언

문제에 대한 접근은 고고학과 고대사의 입장에서 볼 수 있다. 그러나 여기서는 고고학적인 면에 국한시켜 살펴보고자 한다. 전남지방의 문화적 특성으로는 고인돌과 독무덤을 들 수 있다. 고인돌의 경우는 청동기시대를 거쳐 철기시대까지 사용되었는데, 철기시대 중에서도 특히 전기(기원전 400~기원전 1년: 종전의 초기 철기시대)에 집중적으로 분포되어 있다. 전남지방의 고인돌 수가 거의 2만여 기에 이르고 있는 것으로 보아(이영문 1993), 전남지방의 토착세력을 형성하고 있었다고 볼 수 있다. 그 후 철기시대 후기(서기 1~300년: 삼국시대 전기, 종전의 원삼국시대)에 이르면 고인돌 사회로부터 독무덤을 채용한 마한사회가 발전하여 이 지역이 백제의 행정구역으로 편입될 때까지 지속되었다.

전남지역의 마한문화에 대한 고고학적 연구는 1917년 나주 반남면 일대의 독무덤 무리에 대한 조사로부터 시작되었다(谷井濟一 1920; 有

光敎一 1980). 그러나 나주를 포함한 전라남도에는 고인돌과 독무덤이 밀집되어 분포하고 있음에도 불구하고 마한의 고고학적 문화에 대한 연구는 비교적 활성화되지 못했었다. 그 이유로는 여러가지를 들 수 있겠지만 무엇보다도 상대적인 연구 인력의 부족에서 비롯된 조사 활동의 부진과 그 동안 조사된 지역이 영산강 유역에 한정되어 있었기 때문이다.

그런데 최근에 고인돌과 독무덤뿐만 아니라 광주 송암동, 영암 장천리 등의 청동기시대 집자리, 삼국시대 전기에 속하는 해남 군곡리 조개더미[貝塚]등의 생활유적들이 발견되면서 전남지방의 고고학적 문화에 대한 다각적인 접근 및 노력이 본격적으로 시작되었다(최성락 1992). 특히 1986년부터 1989년까지 주암댐 수몰지구 문화유적 조사사업의 일환으로 실시된 보성강 유역에 대한 발굴에서는 청동기시대 및 삼국시대 전기의 대규모 취락지를 발견하였는데, 영산강 유역을 중심으로 진행되어 왔던 지역적인 한계에서 벗어나 통시적인 측면에서 뿐만 아니라 공시적인 측면에 있어서도 청동기시대에서 마한사회로의 변천과 성격을 연구할 수 있는 좋은 자료를 제공하였다(최몽룡 · 김경택 1990). 한편 마한의 맹주국으로 널리 알려져 있는 목지국에 대해 필자는 그 마지막 근거지가 위에서 말한 나주 반남면 일대로 비정한 바 있는데(최몽룡 1991), 최근의 고고학적 조사로 그 증거가 보강되어 가는 듯이 보인다.

앞으로 이 지역에서 밝혀져야 할 과제를 든다면, 첫째 고인돌사회와 마한사회와의 관계, 둘째 마한사회의 기원과 존속 그리고 멸망시기, 셋째 마한의 위치, 넷째 마한의 실체와 문화, 다섯째 마한과 목지국과의 관계 등을 들 수 있다. 이러한 다섯 가지의 큰 문제들은 앞으로 고고학적인 자료를 기반으로 해결되어야 할 것이라고 생각된다. 이 글에서는 전남지방에 존재했던 고인돌문화와 마한시대에 해당하는 고고학적 문화를 비롯하여 마한과 목지국 연구에 이르기까지의 문제점들을 간략히 언급해 보고자 한다.

2. 고인돌 문화: 청동기시대 및 철기시대 전기문화

마한이 존재한 시기는 대체로 기원 전후에서 백제의 제13대 근초고왕 대까지로 볼 수 있는데(최몽룡 1989: 98~101), 이 시기는 고고학에서 말하는 삼국시대 전기에 해당한다. 그러나 마한 이전에 축조되었던 고인돌은 이 지역의 사회발달을 이해하는데 반드시 필요하므로 먼저 살펴보도록 하겠다.

고인돌에 대한 발굴은 기존에 영산강 유역을 중심으로 이루어져 오던 것에서 벗어나 최근 보성강 유역과 남해안 여수반도의 고인돌들이 발굴되어 전남지역의 전역을 포괄할 수 있게 되었다. 보성강 유역과 여수반도 고인돌에 대한 발굴 결과, 전남지역 내의 고인돌에도 지역적인 차이가 존재하고 있었음이 밝혀지고 있다. 즉, 보성강 유역과 여천의 고인돌에서는 마제석검을 비롯한 다양한 석기류와 청동기시대의 유물이 발견되고 있는데 반하여, 영산강 유역의 고인돌에서는 이러한 유물들이 출토되지 않는다는 점으로 보아 이들 간에 어느 정도 문화적인 차이가 있었음을 추정할 수 있다. 특히 승주 우산리, 보성 덕치리, 여천 봉계동, 적량동, 평여동, 여수 오림동, 여천 화장동 고인돌에서는 비파형동검을 비롯한 청동기시대 유물이 집중적으로 출토되고 있어 주목된다.

고인돌의 연대와 축조는 그 안에서 나오는 청동검이 대부분 재가공품이라는 점으로 보아 그 연대가 아무리 올라가도 기원전 6~4세기 이전까지로는 올라갈 수 없을 것으로 생각된다. 또한 영산강 유역의 고인돌에서는 점토대토기를 비롯한 철기시대 전기의 유물들도 발견되고 있다는 점에서 고인돌의 축조는 철기시대 전기까지 지속되고, 이들을 토대로 한 토착사회가 다음의 마한시대에 곧바로 이어진다고 생각된다. 이러한 고인돌 사회는 토기를 공동 제작하는 기술이 존재했으며, 지역 간에 토기의 제작 및 교역을 담당했던 전문장인이 출현하여 지역 간의 문화전파 및 교역을 촉진하던 사회로 사회적 진화상으로 볼 때 계급사회인 족장사회(Chiefdom Society) 단계에 해당된다. 고인돌이 축조될 수 있었던 사회경제적 배경은 농경을 바탕으로 한 잉여생산에 있었던 것으로 보이며, 이러한 사회의 발전은 이후 마한의 각 소국들에서도 계속 발전되어 나갔을 것으로 추측된다.

호남지방에서 발견된 철기시대 전기 유적으로는 화순 대곡리의 토광목곽묘(土壙木槨墓)와 함평 초포리의 적석석관묘(積石石棺墓)이거나 적석목관묘(積石木棺墓)일 가능성이 있는 분묘를 들 수 있다. 이들 돌널무덤[石棺墓]에서는 세형동검을 비롯한 철기시대 전기의 대표적인 유물들인 다양한 청동의기들이 출토되었다. 이 유적들은 주로 영산강 유역에 위치하고 있는데, 충청도 지방에서 발견되는 청동기시대의 문화와 관련된 것으로 보이며, 이들 유적에서 발견되는 철기시대 전기의 청동의기들은 비파형동검이 발견된 보성강 유역 및 남해안 지역에서는 거의 발견되고 있지 않다는 점으로 미루어 보아 두 지역 사이에 문화적 차이가 있었음을 짐작하게 해주고 있다.

고인돌 사회에 들어온 토광묘와 세형동검을 사용하던 이주자들은 한동안 고인돌사회와 공존하다가 기원전 2세기 무렵부터 점차 토착사회로 흡수된 것으로 보인다. 이 시기 집자리 유적에는 광주 송암동, 영암 장천리, 전주 여의동, 승주 대곡리, 우산리, 화순 복교리 등이 있다. 최근 마산 진동리 고인돌 하부구조에서 토광이 나타나는 것도 이러한 맥락에서 이해될 수 있을 것이다. 이들 유적에서 발견되는 청동기시대의 집자리는 중앙에 타원형 작업공이 설치되어 있는 원형 집자리로, 송국리 유적에서 발견된 원형 집자리와 형태 및 구조 면에서 유사한 면을 보이고 있다. 그러나 이러한 형태적인 유사성에도 불구하고 이 유적들 간에는 많은 지역적인 차이가 보인다. 즉 장천리를 비롯해 호남지역의 서남부에 위치하고 있는 원형 집자리에서는 소위 송국리형토기라고 불리는 외반구연무문토기가 발견되고 있는 반면, 대곡리 유적에서는 청동기시대 중기 이래 사용되어 온 공렬토기도 발견되고 있다. 이러한 원형 집자리 간의 차이는 보성강 유역과 호남지방 서남부 간의 청동기시대 문화적인 양상의 차이로 생각되며, 이는 두 지역 간의 문화형성 과정의 차이에서 비롯된 것으로 생각된다.

원형 집자리의 다음 단계로는 장방형 집자리가 대곡리 유적을 중심으로 확인되고 있다. 이들 장방형 집자리에서는 송국리 유적 및 호남지역의 다른 집자리 유적에서 발견되는 것과 유사한 외반구연무문토기가 발견되고 있는데, 원형 집자리에 후행하는 집자리라는 점에서 그 시기는 철기시대 전기에 해당되는 것으로 보인다. 보성강 유역 집자리에서 발견되는 집자리 평면형의 변화와 출토 유물의 차이는 앞에서 언급했던 고인돌과 돌널무덤 유적의 차이에서와 비슷한 양상을 보여 주는데, 이는 앞에서도 언급했듯이 호남지방 내의 문화전개과정에 지역적인 차이가 존재했음을 보여준다.

3. 마한의 문화: 철기시대 후기문화

마한에 해당하는 시기는 한국 고고학에서 철기시대 후기(서기 1~300년: 삼국시대 전기 또는 원삼국시대)에 해당하는 시기로 철기가 제작 사용되는 등 물질문화에 있어서 급격한 변화가 발생한 시기이다. 기록에 의하면 마한은 기원전 18년 백제의 성립 이전부터 독자적으로 신라와 교류해 왔음을 알 수 있다. 예컨대 기원전 20년과 19년의 『삼국사기』 혁거세조를 보면, 마한(또는 서한?)왕이 죽자 이를 틈타 침공하자는 신하들의 진언에 '어려울 때 침공하는 것은 도리가 아니다' 하며 혁거세가 말리고 있다. 이처럼 마한은 칭왕을 할 정도의 세력을 가지고 있었던 것으로 보인다. 이 시기에 해당하는 유적으로는 해남 군곡리 조개더미 유적 그리고 보성강 유역의 대곡리, 낙수리, 남원 세전리 집자리가 대표적이다.

해남 군곡리 조개더미 유적에서는 점토대토기, 경질무문토기, 타날문토기, 손칼[刀子], 철부[鐵斧] 등 다양한 유물들이 층위를 이루고 발견되었는데, 철기시대 전기에서 철기시대 후기에 이르는 문화변천과정에 해당하는 마한시대의 생활을 이해하는데 중요한 유적이다.

보성강 유역에서는 이 시기의 집자리 100기 이상이 조사되었는데, 그 평면형은 대부분 장방형인데, 앞선 시기의 집자리에 비해 형태와 구조적인 측면에서 큰 차이를 보이지 않고 있다. 이들 집자리에서는 적갈색연질, 회백색연질, 회청색경질의 타날문토기가 출토되고 있어 군곡리 조개더미의 양상과 유사한 일면을 보여주고 있다. 그러나 경질무문토기가 출토되는 군곡리 조개더미와는 달리 이곳에서는 앞선 시기의 집자리에서 보이는 외반구연무문토기가 출토되고 있다는 점으로 보아 문화변천과정의 차이를 보여주고 있다. 군곡리 및 보성강 유역에서 발견된 집자리 유적들은 그 동안 공백으로 남아 있던 마한시대의 생활 유적이라는 점에서 그 의의를 찾을 수 있으며, 앞으로 이 지역의 총체적인 문화 복원에도 중요한 자료가 되리라 생각된다.

다음으로 마한의 대표적인 유적인 독무덤은 철기시대 전기 말로 편년되는 신창리 유적에서 그 유래를 찾을 수 있는데, 소아용 무덤으로 시작되었으나 이 시기에 이르러서는 대형화되었다. 독무덤은 주로 영산강 유역에서 밀집된 분포를 보여준다. 이들 독무덤은 대부분이 한 봉토 안에 여러 기가 안치되어 있는 지상식으로, 분구의 형태는 원형, 방대형, 전방후원형 등이 있다. 대형 독무덤들에 대한 종합적인 연구에 의하면, 이들은 기원후 3세기 후반경에 등장하여 5세기 후반까지 지속한 것으로 보인다. 나주 반남면 일대와 영암 시종면, 함평 월야면 등지의 대형 독무덤들은 마한 제 소국 지배층의 분묘로 추정되고 있다. 이들 독무덤 중에서 금동관을 비롯해 금동제 신발, 환두대도 등 다양한 유물이 출토된 신촌리 9호분이 위치하는 나주 반남면 일대는 마한의 맹주국으로 여겨지는 목지국의 마지막 근거지로 비정할 수 있다. 지금까지 나타난 증거와 기록들을 종합해 본다면, 백제가 현 서울 송파구 일대에서부터 차츰 그 세력을 확장함에 따라 이웃한 마한은 점차 축소되었고, 마한의 중심지는 성환 또는 직산에서 익산, 마지막으로 나주 반남면 일대로 이동해 갔다고 볼 수 있다. 그러나 이와 다른 여러 가지 견해도 제시되고 있어서 이들 대형 독무덤들의 정확한 성격을 규명하기 위해서는 더욱 진전된 연구가 절실히 요구된다.

필자는 전남지방에서 늦은 시기까지 독무덤이 축조되고 백제계의 돌방무덤[石室墓]은 6세기에 들어서야 비로소 축조되는 것으로 보아 상당기간 백제와 관계없는 독자적인 세력이 존재해 있었던 것으로 보고 있다. 즉 백제 제13대 근초고왕(346~375년)에 의한 마한의 멸망 이후, 백제의 행정구역으로 완전히 편입되기 이전까지 마한-목지국의 전통을

유지하는 독자적인 집단이 토착세력으로 존재했었던 것으로 보인다(최
몽룡 1991).

4. 목지국의 문제

목지국은 마한 54개 소국 중의 맹주국으로 목지국의 처음 위치는 충
남 천원군 직산 또는 천안 용원리 일대로 추정된다. 그런데 백제의 근
초고왕이 서기 369년(근초고왕 24년)에 마한의 잔여세력을 복속시키고
전라도 남해안 일대에까지 그 세력권을 확장시켰다는 것으로 보아(이
병도 1959: 362), 마한의 초기 영역이 천원군 직산 일대와 부근의 평택,
성환 일대였다 하더라도 그 이후에는 남쪽의 익산 일대로 옮겨졌을 것
이라는 주장도 있다(이기백·이기동 1982: 95, 138). 그러나 마한목지
국의 존속시기가 한국 고고학의 시기구분에서 서력기원을 전후한 시기
로부터 서기 300년경까지에 해당되는 삼국시대 전기에 속하며, 그 하한
이 근초고왕 대에까지 내려간다는 것을 고려해 볼 때, 앞에서 제시된
지역들에서는 이에 상응하는 증거를 보여주는 고고학적 자료가 미약한
실정이다.

그런데 앞에서 언급한 대로 나주 반남면 대안리, 덕산리, 신촌리 일대
에는 이 시기에 근접하는 매우 설득력 있는 고고학적인 증거가 있다.
이 일대에는 대형 독무덤들이 집중적으로 분포하고 있는데, 이들 분묘
는 전통적인 형식요소의 지속성이 매우 강하면서 외부적인 자극에도

민감하게 반응하는 중요한 고고학적 자료이다. 이 일대에 집중적으로 분포하는 많은 고분군 중에서 신촌리 9호분에서는 강력한 지배집단의 존재를 시사해 주는 금동관이 출토된 바 있다. 그리고 시조 온조왕의 건국으로부터 문주왕의 웅진 천도까지에 이르기까지 백제의 한성시대(기원전 18~서기 475년)영역이 북으로 예성강, 동으로 춘천, 서로 인천, 남으로 제천·청주로 비정됨을 생각할 때, 목지국의 최종 위치는 종래의 인천, 익산설보다는 제천·청주 이남 지역에 존재했다고 보는 것이 설득력이 있다(최몽룡·권오영 1985). 필자는 문헌상의 자료와 지금까지 마한지역에서 이루어진 고고학적인 성과를 통해 목지국의 마지막 근거지로 전남 나주시 반남면 일대를 비정하는 가설을 세운 바 있다. 그러나 이 가설을 이해함에 있어 주의해야 할 사항은 서기 369년 근초고왕대에 마한의 잔여세력이 백제에 정치·군사적으로 병합당한 후에도 이 지역에서는 마한의 문화전통이 상당기간 동안 지속되었다는 사실이다(최몽룡 1991: 19~21).

5. 마한의 멸망

이병도는 『일본서기』(日本書紀) 신공기(神功紀) 49년조의 기록으로 보아 369년에 마한이 백제에 의해 멸망되었다고 추론하고 이후 마한이 백제로 편입되었다는 입장을 피력했다(이병도 1976). 백제세력의 유입기인 기원후 4세기 이후에서 통일신라 이전까지를 포함하는 시기(주로 백제시대로, 역사적으로 본다면 서기 369년 근초고왕의 마한 잔여세력 토벌 이후의 시기에 해당되겠다)인 삼국시대 후기(300~660년)의 대표적인 유적으로는 유입되는 백제세력의 것으로 보이는 돌방무덤을 들 수 있다(최몽룡 1993: 247~248). 돌방무덤은 최근 지표조사와 발굴을 통해 자료가 증가되는 추세에 있어 이들의 성격에 대한 연구도 관심의 대상이 되고 있다. 돌방무덤은 영산강 유역을 비롯한 나주 함평, 장성, 광주 등 전남 내륙 지역과 해남, 장흥, 고흥 등 서남해안 지역 그리고 도서 지방에서 발견되고 있는데, 나주 대안리 5호분 등을 위시한 이들 돌방무덤들은 이 지역이 실질적으로 백제의 통치권 하에 편입되는 6세기 중엽부터 축조되기 시작하여 백제 말기까지 존속한 묘제로 생각된다. 그리고 최근 발굴된 나주 복암리 3호분의 경우 돌방(석실) 내에 독무덤의 존재로 보아 백제의 통치시대에도 마한·목지국의 토호로서의 독자적인 세력과 문화전통이 유지되고 있었음을 보여준다. 즉 마한이 정치·행정적으로는 백제에 편입되었으나 문화적으로는 아직까지 완전히 흡수되지 않았음을 나타내 준다.

또 최근 들어서 이 지역에서 주목받는 묘제로 장고분(전방후원형분)이 있다(岡內三眞 1996). 반남면 신촌리 6호와 덕산리 2호를 비롯한 함평 월야면 예덕리 신덕부락, 해남 북일면 장구봉, 영암 도포면 태간리 등지에서 전방후원분이 조사되었고, 최근에는 광주시에서 조성하고 있는 첨단기지공단부지인 광산구 월계동과 명화동에서도 조사되어 주목을 끈다. 이들 묘제는 근초고왕이 24년(서기 369년)에 마한의 잔여세력을 토벌하는 과정에서 백제의 요청에 의해 일본[倭]의 응원군이 와서 강진에서 만난 것이며, 또 이에 따른 왜와의 정식 통교가 이루어졌다는 역사적 기록(『일본서기』 신공 49년조)과도 무관하지 않을 것이다(최몽룡 1997: 138).

6. 후언

이상으로 전남지역의 마한-목지국 관계의 고고학적 연구의 문제점에 대해서 살펴보았다. 건설로 인한 피해가 많지 않은 전남지방은 한국 고고학 연구의 보고이다. 이 지역에서는 앞으로도 많은 가설을 수용하고 증명할 수 있는 자료들이 나올 것으로 기대된다.

최근 새로운 문제로 대두된 전방후원(형)분의 축조와 기원, 전파에 대해서는 아직 결론을 제시할 수 있는 상황이 아니며, 일본과의 관계를 고려하면 더욱 그러하다. 왜냐하면, 우리나라 자체의 편년설정이 아직 이루어지지 않았기 때문이다. 이와 더불어 이곳에서 출토된 유물의 소속도 아직 확인되지 않았다. 해남 장구봉, 함평 등지에서 전방후원분이 발견되는 것으로 보아 마한 토착세력 안에서 자체 발생한 묘제 중의 하나일 가능성도 있다. 그러나 이의 확증에는 고고학적인 자료의 뒷받침이 필요하다.

마한의 고고학적 문화는 고인돌, 독무덤 그리고 주거유적으로 대표될 수 있다. 마한의 고고학적 문화에 대한 연구는 최근에 발굴이 활발히 진행되고 있지만 아직 그 국가적 성격이나 문헌과의 적극적인 대입을 할 수 있을 만큼 자료가 충분하지는 않다. 마한의 고고학적 문화의 성격을 밝히는 작업은 이제부터 시작이라고 할 수 있는데, 다른 지역과 비교되는 독자적인 특징을 나타내고 있을 뿐만 아니라 자체 내에서도 지역적인 특징을 보이고 있어 흥미롭다. 지역문화의 변천과 성격에 대한 연구는 한국고대문화의 정확한 성격구명을 위해서도 시급히 활성화되어야 할 것으로 생각되며, 이의 대표적인 예의 하나가 마한-목지국에 대한 연구가 될 것이다.

제3부 고고학적 관점에서 본 한성시대 백제

한성시대 백제 도성의 변천과 문제점

백제(기원전 18년~서기 660년)의 역사는 한성시대(기원전 18년~서기 475년), 공주시대(서기 475~538년)와 부여시대(서기 538~660년)의 세 시기로 나누어진다. 그에 따라 각 시대의 문화 차이가 뚜렷이 나며 도성의 변천에도 영향을 미친다. 최근 고고학의 활발한 성과로 인해 백제 시대의 도성의 변천을 추정해 볼 수 있게 되었다.

그런데 이 분야의 연구가 가시적인 효과를 거두기 위해서는 본격적인 연구에 앞서 먼저 다음과 같은 네 가지 정도의 전제가 선행되어야 한다. 첫째 『삼국사기』 백제 초기 기록의 인정과 이를 위한 고고학적 증거의 확보, 둘째 마한과 백제의 독립적인 시대구분과 연구의 이분법(二分法)적 사고의 확립, 셋째 원삼국시대와 같은 애매모호한 시기 설정의 폐기 및 새로운 지역편년의 수립과 아울러 한국고대사, 특히 『삼국사기』 초기 기록의 긍정적 해석, 마지막으로 이 시기 유적 또는 성벽의 발굴에 있어 해당 유적이 속하는 한 시기 또는 시대에 편중되지 않은 고고학적·역사적 맥락을 고려한 유기적 해석 등이 선행되어야 한다. 이는 이전 시대에 축조된 성벽의 파괴, 개축, 보수 등을 고려해야 하기 때문이다.

『후한서』동이전 한조에 보이는 마한의 특징적인 가옥인 토실 또는 토옥이 최근 기흥읍 구갈리, 공주 장선리(사적 433호), 충주 수룡리, 논산 원북리와 마전, 대전시 유성구 추목동 자운대, 경기도 화성군 상리 그리고 용인 죽전 4지구에서 확인되어 발굴조사된 바 있다. 특히 질량가속분석기를 이용한 방사성 탄소연대측정 결과 장선리의 중심연대가 서기 220~290년경으로 제시된 바 있는데, 이 유적에서는 마한과 백제 초기 주민들에 의해 공유되었다고 알려진 격자타날문(格子打捺文) 토기가 출토된 바 있다. 이뿐 아니라 1990년대 말 이후 천안 용원리, 공주 장원리 그리고 평택 자미산성 등 마한의 유구로 생각되는 토광묘, 주구묘, 조족문 토기, 판축되지 않은 토성 그리고 굴립주(掘立柱) 건물터 등이 확인 및 조사되고 있어 이들 고고학적 자료를 통한 마한의 영역 고찰이 필요한 시점에 이르렀다. 이러한 새로운 고고학 자료에 관한 연구가 진전된다면, 멀지 않은 장래에 한성시대 백제 이전부터 존재했던 마한과 마한의 땅을 할양 받아 성립한 한성시대 백제와의 문화적 차이를 구분지을 수 있는 보다 설득력있는 의견이 제시될 수 있을 것으로 기대된다.

사성 또는 평고성(坪古城)으로 알려진 서울 송파구 풍납동토성(사적 제11호)은 1997년 이후 문화재연구소와 한신대 박물관에 의해 발굴조사되고 있다. 아직 조사가 진행되고 있어 최종적인 결론을 내릴 단계는 아니지만, 풍납동토성은 몽촌토성(夢村土城, 사적 제297호)과 하남시 이성산성(二聖山城, 사적 제422호)보다 먼저 축조된 백제 초기의 도성의 하나로 밝혀지고 있다. 토성, 제사 터, 전(塼)과 개와(蓋瓦)(사진 21) 등의 고고학 자료를 통해 추정되는 지상가옥 형식의 궁궐터와 평면 육각형의 집자리 등으로 미루어 볼 때 풍납동토성은 기원전 18년 온조왕의 백제 건국시에 도성으로 축조되었을 가능성이 높은데, 이러한 연대관은 방사성탄소연대 측정결과와 경질무문토기(또는 풍납리식토기) 등의 존재를 통해 입증되고 있다.

한양대학교 조사단은 1986년 8월 하남시 이성산성에 대한 1차 발굴조사를 실시한 이래 2004년까지 11차 발굴조사를 진행해 왔으며, 향후 연차 발굴이 계속될 예정이다. 이성산성에 대한 8차 및 9차 발굴조사에서 백제, 고구려와 신라에 걸친 유구와 유물이 확인되어 이 유적이 백제 제13대 근초고왕대에 잠시 천도했던 한산(서기 371~391년)일 가능성이 높아졌다. 즉, 한성백제시대에 토성으로 축성되었던 성이 근초고왕대의 활발한 정복사업과 북쪽에 위치한 고구려의 영향 등으로 인해 종래 풍납동토성과 몽촌토성과 같은 토성에서 석성으로의 전환이 이루어졌을 가능성이 높아졌다. 그리고 2001년 발굴된 현문식의 동문지의 경우는 한성백제의 마지막 왕, 개로왕이 이 곳에서 벌어진 전투에서 고구려군에게 포획되어 아차산성에서 처형되었을 가능성을 제시해 주기도 했는데, 이는 이성산성이 한성백제 최후의 격전지였을 가능성이 높음을 시사해 줌을 의미한다. 다시 말해 이성산성에서 백제 근초고왕대의 초축(서기 371년), 고구려 장수왕에 의한 한성백제의 멸망(서기 475년),

신라 진흥왕의 한강진출(서기 551/553년), 백제의 멸망(660년)과 통일 신라의 등장(668년), 그리고 고려와 조선으로 이어지는 역사적 맥락을 이해할 수 있는 고고학적 단서가 확인되고 있는데, 이는 이성산성이 시대를 초월한 전략적 요충지였다는 의미이기도 하다.

한편 이웃한 천왕사지(天王寺址) 발굴조사에서는 백제시대의 개와(수막새)가 확인된 바 있는데, 이 절의 조성 연대가 백제 초기까지 올라갈 수 있을지에 대한 검증은 아직 이루어지지 않았다. 만약 이 절터가 백제 초기의 것이라는 검증이 이루어진다면, 백제 제15대 침류왕 1년(384년) 불교를 수용하고 그 다음 해인 385년 한산에 불사(佛事)를 일으켰다는 『삼국사기』 백제본기의 기록의 신빙성을 논의할 수 있는 중요한 자료가 될 것이다. 이러한 예는 지난 2001년 충북대학교 박물관에 의해 발굴조사된 청주 부용면 부강리 남산골 산성의 경우 고구려군에 의한 함락시기가 유적의 하한이 된다는 점에서도 찾아볼 수 있다. 남산골 산성은 사적 제415호로 지정된 청주 정북동토성(서기 130~260년경 축조)의 경우처럼 아마도 마한시대에 초축되었다가 후일 백제의 성이 되었다가, 다시 서기 475년경 고구려군에 함락된 것으로 여겨진다. 포천 반월성(사적 제403호), 연천 호로고루성(瓠蘆古壘城, 경기도 기념물 제174호)과 연기 운주성 등은 한성시대 백제의 영역에서 확인된 백제의 성들로 볼 수 있다. 이 중 호로고루성은 처음에는 백제시대의 판축으로 이루어진 토성이었으나 후에 고구려식 석성으로 대체되었음이 발굴결과 확인되었는데, 이는 백제 제13대 근초고왕의 북진정책과 관련이 있으며, 이들은 최근에 발굴 조사된 파주 탄현 갈현리, 군포 부곡, 하남시 덕풍동, 인천 계양시 동양동(사진 1)의 백제 토광묘와 파주 주월리와 포천 자작리에서 확인된 백제시대 집자리의 존재를 통해서도 입증된다. 한성시대의 백제의 영역은 근초고왕 때가 가장 강성했는데, 현 행정구역상 여주 언양리와 하거리, 진천 석장리, 삼룡리(사적 제344호)와 산수리(사적 제325호)를 넘어 원주 법천리에 이르는 것으로 생각되고 있는데, 더 나아가 최근 강원문화재연구소가 발굴조사했던 춘천 거두리와 홍천 하화계리에까지 미치는 것으로 알려지고 있다. 또 충남 연기 운주산성의 경우 이제까지 통일신라시대의 성으로 추정되었으나, 발굴 결과 백제시대에 초축했던 석성이었음이 밝혀지고 있는데, 이는 백제시대의 석성으로 알려진 이성산성(사적 제422호)과 설봉산성(사적 제423호) 등과 비교된다.

사적 제5호로 지정된 부여 부소산성(扶蘇山城)은 대통명(大通銘, 서기 527~528년) 개와의 존재로 보아 백제 제26대 성왕이 528년부터 10년간 도시 계획을 수립한 후 538년 공주에서 부여로 옮긴 도성으로 알려져 있다. 이 산성은 지난 1980년 서록사(西麓寺) 또는 서복사(西腹寺)를 조사한 이래 20여 년 이상 발굴되고 있는데, 특히 1990년 이후로는 국립부여문화재연구소에서 직접 학술발굴조사를 실시하여 지속적으로 중요한 자료를 제시해 오고 있다. 지금까지의 조사 결과에 따르면, 부소산성은 660년 나당 연합군에 의해 백제가 멸망한 이후로도 통일신라, 고려 그리고 조선시대에도 계속 이용되었는데, 후대에 와서는 그 규모

가 백제시대에 초축된 것보다 상당히 축소되었다. 백제시대 남문지
(1992~1994년 조사), 사비루(泗沘樓) 부근에서 북문지에 이르는 통일신
라시대의 퇴뫼식 성벽의 석축과 연결부 그리고 수혈주거지 등의 유구
(1992~2000년 조사), 남쪽의 통일신라시대의 문지(1995년 조사), 북문
지 근처에서 확인된 수혈주거지와 취수장(2000~2001년 조사) 등은 특
히 그 중요성이 대두된 바 있다. 백제시대에 축조된 성벽의 원형은 거의
모두 파괴되었으며, 현재 남아있는 것은 통일신라시대 이후에 쌓은 것
들이 대부분인 것으로 확인되었다. 부소산성에서 확인된 이러한 사항들
은 연기 운주산성과 같은 백제시대에 초축된 성벽을 조사할 때 꼭 고려
해야 할 것이다. 대전 월평동산성에서는 백제산성과 이보다 앞선 시기
의 수혈구덩이는 물론 고구려 유물이 출토되어 주목되었는데, 향후 이
들을 시대 순으로 구명할 수 있는 정밀 학술조사가 계획되어야 하며, 또
백제시대에 초축된 것으로 알려진 계족산성(鷄足山城, 1570±50 BP, 서
기 415년경 이후 또는 530년경 축조된 것으로 추정)의 경우 통일신라와
의 역사적 맥락과 아울러 성벽축조의 선후관계가 밝혀져야 한다.

  이 시기의 고고학 연구는 역사고고학의 범주에 속하기 때문에 발굴조
사된 고고학 정보뿐만 아니라 문헌정보의 파악에도 힘을 기울여야 한
다. 그래야만 전체적인 맥락을 고려하며 유적을 제대로 해석해 나갈 수
있다고 하겠다.

한성시대 백제와 풍납동토성

　서울 송파구 소재 풍납동토성 발굴조사에서 제사유적이 확인되어 관련 분야 학자들뿐만 아니라 세인들의 주목을 끈 바 있다. 이는 풍납동토성이 초기 백제사 연구에 있어 매우 중요한 유적일 뿐만 아니라 최근 우리나라도 선진국들의 경우처럼 문화재의 보존과 활용을 통한 문화 관광산업의 육성에 상당한 관심을 갖기 시작했기 때문이기도 하다.

　주지하다시피 풍납동토성은 사성 또는 평고성으로 알려진 토성유적으로 사적 제11호로 지정되어 있다. 과거 행정구역상 경기도 광주군에 속해 광주 풍납리토성(廣州 風納里土城)으로 지칭되었으며, 1963년 1월 21일 당시 성벽 둘레 약 3,470m(121,235㎡)에 국한하여 사적으로 지정된 바 있다. 즉, 성 내부는 사적으로 지정되지 않고 사유지로 남아 있었다. 현재 동벽 1,500m, 남벽 200m, 서북벽 250m 등 모두 2,250m 정도가 뚜렷이 남아있는데, 성 내부에는 현대아산병원을 비롯하여 중학교 하나와 초등학교 둘 등 크고 작은 대소 건물들이 꽉 들어차 있다.

　풍납동토성의 중요성은 1925년 을축년(乙丑年) 대홍수시 서쪽 벽이 허

물어지면서 삼국시대 전기의 청동제 초두(鐎斗: 세 발로 세워 음식을 데우는 남비나 가마와 같은 용기) 두 점이 발견되면서 대두되었다. 그 이후 1965년 서울대학교 박물관에서 실시한 시굴조사에서 풍납리식 무문토기의 존재가 확인되면서 이 유적의 연대가 백제 건국 초기(기원전 18년)까지 올라갈 가능성이 있음이 확인되었고, 1997년 2~4월 현대아파트 건립을 위한 문화재연구소의 발굴조사에서 다음과 같은 최소 4개의 문화층이 확인된 바 있다.

· 제Ⅰ층: 서력기원 전후: 경질무문토기+삼중의 환호
· 제Ⅱ층: 서기 1~2세기: 6각형 수혈 집자리+회청색연질토기+낙랑계토기(서기 23년 성벽축조)
· 제Ⅲ층: 서기 3~4세기: 6각형 수혈 집자리+회청색경질토기
· 제Ⅳ층: 서기 4세기 이후~475년 문주(文周)왕 공주 천도 시까지: 4각형, 방형 또는 장방형 수혈 집자리+회청색 경질토기

즉, 풍납동토성에서 한성시대(온조왕 원년, 기원전 18년~제22대 문주왕 원년, 서기 475년) 백제의 문화상이 고고학적으로 확인된 셈이다. 또 1997년 한양대학교의 아산병원부지 시굴조사 및 선문대의 토성 실측을 거쳐 1999년 이래 문화재연구소의 성벽 발굴과 한신대 박물관의 경당지구 발굴이 있었고, 연차 발굴조사를 진행 중이다.

1999년 문화재연구소에서 실시한 성벽 발굴조사에서는 높이 9m, 폭

40m의 거대한 성벽의 축조과정이 밝혀졌다. 즉, 성벽 내부에서 성벽 축조 이전 시기에 사용되었던 심발형토기(深鉢形土器: 높이가 입지름보다 깊은 바리)와 경질무문토기가 출토되어 풍납동토성의 역사와 발전과정을 말해 주었다. 성의 구조와 축조 방법은 앞으로 조사와 연구가 진전됨에 따라 자세히 밝혀지겠지만, 지금까지 밝혀진 것만으로도 백제 초기의 문화에 관한 여러 가지 중요한 새로운 사실들을 알려 주었는데, 기록으로 보아서는 서기 23년 성의 축조가 시작된 것으로 볼 수 있으며, 성의 축조는 늦어도 서기 3세기 전후에는 이루어진 것으로 알려졌다. 당시에 엄청난 인력을 동원하여 이와 같은 거대한 규모의 성벽을 축조할 정도의 권력을 행사할 수 있었던 강력한 왕권이 이미 존재했음이 입증된 것이다.

한편 1999~2000년 한신대학교 박물관에서 실시한 경당지구 발굴에서는 제사유적과 유구(遺溝: 제사 후 폐기된 도구와 음식을 버리는 구덩이로 추정됨)와 함께 개와와 건물의 바닥에 깔았던 전 그리고 '대부(大夫)', '정(井)' 등의 문자가 새겨진 토기가 출토되었다. 개와와 전은 부근에 궁전과 같은 지상가옥이 있었음을 시사해준다. 제사유적은 주 건물의 길이 13.5m, 폭 5.2m, 깊이 3m 규모의 '여(呂)'자형 집으로 지상가옥이다. 제사유구(9호)에서는 대부(大夫), 정(井)자가 새겨진 토기를 비롯해 다량의 토기편과 유리구슬편 등의 유물이 출토되었는데, 특히 말의 하악골(턱뼈) 7개체 분이 출토되어 주목을 끌었다. 제사유적은 조선시대 종묘와 사직에서 보이듯이 조상과 하늘에 제사를 드리는 곳으로 왕권을 유지 과시하는데 필수적인 요소이다. 지금까지 백제지역에서 확인된 제사유구로는 공주 송산리 개로왕의 가묘(1988 문화재연구소), 공주 금성동 정지산(1996 국립공주박물관), 부안 변산반도 죽막동(1992 국립전주박물관) 그리고 부여 능산리[1994 국립여박물관, 후일 창왕 13년 명(서기 567년)이 있는 사리감이 출토] 건물지 등이 있다. 풍납동토성 내에서 확인된 제사유적은 한성시대 백제 당시 국가가 주관이 되어 조상과 하늘에 제사를 지냈던 제사 터로 생각되는데, 이는 부여 능산리에서 확인된 건물터가 사비(부여)시대 백제(서기 538~660)의 종묘에 해당하는 건물지로 국가적 차원에서 제사를 지내던 터로 이해되는 것과 같은 맥락에서 이해할 수 있다. 중국 길림성 박물관 조사단이 1958년 고구려 국내성(집안) 동쪽에서 발굴조사한 동대자 유적 역시 이와 같은 성격의 유적이라 할 수 있다. 이 건물터는 고구려 광개토왕 2년(서기 392년)에 축조된 국사(國社)라는 종묘와 사직의 제사 터로 보고되었다. 건물지의 형태가 '여(呂)'자형인 것은 이 건물의 연대가 상당히 올라갈 수도 있음을 시사해 준다. 즉, 중부지역 특히 강원도의 철기시대 전기(기원전 300~1년, 기존의 초기철기시대) 집자리의 평면형태는 장방형, 방형, '철(凸)'자형 그리고 '여(呂)'자형으로 변천됨이 고고학 자료를 통해 확인되었다. 그런데 이 제사 터의 평면형이 '여(呂)'자형인 점은 이와 같은 맥락에서 이해되어도 무방할 것으로 생각된다. 제사유구에서 출토된 말머리뼈와 턱뼈는 제사 당시 희생물로 봉헌되었던 말의 흔적이라고 볼 수 있다. 고대사회에 있어 말의 순장은 중국의 상나라(기원전 1750~1100년 또는 1046년)의 마지막 수도인 은허(殷墟) 대사공촌(大司空村) 175호분, 산동성 임치 제경공(기원전 548~490) 순마갱(山東省 臨淄 齊景公 殉馬坑)과 임치 중국고차박물관 내 후리 춘추순마차(后李 春秋殉馬車)유적 등에서 보이는 바와 같이 마차와 함께 이루어지는 것이 일반적이다. 마차는 당시 최고 권위의 상징물(위세품)의 하나였기 때문에 왕이나 상류층의 무덤에 마차와 말이 함께 부장되는 것은 흔한 일이었다. 국가의 제사에는 소, 다음의 상류층(귀족)의 제사에는 양 그리고 그 밑 신분의 제사에는 돼지의 순으로 희생물을 삼았다. 따라서 국가적 차원의 제사의 희생물로 사용되는 소를 국가적 차원에서 사육했던 것이 상나라의 국가성립 원동력의 하나였다는 가설이 제기된 바도 있다. 그런데 말의 경우도 말과 마차의 순장에서 알 수 있듯이 국가, 즉 왕이 주도하는 제사의 희생물일 가능성이 높다. 토성 내부의 경당지구에서 확인된 제사 터, 개와와 전이 사용되는 궁궐과 같은 건물터, 제사 희생물로서의 말뼈, 문자가 새겨진 토기편 등은 이 곳이 왕도(王都)였을 가능성이 높음을 시사해 준다. 만약 그렇다면, 이 곳에서 확인된 제사 터는 『삼국사기』 백제본기 시조 온조왕편에 보이는 '원년(기원전 18년) 여름 5월에 동명왕의 사당을 세우다'와 '17년 여름 4월 사당을 세우고 왕의 어머니에게 제사지냈다' 라는 기록과 관련이 있음을 추측할 수 있겠다. 물론 건물터는 후일 보수와 개축이 이루어져 처음의 모습 및 축조 연대와는 차이가 날수 있으며, 이에 대하여는 후일 발굴자들에 의한 더 자세한 설명과 해석이 제시될 것이다.

온조는 유리와 비류를 이은 동명왕[朱蒙]의 셋째 아들이다. 그리고 어머니 소서노와 해부루의 서손인 우태(優台 또는 仇台)와의 사이에서 출생한 비류와는 형제간이며, 어머니 소서노가 주몽에게 개가를 하기 때문에 주몽은 비류와 온조의 의붓아버지가 된다. 주몽은 어떠한 형태로든 온조의 아버지가 되며 고구려는 백제의 어버이 나라이다. 따라서 온조가 즉위 첫 해에 아버지 동명왕(주몽)의 사당을 세웠음은 당연한 일일 수도 있으며, 이 제사 터가 동명왕과 어머니 소서노의 묘, 다시 말해 조상숭배의 터전인 종묘가 될 가능성이 높다. 결론적으로 풍납동토성은 외벽을 지닌 성곽, 국가의 상징이자 기념물인 제사 터 그리고 궁궐을 모두 갖춘 백제의 초기 역사를 구명하는데 꼭 필요한 유적인 것이다.

한성시대 백제의 도성이 시조 온조왕부터 문주왕대에 이르는 493년간 한 곳에 있었던 것은 아니다. 홍수, 고구려와의 전쟁 등으로 인해 여러 차례에 걸쳐 도성을 옮겼을 가능성이 높은데, 몽촌토성(사적 제297호), 이성산성(경기도 향토유적 제1호) 그리고 춘궁리 일대가 한성백제의 도성이었을 가능성이 높다. 또 석촌동 고분군(사적 제243호), 방이동 고분군(사적 제270호)과 가락동 고분군 등 직경 10km 이내에 소재한 고분군들은 이들 도성과 밀접한 관련을 지닌 왕릉과 관련된 유적일 가능성이 높다. 그런데 이들 고분군들은 송파구와 강동구 일대의 개발에 앞서 충분히 조사되지 못했다. 따라서 풍납동토성은 다른 유적에서 확인되시 못했던 백제 초기의 역사를 밝혀 줄 수 있는 귀중한 자료를 제공해 줄 수 있는 거의 유일한 곳이다. 오늘날『삼국사기』초기 기록의 신빙성 문제를 제시하는 일부 고대사학자들은 백제의 국가 기원이 온조왕 대가 아닌 고이왕(古爾王: 서기 234~286년)대, 즉 『삼국사기』 기록보다 2~3백년 늦은 것으로 주장하고 있다. 고고학 자료만이 이러한 시각을 시정할 수 있는데, 풍납동토성이 그러한 자료를 제공해 줄 가능성이 높다. 풍납동토성의 발굴이 중요하고, 이 유적을 꼭 보존해야 하는 이유가 바로 여기에 있다고 해도 과언이 아니다.

　문화민족임을 자처하는 우리는 우리의 문화 전통에 대해 남다른 자긍심을 지녀왔다. 문화민족이라는 자긍심이 1990년대 말 우리에게 닥쳐왔던 IMF라는 경제대란을 커다란 무리없이 극복하는데 상당한 역할을 했다고 생각된다. 그러나 우리의 역사 인식에는 일제시대에 심어진 한국문화의 '반도성, 타율성, 정체성과 사대성'이라는 식민사관이 뿌리 깊게 남아 있어 이를 극복하는데 상당한 시간이 소요되고 있다. 『삼국사기』 초기 기록에 대한 불신도 그 중의 하나인데, 우리는 하루 빨리 이를 극복하여 긍정적인 역사관을 갖도록 노력해야 할 것이다. 이를 극복하기 위해서는 신화학, 고대사와 고고학 등 연관 분야 연구자들의 학제적 연구 풍토가 절실히 요구되는데, 이런 시점에서 백제 초기 역사의 실마리를 풀어 줄 수 있을 것으로 기대되는 풍납동토성의 발굴이 이루어지고 있음은 매우 다행스러운 일이다.

　또 이제는 유적의 보존에도 신경을 써야 할 시점에 이르렀다. 발굴조사를 실시해 기록만 남긴 상태에서 고층 건물을 짓도록 허가해 준다면 2,000년 이상의 역사를 자랑하는 서울에는 후세들에게 보여줄 수 있는 유적이 남아있지 않게 된다. 풍납동토성과 같은 유적을 보존해서 역사 관광자원으로 활용할 필요성이 대두된다. 즉, 조상 덕에 먹고 산다고 해고 과언이 아닌 이집트와 이태리의 예를 귀감으로 삼아야 할 것이다. 일본의 경우는 지역 주민과 사업가들이 합심하여 신석기시대, 즉 죠몽 (繩文)시대 중후기(기원전 3000~1000년) 유적인 치바시(千葉市) 와카바 꾸(若葉區) 사쿠라기죠(櫻木町) 가소리(加曾利) 패총(貝塚, 조개더미) 일 대 134,5000㎡의 땅을 구입하여 유적을 현장 그대로 보존한 예가 있다. 더 나아가 1966년에는 유적지에 박물관을 지어 유물을 보존하고 자연 환경과 일본의 선사시대를 교육하는 역사적 장소로 이용하고 있으며, 이를 훌륭한 관광자원으로도 활용하고 있다. 국가 사적으로도 지정된 이 유적은 일본 문화 및 유적 보존운동의 효시가 되기도 했다. 우리도 아직 늦지 않았다. 예산이 문제가 된다면, 지금부터 50년 또는 100년에 이르는 장기계획을 세워 조금씩이라도 땅을 매입하고, 발굴을 한 후 유 적을 원형에 가깝게 보존한다면 일본의 가소리 패총에 못지않은 훌륭 한 노천 역사박물관을 가질 수 있게 될 것이며, 이는 우리 민족문화의 자긍심을 배가시킬 수 있을 것이다.

한성시대 백제와 마한

1. 서언

서기 1392년 조선 개국 후 태조 3년(1394년) 수도를 한양으로 정하고
태종 5년(1405년) 개성에서 한양으로 천도한 이후 조선의 수도는 한성
[1394년 한양부(漢陽府)에서 한성부(漢城府)로 고침]이었지만, 선사시대
로부터 한성시대 백제(기원전 18년~서기 475년)에 이르기까지는 오늘
날의 서초구, 강동구, 송파구와 하남시 일대인 한강변이 중심지였다.
현 행정구역상 서울에서 확인된 선사시대 유적으로는 중랑구 면목동의
구석기시대 유적, 사적 제267호인 강동구 암사동 신석기시대 유적, 강
남구 역삼동과 서초구 반포동의 청동기시대 유적(주거지와 지석묘), 성
동구 응봉의 철기시대 전기(기원전 400~기원전 1년: 종래의 초기 철기
시대) 유적 등을 들 수 있다. 한국 고고학 및 역사학의 시대구분에 따르
면 한국의 선사 및 역사시대는 구석기시대, 신석기시대, 청동기시대(기
원전 2000~기원전 400년), 철기시대 전기(기원전 400~기원전 1년), 철

기시대 후기(삼국시대 전기, 서기 1~300년), 삼국시대 후기, 통일신라 시대, 고려시대, 조선시대로 구분된다.

1970년 말 경희대학교 고(故) 황용훈(黃龍渾) 교수에 의해 발견된 중랑 구 면목동 구석기유적은 조사과정상 문제가 많아 아직까지 학계에서 인정받지 못하고 있다. 그러나 기원전 5000~4000년경 한강변에 형성된 강동구 암사동 유적과 오늘날의 하남시에 위치한 미사동 유적(사적 제 269호)은 한반도의 신석기시대를 대표하는 유적들로 당시 인구밀도가 매우 높았던 문화의 중심지였다. 한반도의 신석기시대 토기는 원시무 문토기(原始無文土器), 융기문토기(隆起文土器), 압인문토기(壓印文土 器), 전면즐목문토기(全面櫛目文土器), 부분즐목문토기(部分櫛目文土 器), 이중구연토기(二重口緣土器) 단계의 순으로 발전해 온 것으로 알려 져 있는데, 암사동 유적에서는 신석기시대의 전면즐목문토기 단계로부 터 백제시대까지 사람이 살았던 고고학적 증거가 뚜렷하게 확인되었 다. 즉 원형에 가까운 말각방형의 수혈주거지와 더불어 그들의 생활도 구 일체가 발견되어 당시의 생활상을 복원해 볼 수 있다.

숭실대학교 고(故) 임병태(林炳泰) 교수는 역삼동 청동기시대 전기 유 적에서 공렬토기(孔列土器)가 출토된 방형주거지(方形住居址)를 조사했 고, 이병도 박사는 반포동에서 지석묘를 조사한 바 있다. 그리고 일제시 대에 요코야마(橫山將三郎)는 응봉을 비롯한 한강변의 여러 유적에서 철 기시대 전기로 편년되는 단면원형(斷面原形)의 점토대토기(粘土帶土器) 와 각종 석기류(현 국립중앙박물관 소장)를 발견하여 수집하였다. 이들 유적들을 통해 볼 때 서울에는 신석기시대 중기부터 인간의 거주가 시작되었는데, 당시의 중심지는 암사동, 역삼동, 반포동 등의 한강변이었으며, 신석기시대 주민들은 강에 의존한 생업경제를 영위했다.

　이후 한국고고학 시대구분상 철기시대 전기(기원전 400~기원전 1년)의 서울은 마한의 지배 하에 있었는데, 이는 기원전 18년 백제가 개국한 후 백제 시조 온조가 마한 왕에게 영토를 할양받았다는 역사기록[온조 13년(기원전 6년)]을 통해서 확인된다. 백제는 제13대 근초고왕대에 이르러서는 천안에 중심을 두고 있던 마한을 압박하여 익산 일대로 내몰았다(서기 369년). 그 이후 서울은 서기 475년까지 한성시대 백제의 수도였고, 백제가 남쪽으로 천도한 475년 이후로는 고구려 또는 신라의 영역이었다. 백제는 시조 온조왕의 개국 이후 제31대 의자왕(義慈王) 20년(기원전 18년~서기 660년) 신라와 당나라의 연합군에 의해 멸망하기까지 678년이라는 오랜 기간 동안 신라, 고구려뿐 아니라 일본 및 중국의 여러 나라와 정치·문화적으로 밀접한 관련을 맺으며 고유의 문화를 발전시켜 왔다. 백제의 역사는 그 도읍의 변천에 따라 크게 3시기로 구분해 볼 수 있다. 백제의 건국, 즉 기원전 18년부터 서기 475년까지 위례성[慰禮城, 한성시대(漢城時代), 온조왕 원년~개로왕 21년]에, 475년에서 538년까지는 공주[웅진시대(熊津時代), 문주왕 원년~성왕(聖王) 16년]에 그리고 마지막으로 538년부터 멸망하는 660년까지는 부여[扶餘, 사비시대(泗沘時代), 성왕 16년~의자왕 20년]에 백제의 도읍이 있었다.

2. 백제

한성시대 백제의 주요유적으로는 사적 제11호 풍납동토성, 사적 제297호 몽촌토성, 사적 제243호 석촌동 고분군과 사적 제270호 방이동 고분군 등이 있다. 한성백제는 하북위례성, 하남위례성, 한산 그리고 한성으로의 세 번에 걸친 천도가 있었다. 즉 기원전 18년 시조 온조왕의 건국 이후 제21대 개로왕대에 고구려 제20대 장수왕에 의해 수도가 함락된 서기 475년까지 백제는 세 차례에 걸쳐 도읍을 옮겼다. 하북위례성은 기원전 18~5년(온조왕 14년, 중랑천 일대로 추정), 하남위례성은 기원전 5년~서기 371년(제13대 근초고왕 26년, 풍납동토성으로 추정), 한산은 서기 371~391년(제16대 진사왕 7년, 사적 제422호로 지정되어 있는 하남시 이성산성으로 추정) 그리고 한성은 서기 391~475년(문주왕 1년, 하남시 춘궁동 일대로 추정)까지 한성백제의 도성으로 사용되었다. 이러한 도성의 변천은 신라 초기 경주에서도 그 도읍의 중심이 월성(月城)-금성(金城)-만월성(滿月城)으로 변천된 것과 같은 맥락으로 볼 수 있다.

특히 하남위례성은 종래 몽촌토성[고원성(古垣城) 또는 이리성(二里城)으로 불려짐]으로 추정되어 왔으나 최근의 고고학적 성과를 고려할 때 풍납동토성(사성 또는 평고성)이 될 가능성이 높아졌다. 풍납동토성에서는 백제시대의 특징적인 주거 형태인 육각형 수혈주거지를 비롯해 제사 터, 궁궐에 사용되었을 것으로 짐작되는 개와와 전 그리고 '대부

(大夫)'등의 문자가 새겨진 명문토기(銘文土器)들이 많이 출토되었다. 그리고 한성시대 백제왕과 상류층의 분묘로는 고구려 양식으로 축조된 석촌동 백제 초기 적석총과 그 이후 백제의 분묘로 알려져 있는 방이동 석실분 등이 확인되었다. 풍납동토성과 몽촌토성 그리고 석촌동 적석총 등 초기 백제시대의 유적들이 모두 직경 10km 이내에 소재하는 것을 고려할 때 한성시대 백제의 중심지는 오늘날의 송파구와 하남시 일대라고 할 수 있겠다.

3. 한성시대의 백제유적

1) 백제의 건국 신화

문헌 기록에 따르면 백제는 부여 또는 고구려로부터 이주한 정권으로 주위의 마한[마한왕(馬韓王) 또는 서한왕(西韓王)이 통치]을 정복해 나가면서 조금씩 그 세력을 확장해 갔다. 한강변에서 확인된 산성과 고분들은 백제의 세력 확장을 대변해 주는 고고학적 증거들이다. 백제의 건국자는 주몽의 셋째 아들인 온조(기원전 18년~서기 28년)인데, 온조는 친부(親父) 주몽을 찾아 부여에서 내려온 유리왕자(琉璃王子, 고구려 제2대 왕)의 등장에 신분의 위협을 느껴 한나라 성제(成帝) 홍가(鴻嘉) 3년(기원전 18년) 형 비류와 함께 남하하여 하북위례성[현 중랑천 근처로 추정되며, 온조왕 14년(기원전 5년)에 옮긴 하남위례성은 송파구에 위치한 풍납동토성으로 추정됨]에 도읍을 정했고, 형 비류는 미추홀에 정착했다. 『삼국유사』에는 온조·비류 형제가 고구려의 건국자인 주몽의 아들로 되어 있으나, 『삼국사기』 백제본기 별전 권 23에는 북부여의 제 2대 왕인 해부루의 서손인 우태의 아들로 나와 있다. 이러한 기록의 불일치는 우태의 부인이었던 친모 소서노가 주몽에게 개가(改嫁)했기 때문이라 여겨진다.

백제에는 사비시대 말기에 해당하는 제30대 무왕(600~641년)대에 보이는 용(龍) 신화를 제외하고는 고조선, 부여, 고구려, 신라 등과는 달리 고유의 건국설화가 없다. 즉, 백제의 건국자인 온조는 고구려의 시조 주몽의 경우에서 나타난 천손 해모수와 용왕(龍王)의 딸 하백녀 유화 등의 신화적인 요소 및 난생설화 등의 배경 없이, 주몽, 소서노, 우태 등 구체적인 실존인물들 사이에서 등장한다. 따라서 백제에는 부여나 고구려에서 보이는 신비한 건국 신화나 시조신화가 없는데, 이는 백제가 어버이 나라인 고구려에 열등의식을 지닐 수밖에 없었던 이유가 될 수 있다. 온조왕 원년에 동명왕묘를 세운 것이나, 제13대 근초고왕이 371년 평양을 공격해 고구려 제16대 고국원왕을 살해하는 전과를 올리고도 평양을 백제의 영토로 편입시키지 않고, 한성으로 되돌아온 기록에서도 이러한 측면을 엿볼 수 있다. 백제의 왕실은 고구려 왕실에 대한 열등감을 해소하고 왕실의 정통성을 고양하려 노력했던 것으로 보인다. 그러한 노력의 일환으로 용이 왕을 상징하는 왕권의 탄생설화가 등장하게 된 것으로 이해된다. 부여 능산리에서 발견된 백제금동대향로의 뚜껑과 몸체에 표현된 도교와 불교적 문양, 용봉문[또는 주작

(朱雀)과 현무문(玄武文)]과 연화문 사이에 새겨진 태자상(太子像) 장식 등이 그러한 증거로 이해된다. 백제금동대향로는 『삼국사기』 백제본기 무왕 35년조의 '왕흥사성기사임수(王興寺成其寺臨水) 채식장려(彩飾壯 麗) 왕매승주입사행향(王每乘舟入寺行香)' 이라는 기록과 작품양식으로 보아 백제 무왕 35년 서기 634년 제작된 것으로 추정되고 있다. 이 금 동향로의 제작배경은 고려의 『제왕운기』나 조선의 『용비어천가』와 같 은 맥락에서 이해할 수 있다.

2) 서울·경기도 지역의 한성시대 백제유적

백제의 도읍이 493년간이나 한성지역에 있었지만, 한성시대 백제에 관한 연구는 공주나 부여에 비해 매우 부진하며, 최근 고고학적 유적의 조사 예가 늘어나고는 있으나, 한성시대 백제의 문화상을 밝히기에는 자료가 턱없이 부족하다. 현재까지 한성백제 지역에서 확인된 유적으 로는 몽촌토성, 이성산성, 풍납동토성 등의 성곽 유적과 석촌동, 방이 동, 가락동 등의 분묘 유적이 있다. 최근 서울·경기 지역에서 이루어 진 백제 초기의 고고학적 연구 성과로는 풍납동토성(사적 제11호)의 발 굴조사를 들 수 있다. 1964년에 서울대학교 박물관에서 실시한 풍납동 토성 발굴조사에서 청동기시대 후기의 경질무문토기와 한나라(낙랑)의 영향을 받은 도기편 등이 다량으로 발견된 바 있으며, 1925년의 대홍수 때에는 청동초두가 발견된 바도 있었다. 국립문화재연구소는 1997년 실시한 발굴조사에서 백제 초기의 문화층을 확인했으며, 2002년 4월 한강변에 면하여 홍수에 유실된 것으로 추정했던 서벽을 새로이 확인하는 성과를 거두었다. 성벽에서는 생활유적에서 확인되어 온 기원전 1세기경의 경질무문토기가 출토되었다. 그런데 『삼국사기』에는 온조왕 13년(기원전 6년) 낙랑과 말갈을 의식해 한산 밑에 성책을 세우기 시작하고, 이듬해인 온조왕 14년(기원전 5년) 하북위례성에서 하남위례성으로 도읍을 옮겼으며, 그로부터 27년 후인 온조왕 41년(서기 23년) 15세 이상을 징발하여 성을 수축했다는 기록이 있다. 이러한 문헌기록과 출토 토기를 고려할 때, 풍납동토성이 처음 축조되기 시작한 것은 온조왕 13년(기원전 6년) 무렵이며, 풍납동토성이 도성으로서의 면모를 갖춘 것은 온조왕 41년(서기 23년) 이루어진 개축 이후라는 추정이 가능하다.

전술하였듯이 한성백제의 유적으로는 몽촌토성, 풍납동토성, 이성산성 등 성을 중심으로 하는 생활유적과 석촌동, 방이동, 가락동고분과 같은 분묘유적이 있으며, 이들은 대체로 서울시 송파구 일대의 직경 10km 이내 지역에 소재하고 있다. 한성시대 백제의 수도가 과연 어디였는가에 대해서는 이견이 있지만, 필자는 『삼국사기』 초기 기록의 인정과 아울러 두 번째 도읍지였던 하남위례성으로 추정되는 풍납동토성을 중심으로 백제 건국세력이 자리를 잡았다고 생각하며, 아울러 이들 세력집단이 석촌동, 가락동, 방이동 일대에 그들의 분묘를 축조했다고 보고 있다.

백제는 고구려로부터 이주한 정권으로 나름대로의 정통성(正統性)을 확보해 나가면서 온조왕 13년(기원전 6년) 이후 주위를 둘러싸고 있는 마한(마한왕 또는 서한왕이 통치)을 압박해 가며 조금씩 세력을 확장해 갔다. 백제의 세력 확장은 산성이나 고분 등 고고학적 자료를 통해서 알 수 있다.

(1) 분묘유적(墳墓遺蹟)

① 적석총(積石塚)

한성백제의 대표적인 묘제(墓制)로는 적석총, 토광묘, 옹관묘 그리고 석실분을 들 수 있다. 적석총은 고구려 이주 세력의 분묘로 초기 백제의 지배세력이 사용했다. 적석총은 크게 기단식(基壇式) 적석총과 무기단식(無基壇式) 적석총으로 대별된다. 한강지역에서는 무기단식이 확인되지 않는데, 이는 백제의 지배세력이 기단식을 축조하는 시기에 한강 유역에 내려왔거나, 아니면 하천 근처에 축조되었던 무기단식 적석총들이 모두 홍수 등에 의해 쓸려 내려가 없어졌기 때문이라 여겨진다. 백제 고분 중 석촌동 3호분은 고구려 양식을 계승하였음이 뚜렷하나, 백제식의 형식적인 연도가 확인된 4호분의 경우는 후기 적석총이 석실 봉토분으로 변한 것으로 보인다. 1호분의 남분(南墳)은 고구려식 적석총으로, 북분(北墳)은 백제식 적석총으로 축조되었지만, 4호분은 봉토(封土)를 쌓은 후 적석(積石)으로 보강을 한, 즉 봉토가 주이고 적석이 부가된 구조임이 확인되어 백제 적석총의 주체는 유력한 토착세력이었음을 알 수 있는데, 이는 백제식 적석총의 기원에 대해 시사하는 바 크다. 고구려의 영향을 받은 것이 분명한 적석총은 서울뿐 아니라 남한강 및 북한강 유역에서도 여러 기가 발견된 바 있다. 즉, 남한강 상류의 평창군 여만리, 응암리, 제원군 양평리, 도화리와 북한강 상류의 화천군 간척리와 춘성군 천전리, 춘천 중도에서도 적석총이 보고된 바 있다. 또한 최근 국립문화재연구소가 주관한 비무장지대에 대한 고고학적 조사에서 경기도 연천군 삼곶리 적석총이 확인되었고, 군남리와 학곡리 (사진 16~18)에서도 백제 초기 적석총이 보고되었다. 임진강변에서도 적석총이 확인되었다는 것은 백제 적석총이 북쪽에서 남하했다는 설을 재삼 확인시켜주는 것으로, 백제 적석총 연구에 시사하는 바가 크다.

또한 한강유역 각지에 퍼져있는 적석총의 분포 상황은 당시 백제의

사진 16. 연천 백학 학곡리 적석총(기전문화재연구원 발굴)

사진 17. 연천 백학 학곡리 유적 출토 한나라
도기(陶器, 기전문화재연구원 발굴)

사진 18. 연천 백학 학곡리 유적 출토 유리구슬
(기전문화재연구원 발굴)

영역이 『삼국사기』 온조왕대(13년, 기원전 6년) 기록에서 보이는 바와
같이 동으로는 주양(走壤, 춘천), 남으로는 웅천(熊川, 안성천), 북으로
는 패하(浿河, 예성강)에까지 이르렀음을 확인시켜 준다. 이처럼 한강
유역에 분포하는 백제 초기의 적석총들은 백제 초기의 영역을 알려주
는 고고학적 자료로 오히려 문헌 기록을 보완해 주고 있다.

  ② 토광묘(土壙墓)

  토광묘는 한강 토착세력의 분묘로서 3세기 중엽부터 축조되기 시작한
것으로 보인다. 즙석봉토분(葺石封土墳)인 가락동 1, 2, 3호분과 석촌동
5호분은 토착 지배세력과의 융화를 보여주는 증거이며, 4세기 중엽으
로 편년되는 몽촌토성 1, 2, 3, 4호분은 적석총 양식이 약간 가미된 토
광묘로 생각된다. 즙석봉토분은 서기 475년 공주 천도 이후는 발견되고
있지 않아 한강유역에서 지배세력이 된 토착집단의 묘제임을 알 수 있

다. 석실봉토분은 5세기 초에 등장하여 웅진시대까지 지속된 묘제로 여주 매룡리, 서울 가락동 3호분, 방이동 6호분과 춘성군 방동리 고분이 이에 속하며, ㄱ자형과 ㅁ자형이 있다. 옹관묘는 즙석봉토분 내부에서 확인되는데, 전형적인 합구식(合口式)이다. 이 시기의 묘제는 토광묘나 석곽묘와 같은 토착적인 묘제에 고구려식 적석총과 부장이 가능한 석실분이 결합되었으며, 기본적으로는 평지분묘였으나, 후에는 구릉에 묘를 쓰게 되면서 석실형태 역시 백제화되는 경향을 보인다.

토광묘는 매장양식에 따라 단일묘(單一墓)와 집단묘(集團墓)로 대별된다. 단일묘는 토광을 파고 그 내부에 시신을 그대로 안치하거나 목관(木棺)에 넣어 안치한 후에 봉분을 씌운 간단한 형식으로, 토광이나 목관의 한 쪽 끝에 단경호(短頸壺)나 발류(鉢類)의 토기와 도자, 검 등의 철기(鐵器)가 부장된다. 석촌동 3호분 동쪽에서 조사된 11기의 토광묘들이 이러한 유형에 속한다. 한강 유역이 아닌 청주 신봉동이나 공주, 논산, 부여 등지에서도 이러한 유형의 토광묘가 발견된 바 있다. 집단묘는 각각의 묘광(墓壙)에 시신을 넣은 목관을 안치하고 각각에 작은 분구를 씌운 후에 다시 석회(石灰)를 섞은 점토나 즙석(葺石)을 덮어 거대한 봉분을 이룬 전체적으로는 일봉토하 다장분(一封土下 多葬墳)의 형태를 지니는데, 석촌동 5호분, 가락동 2호분 등이 이러한 예에 해당된다. 때때로 토광묘에 옹관이 배장(陪葬)되는 경우도 있다. 즉 토광묘의 좌우 혹은 어느 한 쪽에 옹관이 안치되는데, 그 옹관은 일상생활에 사용되던 것이다. 석촌동 파괴분, 3호분 동쪽의 고분군에서 확인된 토광묘들과 가락동 2호분이 이에 해당된다.

　백제 초기의 토광묘들은 대부분 낮은 산의 경사면이나 평지에 입지하며, 그 배후에 광활한 농경지가 위치한다. 아직 부여, 공주 천도 이후에 조성된 토광묘에 대한 조사가 충분히 이루어지지 않아 지배층의 묘제가 석실분으로 대치된 이후의 토광묘의 입지는 밝혀지지 않았다. 토광묘 출토 유물은 부여와 공주 등지에서 지배층의 분묘로 축조되었다고 믿어지는 석실분이나 전축분(塼築墳) 출토 유물들에 비해 그 양과 질에 있어서 격이 떨어지지만, 대체로 유물부장의 원칙은 지켜지고 있다.

　적석총과 토광묘를 축조한 집단은 각각 고구려계 이주민과 토착주민으로 해석되고 있다. 즉, 석촌동과 가락동 일대의 토광묘들은 그 축조양식, 유물의 배치, 출토 유물의 성격 등을 종합적으로 고려할 때 백제 초기의 선주민 집단의 분묘이며, 이들 토광묘의 피장자들은 주변의 적석총의 피장자들보다는 하위계층이었지만 옹관묘나 소형석실분에 피장된 평민층보다는 상위의 지배계층이었을 것이다. 한편 적석총은 그 규모의 거대함을 고려할 때 권력의 최상층에 있었던 이들의 분묘로 축조되었을 것이다. 그런데 석촌동의 적석총은 단순히 고구려 양식을 모방했다기 보다는 나름대로 백제화된 흔적도 보이고 있어서 이주민들이 차츰 토착화되었음을 알 수 있다.

　한성시대 백제를 대표하는 분묘 유적으로 다음과 같은 유적들이 있다.

· 석촌동 고분군(사적 제243호)

석촌동에서는 적석총 7기와 토광묘, 옹관묘 등 모두 30여 기 이상의 한성시대 백제의 분묘가 확인되었다. 고구려의 영향을 받은 분묘인 적석총이 석촌동에 산재한다는 것은 한성시대 백제의 건국세력이 고구려와 문화적으로 매우 밀접한 관계에 있었음을 시사해 주는 고고학적 증거다. 석촌동 고분군에서는 3호분과 4호분과 같은 대형분 이외에도 평민이나 일반관리의 것으로 여겨지는 소형의 토광묘도 확인되었다. 그리고 서로 시기를 달리하면서 중첩되게 축조된 고분들도 확인되었는데, 이는 석촌동 일대에 오랜 기간 동안 다양한 계급·계층의 분묘가 축조되었음을 의미한다.

3호분은 석촌동에서 가장 거대한 고분으로 그 규모가 장변 45.5m, 단변 43.7m, 높이 4.5m에 이르는 방형 기단식 적석총이다. 계단은 3단까지 확인되었으며, 그 축조 시기는 3세기 중엽에서 4세기경으로 알려져 있다. 4호분은 한 변이 23~24m에 이르는 정방형 분묘로 축조연대는 3호분과 비슷한 것으로 보이나, 토광묘와 판축기법이 가미되는 등 순수한 고구려식과는 차이를 보인다.

한편 1987년에 조사된 1호분은 왕릉급(王陵級)의 대형 쌍분(雙墳)이다. 쌍분 축조의 전통(傳統)은 압록강 유역의 환인현(桓仁縣) 고력묘자(高力墓子) 고분군에 보이는 접합식 적석총과 연결되어 백제의 지배세력이 고구려와 밀접한 관련이 있다는 또 하나의 증거가 된다. 고분군은 대체로 서기 3세기 중후반경부터 5세기 말에 이르는 약 200여 년 동안 조성되었으며, 특히 서기 300~400년의 약 100년 동안에는 백제 지배세력에 의해 적석총 위주의 고분이 축조된 것으로 보인다. 그 이후 공주로 천도할 때까지 백제 지배세력은 적석총 대신 석실분을 방이동과 가락동 등지에 축조하였으며, 석촌동 일대에는 토광묘와 옹관묘 등의 소형 고분들이 축조되었다.

· 방이동 고분군(사적 제270호)

방이동에는 구릉 상에 석실분이 축조되어 있는데, 잠실지구 유적발굴조사(1976~1977년)에서 확인된 6기의 고분 중 3기가 발굴되었다. 발굴된 고분들은 연도(무덤길)가 있는 석실분과 소형 석곽이 딸린 횡혈식(橫穴式) 석실분이었다. 5호분은 대략 4~5세기경에 축조되었고, 4호분과 6호분이 그보다 늦게 축조된 것으로 알려져 있다.

· 가락동 고분군

가락동 유적에서는 1969년 2기의 토광묘(1호분과 2호분)가 확인되었다. 1호분의 분구는 이미 상당히 파괴되어 있었는데, 남아있는 분구의 규모는 장변 14m, 높이 1.89m에 이른다. 지표면을 얕게 파서 토광을 만든 후에 목관을 안치한 간단한 구조로 밝혀졌다. 방형 봉분을 지닌 2호분의 각 변의 길이는 12~15m(기저부 기준)에 이른다. 2호분은 3기의 토광묘와 1기의 옹관묘가 하나의 봉분 내에 안치된 매우 특이한 구조를 보이며, 옹관 내부에서는 4세기경으로 편년되는 흑도(黑陶)가 출토되었

다. 이와 같은 예가 최근 고양시 법곶동 멱절산 백제유적에서도 확인된
바 있다.

(2) 성지(城址)

·몽촌토성(사적 제297호)

몽촌토성은 한강의 남쪽에 위치한 자연구릉을 이용하여 축조되었는
데, 성의 규모는 남북 730m, 동서 540m, 성벽 길이 2,285m에 이른다.
성의 동북쪽에 위치한 외성을 포함하면 총면적은 약 93,000평에 달한
다. 자연구릉 위에 축조된 까닭에 성의 형태는 타원형에 가까우며, 굴
곡이 심한 편이다. 성벽에서 판축(版築)을 위한 목책시설(木柵施設)을
했던 흔적이 확인되었으며, 경주 월성의 경우처럼 성 주위에 해자(垓
字)를 설치했다. 성문은 동, 남, 북 세 곳에서 확인되었는데, 성 내부의
도로망과 외부와의 연결을 위해 암문(暗門)에 해당하는 문이 더 있었을
것으로 추정된다.

기록에 따르면, 고려 후기에는 고원성이라 불리다가, 조선시대에 이
르러 몽촌으로 불리기 시작한 이후 현재에 이르고 있다. 서진시대(서기
265~316년)의 회유전문도기편(灰釉錢文陶器片)의 출토는 몽촌토성이 3
세기 후반경에 이미 축조되어 있었음을 알려주는 중요한 자료이며, 240
±60년과 370±70년이라는 연대가 백제 문화층에서 나온 시료의 방사
성 탄소연대 측정 결과로 나왔는데, 이 연대는 토성의 존속연대와 잘

사진 19. 몽촌토성 밖 미술관 부지 내 집자리(국립문화재연구소 발굴)

부합된다. 그 외에도 일본 고대토기인 하니와(埴輪)의 조형으로 여겨지
는 원통형토기(圓筒形土器)를 비롯해 저장혈(貯藏穴), 수혈주거지, 토광
묘, 옹관묘 등이 확인되어 하남위례성의 면모를 여실히 밝혀주고 있다.
아직 성의 극히 일부만이 발굴조사되어 그 역사적, 고고학적 배경을 구
체적으로 논의하기에는 어려움이 많은 실정이며, 차후 발굴조사를 통
해 궁전(宮殿)을 포함한 보다 많은 고고학적 자료가 추가되기를 기대하
고 있다.(사진 19)

· 풍납동토성(사적 제11호)
문헌에 등장하는 사성 또는 평고성으로 알려진 풍납동토성은 현행정

구역상 서울 송파구 풍납동에 위치하며 사적 제11호로 지정되어 있다. 풍납동토성은 1963년 1월 21일 성벽 둘레 약 3,470m (121,235㎡)에 국한하여 사적으로 지정되었고, 성의 내부는 사적으로 지정되지 않고 사유지로 남아 있다. 현재 성 내부에는 현대아산병원을 비롯하여 중학교와 초등학교 등 크고 작은 건물들로 꽉 들어차 있다. 현재 뚜렷하게 남아 있는 토성의 성벽은 동벽 1,500m, 남벽 200m, 서북벽 250m 등 모두 약 2,250m 정도에 이른다. 성의 전체 규모는 남북 2㎞, 동서 1㎞ 등 그 둘레가 4㎞에 이르는 것으로 알려져 있다. 일찍이 이병도 박사는 이 성을 기록에 보이는 백제시대의 사성으로 추정한 바 있으나, 방동인(方東仁)은 평고성으로 보는 등 학자들 사이에 상당한 이견이 있어 왔다.

풍납동토성은 1925년 을축년(乙丑年) 대홍수 때 서벽이 무너지면서 청동초두 2점이 발견되어 학계의 주목을 받은 바 있다. 1964년 서울대학교 박물관에서 실시한 시굴조사에서 풍납리식 무문토기가 확인되어 유적의 연대가 백제 건국 초기(기원전 18년)까지 올라갈 수 있음이 시사된 바 있다. 최근 경남 삼천포시 늑도 유적에서 풍납리식 또는 중도식 무문토기를 포함하는 경질무문토기가 진시황대(秦始皇代)에 제작된 반량전(半兩錢), 일본의 야요이(弥生) 토기, 낙랑토기 그리고 회청색경질토기와 함께 공반 출토되어 학계의 주목을 받은 바 있다. 이는 이들 토기들이 늦어도 기원전 1세기 이전에 제작되었음을 말해 주는 고고학적 증거다. 즉 풍납리식 무문토기의 상한연대는 종래의 학설대로 원삼국시대(서기 1~300년)가 아닌 철기시대 전기(종래의 초기 철기시대: 기원전 400~기원전 1년) 말로 소급되며, 이는 문헌에 기록된 백제의 건국연대와도 일치한다.

1996년 한양대학교 박물관에 의해 현대아산병원부지에 대한 시굴조사가 실시되었고, 1996~1997년 선문대는 토성의 실측조사를 실시한 바 있다. 1997년 1월 현대아파트 건립에 따른 기초공사 중 백제토기가 다량으로 출토되었다는 신고가 접수됨에 따라 국립문화재연구소는 1997년 1월부터 4월에 걸쳐 공사가 진행되고 있던 성벽 내부에 대한 긴급발굴조사를 실시하였다. 이 발굴조사에서 적어도 4개의 문화층을 확인하여, 한성시대(온조왕 원년, 기원전 18년~제22대 문주왕 원년, 서기 475년) 백제의 문화상에 관한 귀중한 정보를 제공해 주었다.

1997년 초 이루어진 긴급발굴조사 이후 풍납동토성은 동년 11월까지 국립문화재연구소, 서울대학교, 한신대학교 등에 의해 발굴조사되었다. 1999년 이후 국립문화재연구소가 성벽, 한신대학교 박물관이 경당지구(敬堂地區)에 대한 발굴조사를 실시해 왔다. 그리고 국립문화재연구소는 2002년 4월 풍납 2동 298-14번지와 291-17 19번지에 대한 발굴조사에서 종래 홍수에 유실된 것으로 추정되어 왔던 서벽과 서문지[옹성(甕城)과 성문]를 확인했으며, 2003년 1월~3월 실시된 발굴에서는 삼표 레미콘 부지와 그 주변에서 서벽과 해자를 새로이 확인했다.

국립문화재연구소의 1999년 동벽 발굴에서는 높이 9m, 폭 40m에 이르는 거대한 성벽의 축조과정이 밝혀졌다. 성벽 내부에서 토성 축조 이전 시기의 주민들이 사용했던 심발형 토기와 경질무문토기(사진 20)가

사진 20. 풍납동토성(사적 제11호) 동벽 출토 경질무문토기(국립문화재연구소 발굴)

출토되었는데 이들은 기원전 1세기 무렵, 즉 풍납동토성 축조를 전후로 하는 시기의 문화상을 설명해 주는 자료들이며, 성벽에서 나온 시료를 통해 얻은 방사성 탄소연대도 이를 지지해 준다. 성의 구조와 축조방법은 앞으로 자세히 밝혀지겠지만, 지금까지의 밝혀진 발굴조사 성과 역시 초기 백제 문화의 연구에 귀중한 새로운 정보를 제공해 주었다.

『삼국사기』에는 온조왕이 재위 14년(기원전 5년) 도성을 옮겼으며(하북위례성에서 하남위례성으로), 27년 후인 온조왕 41년, 즉 서기 23년에는 성벽을 새로이 쌓거나 대대적인 보완을 했다는 기록이 있다. 즉 백제는 건국 후 마한왕의 허락으로 땅을 할양받아 근근이 지내다가 국력이 강성해짐에 따라 온조왕 13년(기원전 4년)에 이르러 마한 또는 북쪽의 낙랑을 의식해 성벽을 대대적으로 쌓기 시작하고 이듬해 도읍을 옮겼고, 27년 후인 온조왕 41년, 즉 서기 23년에 이르러서 성벽을 새로이 쌓거나 대대적인 보완을 했다고 볼 수 있다. 이는 백제가 당시 이미 거대한 규모의 성벽을 축조할 수 있는 국력을 지니고 있었고, 또 백제에는 축성을 위해 많은 인력을 동원할 수 있는 강력한 왕권이 존재했음을 의미한다. 다만 종래에는 사적 제297호로 지정된 몽촌토성(고원성 또는 이리성)을 하남위례성으로 보아 왔으나 풍납동토성의 발굴로 몽촌토성 보다 그 축조연대가 앞서는 풍납동토성이 하남위례성이었을 가능성이 높아졌다.

한편 1999년부터 2000년에 걸쳐 실시된 한신대학교 박물관의 경당지구 발굴에서는 제사유적과 유구(제사를 지낸 후 폐기된 도구와 음식을 버렸던 구덩이로 추정)가 확인되었고, 개와와 건물의 바닥에 까는 전 그리고 중국 춘추전국시대 기록에 서 자주 보이는 '대부(大夫)'라는 문자를 비롯해 '정(井)' 등의 문자 가 새겨진 토기가 출토되었다. 개 와와 전(사진 21)은 부근에 궁전의 성격을 띤 지상가옥이 존재했었음 을 시사해 준다. 제사유적은 주 건 물의 길이가 13.5m, 폭이 5.2m 그리고 깊이 3m에 이르는 '여

사진 21. 풍납동토성 미래마을 출토 개와(국립 문화재연구소 발굴)

(呂)'자형 집으로 지상가옥이다. 제사유구인 9호 유구에서는 '대부(大夫)', '정(井)' 등의 문자가 새겨진 토기를 비롯해 전문(錢文) 토기를 포함하는 다량의 토기편과 유리·구슬편 등의 유물이 나왔는데, 특히 말의 하악골(下顎骨) 7개체분이 출토되어 주목을 끌었다. 그 외에도 전(塼), 오수전(五銖錢), 중국 진(晉)대의 청자류(靑瓷類)와 가야 토기 등이 출토되어 당시 백제가 중국, 가야 등과 활발하게 문물을 교류했음을 짐작할 수 있다.

제사유적은 조선시대의 종묘(사적 제125호)나 사직(사적 제121호) 등과 비견되는, 즉 조상과 하늘에 제사를 올리는 곳으로 고대왕권의 유지에 필수적인 것이다. 백제지역에서 확인된 제사유구로는 공주 송산리 개로왕(蓋鹵王)의 가묘(假墓), 공주 금성동 정지산, 부안 변산반도 죽막동과 부여 능산리[후일 창왕 13년명(서기 567년)이 있는 사리감이 출토, 그러나 국보 제287호로 지정된 백제금동대향로는 무왕 35년(서기 634년) 제작된 것으로 추정됨] 건물지 등이 있다.

풍납동토성 내의 제사유적은 한성시대 백제에서 국가가 주도했던 제사 터로 생각되는데, 이는 부여 능산리의 건물지가 사비시대 백제(서기 538~660년)의 종묘에 해당하는 건물지로 국가적 차원에서 제사를 지내던 장소로 이해되는 것과 같은 맥락으로 볼 수 있다. 이와 같은 성격의 유구는 중국 길림성 박물관이 1958년 고구려 국내성(國內城, 집안) 동쪽에서 발굴한 동대자 유적과 국동대혈(國東大穴)에서 확인된 바 있다. 이 건물지는 고구려 광개토왕 2년(서기 392년)에 축조된 국사라는 종묘와 사직의 제사 터로 보고되었다. 건물지의 형태가 '여(呂)'자인 것은 이 건물의 연대가 올라갈 수 있음을 시사해 준다. 중부지역 특히 강원도의 철기시대 전기(기원전 300~1년, 초기 철기시대) 주거지의 평면형은 장방형, 방형, '철(凸)'자형 그리고 '여(呂)'자형의 순으로 발전해 나가는 것으로 알려져 있는데, 이 제사 터의 평면형이 '여(呂)'자형인 점은 이러한 맥락에서 이해할 수 있다. 제사유구에서 말의 머리뼈와 턱뼈가 출토되었는데, 말은 제사의식에 희생물로 바쳐진 것으로 볼 수 있다. 중국 상왕조(商王朝, 기원전 1750~1100년)의 마지막 수도였던 은허에서 조사된 대사공촌(大司空村) 175호분 등에서 보이듯이 항상 말은 마차와 함께 순장된다. 당시 사회에서 최고의 권위를 상징하는 위세품(威勢品)의 하나인 마차가 왕이나 상류층의 분묘에 마차를 끌던 말과 함께 부장되는 것은 그리 드문 일이 아니다. 중국 산동성에서 1990년 제청(齊淸: 齊南-淸州)고속도로 건설시 후리 제릉진(后李 齊陵鎭)에서 발굴된 임치 중국고차박물관(臨淄 中國古車博物館) 내 후리 춘추순마차(后李 春秋殉馬車)유적과, 기원전 490년 경에 만들어진 임치소재 제경공순마갱(齊景公 殉馬坑)에서도 그 예를 쉽게 찾아볼 수 있다. 그리고 그 외에도 말뼈는 몽촌토성과 가평 대성리 제사유적에서도 발견된다.

국가 차원의 제사에는 소, 상위 귀족층의 제사에는 양(羊) 그리고 그 아래 신분의 제사에는 돼지가 제사의 희생물로 사용되었다. 이에 근거하여 희생물로 바쳐지는 소를 국가 차원에서 사육한 것이 상나라의 국가성립 원동력의 하나였다는 가설도 제시된 바 있다. 그런데 마차와 함께 무덤에 묻히는 말의 경우 역시 국가 차원의 제사, 즉 왕이 주도하는 제사의 희생물로 쓰였을 가능성이 높다. 경당지구에서 확인된 제사 터, 개와와 전이 사용되는 궁궐과 같은 건물지, 제사 희생물로서의 말뼈, 문자가 새겨진 토기편 등은 이 지역이 왕도였을 가능성이 상당히 높음을 시사해 주는 고고학적 증거라는 가설을 설정해 볼 수 있다. 이러한 가설의 설정이 가능하다면, 풍납동토성에서 확인된 제사 터는 『삼국사기』 백제본기에 보이는 시조 온조왕 원년(기원전 18년) 여름 5월에 동명왕의 사당(祠堂)을 세웠다는 기록과 동왕(同王) 17년 여름 4월에 사당을 세우고 왕의 어머니에게 제사를 올렸다는 기록과 관련이 있는 유구라는 추측을 가능하게 한다. 물론 풍납동토성에서 발굴을 통해 확인된 건물지는 후대에 보수 및 개축을 거친 것으로 건물이 처음 축조되었을 당시의 형태 및 축조연대와는 적지 않은 차이가 있을 수 있다.

　백제의 시조 온조는 유리와 비류의 동생으로 고구려의 시조 동명왕(朱蒙)의 셋째 아들로 알려져 있다. 그런데 온조는 친모 소서노와 우태[또는 仇台: 해부루의 서손(庶孫)]와의 사이에서 출생한 비류와는 친형제간이지만, 소서노가 주몽에게 개가했으므로 주몽은 비류와 온조의 계부(繼父)가 되며, 주몽이 온조의 친부는 아니지만, 고구려는 백제의 어버이 나라가 된다. 따라서 온조가 즉위한 해에 동명왕의 사당을 세웠다는 것은 충분히 있을 수 있는 일이며, 풍납동토성에서 확인된 제사 터가 계부 동명왕과 친모 소서노의 묘, 다시 말해 조상숭배의 의식을 거행하던 종묘일 수 있다는 해석 역시 가능하다. 결론적으로 풍납동토성은 외벽의 성곽을 비롯해 국가의 상징적 기념물인 제사 터와 궁궐을 모두 갖춘 초기 백제의 역사를 구명하는데 매우 중요한 유적이라 할 수 있으며, 이는 종묘 내의 정전(正殿, 국보 제227호)과 영녕전(永寧殿, 보물 제821호)에 비견될 수 있다.

· 이성산성(사적 제422호)

이성산성은 경기도 하남시 춘궁동과 초일동에 걸쳐 있는 이성산(二聖山, 해발 209m) 정상에 위치한 석성이다. 산성의 규모는 둘레 약 1.7km, 높이 6~7m 정도에 이르는데, 제4 지점에서 성문지가 확인되었다. 한양대학교 박물관은 1986년 이래 2002년까지 10차에 걸쳐 이성산성 발굴을 담당해 왔다. 1986년 1차 발굴에서 건물지 2동, 신앙유구 4기, 저장혈 3기, 소형석곽묘 등의 유구가 확인되고 다량의 유물이 출토되었다. 산성의 축조연대를 추정할 수 있는 자료는 발견되지 않았지만, 토기와 개와 등의 유물로 볼 때 한성시대 백제 후기에 축조되었다가 삼국의 정치 및 군사적 상황에 따라 고구려와 신라에 의해 점유되면서 수백 년 동안 개축되어 사용되어 오다가 통일신라시대에 이르러 그 효용가치가 점차 상실되어 폐성된 것으로 여겨진다. 이성산성은 백제의 제13대 근초고왕이 서기 371년(재위 26년) 고구려의 침략에 대비하여 일시적으로 천도를 단행했던 한산에 비정될 수 있다는 점에서 특히 그 역사적 의미가 있다. 그리고 제사유구[천단(天壇)]로 추정되는 12각형의 건물지가 산성에서 확인되었는데, 이와 유사한 건물지는 순천대학교 박

사진 22. 이성산성(사적 제422호) 현문이 보이는 동벽(한양대학교 박물관 발굴)

물관이 1998년 조사한 순천시 성산리 검단산성(檢丹山城, 사적 제418호)에서도 확인된 바 있다. 검단산성이 백제시대에 축조된 성임을 고려할 때 이러한 12각형의 제사유구가 백제시대부터 축조되었음을 알 수 있다. 제8·9·10차 발굴에서 백제시대의 유구와 유물이 확인되는 등 이성산성에서는 백제, 고구려, 신라와 관련된 유구와 유물이 다량으로 확인되었는데, 이들은 이성산성이 백제 제13대 근초고왕이 서기 371년 정치적·군사적 목적으로 천도해 20여 년 동안 한성백제의 도성이었던 한산(서기 371~391년)일 개연성을 높여주는 고고학적 증거라 할 수 있다. 한성백제 초기부터 축조되어 사용되어 오던 토성이 근초고왕의 활발한 정복사업과 고구려의 영향으로 석성으로 전환되었다고 여겨지는데, 토성에서 석성으로의 전환이 이성산성에서 시작되었을 가능성이 높다. 한편 2001 · 2002년 실시된 현문식 동문지(사진 22)에 대한 발굴은 한성시대 백제의 마지막 왕이었던 제21대 개로왕(재위: 서기 455~475년)이 이성산성에서 벌어진 고구려와의 전투에 패해 적군에게 잡혀 아차산성에서 처형되었을 가능성을 제시해 주었다. 즉, 이성산성이 한성백제의 최후 격전지였을 가능성이 높다고 하겠다. 결론적으로 이성산성은 백제 근초고왕대의 초축(서기 371년), 고구려 장수왕에 의한 한성백제의 쇠망(서기 475년), 신라 진흥왕의 한강 진출(서기 551/553년) 그리고 백제의 멸망과 통일신라시대의 개시(660/668년) 및 고려, 조선으로 이어지는 일련의 역사적 맥락을 이해하는데 매우 중요한 고고학적 단서들을 제공해 주었는데, 이는 이성산성이 처음 축조된 이래 시대 및 점유세력을 달리하면서 장기간 전략적 요충지의 역할을 수행해 왔음을 의미한다.

사진 23. 이천 설성산성 출토 조족문토기(단국대학교 매장문화재연구소 발굴)

사진 24. 이천 설성산성 출토 기대(器臺, 단국대학교 매장문화재연구소 발굴)

· 설성산성(雪城山城, 경기도 기념물 제76호)

설성산성은 백제시대에 축조된 산성으로 알려져 있는데, 최근 이루어진 산성에 대한 2차 조사에서 이성산성 동문지 발굴에서 출토된 바 있는 격자문이 시문된 두께가 얇은 개와를 비롯해 기대(器臺, 사진 24)와 백제토기류(조족문 토기와 유사한 토기 포함, 사진 23)가 다량으로 출토되었다. 설성산성은 이성산성(서기 371~475년 사이에 축조되고 사용) 이후에 축조된 백제석성으로 설봉산성(사적 제423호), 망이산성과 죽주산성과 함께 한성시대 백제의 곡창지대인 이천평야를 보호하던 백제 산성으로 알려져 있다. 산성에서 출토된 기대는 지금까지 몽촌토성

사진 25. 포천 자작리 유적 출토 기대(器臺, 경기도 박물관 발굴)

과 풍납동토성 그리고 포천 자작리(사진 25)에서 조사된 6각형 백제 주거지 출토품에 이어 네 번째로 출토된 것으로 설성산성이 백제시대에 축성된 산성임을 입증해 주는 귀중한 고고학적 자료다. 기대는 제사용의 가장 중요한 용기의 하나인 시루[甑]와 함께 제사용으로 사용되었다고 생각되지만 민족지적 비교와 검토를 거친다면 넓은 한 쪽에 가죽을 대어 두드리던 타악기의 일종으로도 볼 여지

도 있다. 한편 산성 조사에서 집수지(集水池)가 확인되었는데, 이러한 집수시설(集水施設)은 부여 부소산성(사적 제5호), 대전 월평동산성과 계족산성, 공주 공산성, 순천 검단산성, 여수 고락산성, 광양 마노산성 그리고 하남 이성산성에서도 발견된 바 있는 백제 산성의 한 특징이다. 이 산성의 초축연대는 4세기 후반경으로 알려져 있다.

4. 기타유적

하남시 춘궁동 일대라 함은 남한산에서 북으로는 한강을 향하고 동으로는 객산과 그 능선이 경계를 이루며, 서로는 금암산과 이성산의 능선이 국도와 만나는 지점 사이에 발달한 폭 2~3km, 길이 6km에 이르는 골짜기를 말한다. 이 지역은 행정구역상으로는 춘궁동과 상·하 사창동, 항동, 덕풍동, 교산동에 걸쳐 있다. 이 골짜기는 원래 고골이라 불리어 왔는데 부근의 대원사(大原寺)라 불리던 사지에서 고려 초기의 석탑[보물 제12호·13호, 춘궁동 5층 및 3층 석탑, 동국대의 발굴에 의해 동사지(棟寺址, 사적 제352호)로 확인됨] 2기도 있어 이 일대의 역사적 배경이 매우 중요함이 인식되어 왔다. 그런데 앞서 살펴본 이성산성은 일시적인 수비를 위한 방어용 성으로는 적합하나 도성으로서는 적합하지 않다. 이에 백제는 이성산성으로 천도한 지 20년 후인 서기 391년(진사왕 7년) 한성으로 다시 도읍을 옮기는데, 이 한성이 이성산 아래에 위치한 춘궁동 일대로 추정되고 있으나, 아직 궁터를 포함해 이 설을 지지해 주는 고고학적 증거는 확인되지 않았다. 그러나 앞으로 이 일대에 대한 정밀 발굴조사가 이루어지면 그 실체가 드러날 것으로 기대된다.

하남시 미사동 유적은 1987년부터 1992년까지 3차례에 걸쳐 발굴조사 되었는데, 1992년 실시된 3차 발굴에서 밭 유구가 확인되었다. 미사동 유적의 백제시대 문화층은 크게 상, 중, 하 세 층으로 구분되는데, 하층과 상층에서 밭 유구가 확인되었다. 하층에서 확인된 밭 유구의 규모는 남북 110m, 동서 50m에 이르며, 고랑과 이랑의 폭은 각각 70~80㎝ 정도로 일정하다. 주변에서 출토된 유물의 성격을 고려할 때 하층 밭 유구의 연대는 서기 4~5세기경으로 판단된다. 상층 밭 유구의 규모는 남북 160m, 동서 60m에 이르며, 6세기를 전후로 한 시기로 편년되었다. 미사동 밭 유구는 국내 최초로 확인된 것으로, 당시 백제인들의 생업경제(生業經濟)의 일면을 이해하는데 매우 중요한 자료이다. 2001년 세종대 박물관은 백제초기의 '철(凸)'자형 주거지와 철제험(鐵製枚, 철제 가래)을 확인하기도 했다.

한편 2001년 문화재보호재단은 이웃한 천왕사지 발굴에서 백제 개와를 확인했다. 이 개와의 연대는 좀더 검토되어야 하는데, 이 개와의 연대가 백제 초기까지 올라갈 수 있다면, 서기 384년, 즉 제15대 침류왕(枕流王) 원년 동진(東晋)으로부터 불교를 받아들였고, 이듬해인 385년 한산에 불사를 일으켰다는 역사적 사건과 결부하여 『삼국사기』 백제본기의 기록을 검토해 볼 수 있는 중요한 자료가 될 것이다. 또 충북대학교 박물관이 2001년 조사한 청원 부강리 남성골 산성의 발굴 결과 고구려에 의한 성의 함락시기가 이 유적의 하한이 됨이 밝혀진 점도 이러한 역사적 맥락을 잘 보여준다. 이 남성골 산성은 청주 정북동 토성(사적 제415호, 서기 130~260년경 축조)의 경우처럼 마한시대에 처음 축조되었으나, 후일 백제의 성이 되고, 서기 475년경 고구려군에 의해 함락된 것으로 여겨진다.

한성시대 백제의 영역에 소재한 백제 성으로는 포천 반월성(사적 제403호), 연천 호로고루성(경기도 기념물 제174호)과 연기 운주산성 등이 있다. 호로고루성은 발굴을 통해 백제시대에 판축을 이용해 쌓은 토성이었으나, 후대에 고구려식 석성으로 개축되었음이 밝혀졌다. 호로고루성은 백제 제13대 근초고왕의 북진정책과 관련이 있는 성이며, 이는 파주 주월리와 포천 자작리에서 확인된 백제시대 주거지의 존재를 통해서도 입증된다. 제13대 근초고왕대에 이르러 한성시대 백제의 영역이 가장 팽창했었는데, 당시 백제의 영역은 여주 연양리와 하거리, 진천 석장리, 삼룡리(사적 제344호)와 산수리(사적 제325호)를 넘어 원주 법천리 그리고 최근 강원문화재연구소가 발굴조사한 춘천 거두리와 홍천 하화계리에까지 이르렀던 것으로 알려지고 있다. 한편 충남 연기 운주산성은 통일신라시대의 성으로 알려져 왔으나 발굴 결과 백제시대에 초축된 석성으로 밝혀졌는데, 이 성은 백제시대 석성으로 잘 알려진 이성산성과 설봉산성 등과 서로 비교가 된다. 경기도 박물관이 2002~2003년에 걸쳐 발굴조사한 파주 월롱산성과 고양시 법곶동 멱절산성 역시 백제 성으로 알려져 있다. 전자에서는 마한시대의 토실과 함께 백제 토성 및 생활유구의 흔적이 확인되었고, 후자는 백제시대 토성에서 석성으로 변해가는 과도기의 산성유적이었다. 2003년 단국대학교 매장문화재연구소에서 조사한 연천 전곡읍 은대리 토성은 백제를 침략한 고구려군이 백제가 쌓은 토성의 일부를 깎아 내고 석성을 쌓은 것으로 서기 475년경의 역사적 맥락을 알려주는 중요한 유적이다.

5. 최근 새롭게 발견된 유적들

전술한 유적 외에도 서울 근교에는 삼성동토성과 아차산성(사적 제234호) 등 삼국시대 유적들이 산재해 있다. 1996년 아차산성 보수시 석성과 함께 보축시설(補築施設)이 새로이 확인되었는데, 석성은 삼국시대에 축성되고, 보축은 통일신라대에 이루어진 것으로 추정된다. 삼국시대에 산성 일대는 전략적으로 매우 중요한 지역이었으며, 신라는 삼국통일 이후에도 아차산성을 보축하여 전략적 요충지로 삼았다. 앞으로 한성시대 백제부터 통일신라시대에 이르는 역사적 맥락을 이 일대에서 찾는 노력이 필요하다. 다시 말해서 서울 송파구 일대는 백제의 한성시대에는 한 나라의 도읍이었고, 삼국시대 중기 이후에는 삼국의 한강유역 확보를 위한 교두보였던 한성시대 백제의 연구에 있어 가장 중요한 지역이다.

이외에도 백제 초기(3~4세기경) '철(凸)'자형 주거지가 조사된 파주 주월리, 여주 하거리 고분, 여주 연양리 주거지, 화성 마하리 고분, 천안 용원리 주거지와 고분, 진천 석장리의 백제시대의 제철유구(製鐵遺構), 진천 삼룡리와 산수리 요지(窯址), 원주 법천리, 홍천 하화계리, 춘천 거두리와 우두동 그리고 최근 조사된 하남시 덕풍리, 인천 계양구 동양동, 경기도 군포 부곡동과 파주 탄현면 갈현리의 백제 토광묘 유적 등은 한성시대 백제의 문화와 그 강역을 알려주는 고고학 자료들이다.

6. 마한과 백제와의 관계

『삼국지』 위서 동이전 및 『후한서』 동이열전 한조에는 진역(秦役)을 피해 한나라에 왔는데 마한에서 동쪽 국경의 땅을 분할하여 주었다는 내용의 기록이 있다. 이는 마한의 상한이 늦어도 기원전 3세기까지는 소급될 수 있음을 말해 주는 기록이다. 그리고 『삼국사기』 권 제1 신라본기 시조 혁거세 거서간 38년조(기원전 20년) 및 39년조(기원전 19년)에는 마한왕 혹은 서한왕에 관한 기록과 『삼국사기』 백제본기 권 제23 시조 온조왕 13년조(기원전 6년)의 마한왕에게 사신을 보내 강역을 정했다는 기록은 마한이 늦어도 기원전 1세기경에는 왕을 중심으로 하는 국가체계를 갖추었던, 즉 신라와 백제에 앞서 국가단계에 다다른 사회였음을 알려 준다. 또 동이전에는 진왕이 통치했던 목지국(또는 월지국, 본고에서는 목지국으로 통일)은 마한 54국이 공립(共立)하여 세운 나라였다는 기록이 있다. 다시 말해서 이들 기록들은 마한의 상한이 기원전 3세기까지 거슬러 올라 갈 수 있으며, 마한이 기원전 1세기대에 신라 및 백제와 통교(通交)했음을 알려 주고 있다. 마한의 하한에 대하여는 적지 않은 이견이 있지만, 최근 동신대학교 박물관이 발굴조사한 나주 금천면 신가리 당가의 토기 가마를 통해 볼 때 서기 5세기 말/6세기 초 무렵으로 생각된다. 그렇다면 마한은 기원전 3세기경부터 서기 5세기 말/6세기 초까지 대략 700년 정도 존속했다고 볼 수 있는데, 이 기간은 한국고고학의 시대구분에서 철기시대 전기(기원전 400~기원전 1년), 철기시대 후기 또는 삼국시대 전기(서기 1~300년) 그리고 삼국시대 후기(서기 300~660년경)에 걸친다. 즉 어느 정도 차이가 있기는 하지만, 마한의 존속 시기는 백제의 역사와 그 궤적을 같이 한다고 볼 수 있다. 즉 백제가 강성해져 그 영역이 확대됨에 따라 마한의 영역은 축소되고 그 중심이 점점 남쪽으로 이동되었다는 해석이 가능하다. 보다 많은 고고학 자료를 통해 검증되어야 하는 가설 수준이기는 하지만, 현 시점에서 이용 가능한 고고학 자료를 통해 마한의 중심지의 변화를 추정해 볼 수 있다.

한성백제(기원전 18년~서기 475년) 시기의 마한의 중심영역은 천안 용원리, 청당동 및 평택·성환·직산을 포함하는 지역이었을 것으로 추정되며, 백제의 공주 천도 이후(서기 475~538년) 마한의 중심지는 익산 영등동, 신동리와 여산리 유성, 전주 송천동과 평화동, 군산 내흥동과 산월리 그리고 남원 세전리, 고창 신정동 일대로 이동되었다. 그리고 부여 천도(서기 538~660년) 후에는 나주 반남면 대안리, 신촌리와 덕산리(사적 제76·77·78호)와 보성 조성면 조성리와 진도 오산리 일대가 마한의 중심지였던 것으로 추정된다. 즉, 중심 지역의 변천에 따라 마한은 천안(마한 Ⅰ기), 익산(마한 Ⅱ기), 나주(마한 Ⅲ기)의 세 시기로 구분할 수 있다. 이는 종래의 입장, 즉 마한을 삼한시대 또는 삼국시대 전기에 존속했던 사회·정치체제로만 인식했던 단편적인 시각 또는 관점에서 탈피하여 마한의 성격을 전면적으로 재검토해야 할 시점에 이르렀음을 의미한다. 그리고 근초고왕이 재위 24년(서기 369년) 마한의 고지(故地)를 진유(盡有)했다는 기사는 종래 고(故) 이병도 교수의 견해대로 나주 일대의 마한세력을 멸망시킨 것이 아니라 천안 일대, 다시 말해 마한 Ⅰ기의 중심지였던 용원리, 청당동과 운전리를 중심으로 하는 천안 일대의 마한세력을 남쪽으로 몰아냈던 사건을 기술한 것으로 해석하는 것이 보다 합리적이다. 이후 진왕이 다스리던 마한의 목지국은 익산을 거쳐 최종적으로 나주 일대로 그 중심을 옮겼다.

마한을 고고학적으로 특징짓는 자료로는 토실, 수혈주거지, 굴립주주거지, 토성과 주구묘를 포함한 고분 등이 알려져 있고, 승석문, 타날격자문, 조족문과 거치문 등은 마한토기에서 보이는 특징적인 문양들이다. 이중에서도 특히 토실은 마한인들의 가옥이 마치 분묘 같으며, 입구가 위쪽에 있다는 『후한서』 동이전 한전에 보이는 기사, '읍락잡거역무성곽작토실형여총개호재상(邑落雜居亦無城郭作土室形如塚開戶在上)'및 『삼국지』위지 동이전 한전 기사, '거처작초옥토실형여총기호재상(居處作草屋土室形如塚其戶在上)'과 부합되는 가장 주목을 요하는 고고학 자료다. 토실은 지금까지 20여 유적에서 확인되었는데, 종래 토실에 대한 인식이 없어 단순히 수혈갱 또는 저장공 등으로 보고된 수혈 유구들을 포함하면 그 수는 훨씬 늘어날 것이다. 이제까지 확인된 마한의 토실유적은 다음과 같다.

- 경기도 고양시 법곶동 멱절산
- 경기도 광주 남한산성(사적 제57호) 내 행궁지 북담 옆 1구역 5차 발굴(경기도 기념물 164호)
- 경기도 가평군 대성리
- 경기도 기흥 구갈리
- 경기도 용인 죽전 4지구
- 경기도 용인 보정리 수지 빌라트 4지점
- 경기도 화성 상리
- 경기도 화성 동탄 감배산
- 경기도 화성 동탄 석우리 능리
- 경기도 화성 태안읍 반월리
- 경기도 시흥 논곡동
- 충북 충주 수룡리
- 충남 공주 장선리(사적 제433호)
- 충남 공주 장원리
- 충남 공주 산의리
- 대전시 유성구 추목동 자운대

· 대전시 유성구 대정동

· 충남 논산 원북리

· 충남 논산 마전리

· 전북 전주 송천동

· 전북 전주 평화동

· 전북 익산 여산리 유성

· 전북 익산 신동리

· 전북 군산 내홍동

· 전북 군산 고봉리

토실은 경기도, 충청남북도 그리고 전라남북도에서 확인되었는데, 토실이 확인된 유적들은 마한의 세 시기 중 천안시기와 익산시기, 즉 마한 Ⅰ, Ⅱ기에 속한다고 볼 수 있다. 토실은 그 외형을 기준으로 형식분류가 가능하다. 즉 단실 형식과 두 개 이상을 장방형 수혈주거와 묶어 만든 형식의 두 형식으로 구분되는데, 전자의 예는 남한산성과 용인 죽전에서 후자의 예는 용인 보정리와 공주 장선리에서 확인된 바 있다. 한편 암반을 깎고 축조된 것과 군산 내홍동의 예처럼 저습지에 축조된 것도 있어, 토실은 환경적 조건 및 기능도 고려해 분류되어야 한다. 그런데 용인 보정리와 익산 여산리 유성에서는 불을 피운 흔적이, 고양 멱절산에서는 주공이, 그리고 군산 내홍동에서는 가구시설이 확인된 점 등을 고려할 때 토실의 주된 기능은 실제 주거였을 것으로 판단된다.

한편 최근 장선리에서 출토된 시료를 질량가속분석기(質量加速分析器)를 이용해 연대 측정한 결과, 장선리 유적의 중심연대는 서기 220~290년, 즉 서기 3세기경으로 밝혀졌다. 장선리에서는 타날격자문도기(여기에서는 종래 습관적으로 사용해오던 '토기'라는 용어보다 '도기'라는 용어 사용이 더 올바르다)가 출토되었는데, 승석문 및 타날격자문 도기는 마한과 백제 지역에서 같은 시기에 제작 및 사용된 토기로 인식되고 있다. 특히 타날문토기는 단사선문(短斜線文)이 시문된 회청색경질도기(최근 대표적인 예가 기원전 2~1세기경으로 알려진 사천시 늑도동에서 출토)와 함께 낙랑계 도기의 영향을 받은 마한의 특징적인 토기로 보이며, 최근 공주 장선리를 비롯해 용인 죽전 4지구, 군산 내흥동, 고양 법곶동 멱절산 토실에서 출토된 바 있다. 승석문과 타날격자문이 시문된 도기는 기원전 108년 한사군(漢四郡) 설치와 함께 한반도로 유입된 중국계 회청색경질토기 및 인문(印文) 도기 등의 영향으로 제작된 것으로 여겨진다. 이후 마한과 백제주민들도 고온소성(高溫燒成)이 가능한 가마[窯]를 수용하여 회청색경질도기를 제작하게 되었다. 승석문 및 격자문이 시문된 연질토기와 경질토기는 재래의 토착적인 경질무문토기와 같은 시기에 같이 사용되기도 했으나, 곧 한반도 지역에서 중국계 경질도기를 모방하기 시작하면서 한반도 전역으로 확산되었는데, 그 시기는 서기 1~2세기경으로 추정되고 있다. 최근 기전문화재연구원에서 발굴한 용인 보정리 수지 빌라트 지역(4지점) 남측 14

호 저장공에서 이들이 함께 출토되기도 하였는데, 그 하한연대는 서기 2~3세기경으로 보고되었다. 그리고 경기도 가평 달전 2리와 대성리, 안성 공도 만정리, 원산 논북리, 화성 기안리, 가평 대성리, 양주 양수리 상석정, 전북 완주 갈동 반교와 경북 성주 예산리 등 위만조선과 낙랑과의 관계를 보여주는 유적들이 계속 확인되고 있어 이러한 생각이 가능하리라고 믿는다.

 마한 고분의 기원 및 편년 문제에는 아직 적지 않은 논란이 있지만, 마한 고분이 토광묘, 주구묘, 옹관묘의 순으로 변천되었다는 점에 있어서는 별다른 이의가 없다. 즉 토광묘는 천안 시기(마한 I기)에, 주구묘는 천안, 익산, 나주의 전 시기에 걸쳐, 그리고 옹관묘는 나주 시기(마한 III기)에 주로 조성되었다고 볼 수 있다. 일반적으로 낙랑고분은 토광묘→목실분→전축분의 순으로 변천된 것으로 알려져 있는데, 청주 송절동 토광묘, 고창 봉덕리 만동, 용인 마북리 등에서 확인된 주구묘들은 낙랑 초기 분묘형식인 토광묘의 영향으로 조영되었을 것이라는 단서가 확인되고 있다. 그리고 용인 마북리, 서천 봉선리 그리고 고창 봉덕리 주구묘에서는 환두대도가 출토된 바 있는데, 이들이 분구묘의 영향을 받아 제작된 것으로 보고, 중국 전국시대 진나라(기원전 249~207년)와 연결시켜 보려는 견해도 있다. 흑색마연토기가 출토된 영광 군동리 주구묘의 경우를 근거로 주구묘의 상한이 늦어도 기원전 1세기 전후까지 올라갈 수 있다는 보고도 있었다. 한편 부여 석성면 증산리 십자거리 주구묘에서 출토된 철부(鐵斧)는 제주 용담동, 함안 말산리 고분, 가평 대성리와 제천 도화리 적석총 등의 출토품들과 연결되는 것으로 그 연대가 서기 1~2세기경까지 올라가는 것으로 보인다. 최근 마한의 고분 및 주거지가 확인된 유적으로 다음과 같은 유적들이 있다.

- 인천시 계양구 동양동(주구묘)
- 경기도 가평 대성리(철부)
- 경기 화성 향남면 발안리
- 경기 화성 기안리[탄요(炭窯)]
- 경기 용인시 구성면 마북리(주구묘, 환두대도)
- 충남 부여 석성 증산리 십자가(철부)
- 충남 공주 하봉리
- 충남 공주 탄천면 장원리
- 충남 공주 의당면 수촌리(사진 26)
- 충남 천안 운전리
- 충남 천안 청당동
- 충남 천안 두정동
- 충남 천안 용원리
- 충남 보령 관창리
- 충남 서산 음암 부장리(주구묘)
- 충남 서천 봉선리(주구묘, 환두대도)
- 충남 서천 도삼리(주구묘)

- 충북 청주 송절동(토광묘)
- 전북 고창 봉덕리(주구묘, 환두대도)
- 전북 군산 산월리 옹관 (거치문)
- 전북 진도 오산리(주거지, 거치문)
- 전남 영암 선황리 대초(大草) 옹관
- 전남 영암 금계리 계천
- 전남 영광 군동리
- 전남 승주 대곡리
- 전남 승주 낙수리
- 전남 광양읍 용강리
- 전남 함평 만가촌(전남 기념물 제55호)
- 전남 함평 중랑리
- 전남 함평 대창리 창서(인물도)
- 전남 장흥 유치면 탐진댐 내 신풍리 마전, 덕풍리 덕산과 상방(주구묘)
- 전남 나주 금곡리 용호
- 전남 나주 복암리(사적 제404호)

  토실과 고분 이외에 토기 표면에 시문된 조족문과 거치문은 또 하나의 마한의 고고학적 특징이라 할 수 있으며, 이들 문양의 분포를 통해 마한 문화의 전통을 살펴볼 수 있다. 거치문은 나주 반남면 신촌리 고분, 풍납동토성, 화성 동탄 석우리 먹실, 화성 태안읍 반월리, 전주 송천동, 군

사진 26. 공주 의당 수촌리에서 발굴된 계수호
(鷄首壺, 충남 역사문화연구원 발굴)

산 산월리 그리고 진도 오산리 등에서 확인된 바 있으며, 조족문은 청주 신봉동, 홍성 신금성, 평택 자미산성, 나주 반남면 덕산리 4호분과 신촌리 6호분 그리고 설성산성 등지에서 확인되었다. 이뿐 아니라 청주 정북동 토성(사적 제415호)은 마한시대에 축조된 토성으로 보이며, 천안 장산리에서는 마한시대의 관개시설(灌漑施設)이, 진천 사양리와 화성 기안리에서는 탄요(炭窯)가, 나주 금천 신가리와 오량동에서는 토기 가마가, 천안 청당동과 아산 배방면 갈매리에서는 마형대구가 확인되는 등 마한문화의 실체를 보여주는 새로운 자료들이 계속 보고되고 있다. 특히 함평 대창리 창서에서 발견된 마한시대의 인물도는 학계의 지대한 관심을 끈 바 있는데, 인물도의 얼굴 모습은 석굴암의 10대 제자(弟子), 즉 인도인(또는 유럽인, 코캐소이드인)의 얼굴 모습과 유사하다. 이 인물도는 앞으로 해외 문화교류까지도 염두에 두어야 할 중요한 자료다. 마구, 관개시설, 옹관, 탄요, 토기 가마와 토성 등 마한관계 기타 유적들로 다음과 같은 유적들이 확인되었다.

- 경기도 용인시 중구 운서동(영종도)

- 경기도 가평 마장리

- 경기도 이천 설성산성(경기도 기념물 제76호, 조족문토기)

- 충남 천안 청당동(마형대구)

- 충남 아산 배방면 갈매리(마형대구)

- 충남 천안 봉명동

- 충남 천안 장산리 관개시설

- 충남 평택 자미산성(조족문토기)

- 충남 아산 영인면 구성리

- 충남 직산 사산성

- 충남 진천 문백면 사양리(탄요)

- 충남 청원군 부용면 부강리 남성골 산성

- 충북 충주 정북동 토성(사적 제415호: 서기 130~260년)

- 전북 김제 벽골제(사적 제111호, 서기 330년)

- 전남 무안 몽탄면 양장리(저습지)

- 전남 금천면 신가리 당가(요지)

- 전남 나주 오량동(요지)

- 전남 보성 조성면 조성리

    최근 천안 용원리, 공주 장원리와 평택 자미산성 등지에서 마한의 잔
재로 생각되는 토광묘, 주구묘, 조족문토기, 판축 없이 축조된 토성과

굴립주 건물지 등이 확인·조사되었는데, 이들은 마한의 영역과 문화를 밝히는데 매우 중요한 자료들이다. 앞으로 한성시대 백제 이전부터 존재했던 마한과 마한의 땅을 할양 받아 성립한 한성시대 백제와의 문화적 차이를 뚜렷하게 구분할 수 있는 보다 설득력 있는 고고학 자료들이 확인될 것으로 기대된다.

7. 후언

고고학 자료를 통해 차후 검증되어야 할 가설이기는 하지만 한성시대 백제의 연구를 위해서는 고고학 자료를 근간으로 하여 우선 마한 문화의 구체적인 성격이 논의되어야 한다. 이를 위해,

 1) 이제 사서에 등장하는 마한의 실체를 인정해야 할 시점에 이르렀으며, 고고학 자료를 통해 마한의 존속 기간, 즉 그 상한과 하한을 구체적으로 파악하고, 마한의 시기구분 및 편년이 이루어져야 한다.

 2) 사서에 등장하는 마한 54국의 지리적 위치 및 분포범위를 파악하고 마한 고유의 문화적 특징들을 구체적으로 파악해야 한다.

 3) 필연적으로 마한의 정치체제 진화과정을 파악해야 할 필요가 있다. 현시점에서 볼 때 마한은 54국으로 표출된 크고 작은 여러 단순족장사회(simple chiefdom societies)로 시작되었다. 이후 각각의 단순족장사회는 통상권(Interaction Sphere)을 형성하고 조상숭배(ancestor worship)을 하면서 계층사회(stratified society)인 복합족장사회

(complex chiefdom societies)로 발전되었으며, 마지막 단계에 이르러서는 목지국으로 표출되는 고대국가 단계(ancient state)로 성장했던 것으로 여겨진다. 『삼국사기』에 보이는 신라 및 백제와의 관계기사를 고려했을 때, 마한은 늦어도 기원전 1세기경에는 국가사회로 성장했던 것으로 추정되는데, 이 과정을 고고학 자료를 통해 밝혀야 한다.

4) 마한의 시원은 철기시대 전기(기원전 400~기원전 1년)의 중간시기까지 올라가지만 선사고고학의 입장보다는 삼국시대 전기(철기시대 후기: 서기 1~300년)에 그 중심을 두고 역사고고학적 측면에서 연구하는 것이 보다 바람직하다. 왜냐하면, 마한 연구는 백제와의 역학관계상에서 이루어진 중심지의 변천 및 마한 54국을 구성하는 각 소국들 간의 역학관계 등을 항시 고려하여 진행되어야 하기 때문이다. 다시 말해 백제의 역사와 문화가 영역의 확장 및 도읍의 변천에 따라 한성-공주-부여의 세 시기로 구분되듯이, 마한의 역사와 문화 역시 백제와의 역학관계상에서 이루어진 중심지의 이동 및 변천에 따라 천안-익산-나주의 세 시기로 구분되어야 한다.

이러한 부분에 대한 고려가 선행될 때 비로소 마한 연구의 올바른 방향이 설정될 수 있다. 최근 유례없이 많은 마한과 관계된 고고학 자료가 보고되어 마한에 관한 고고학적 연구가 비로소 시작되었음을 실감하는데, 양적으로 풍부한 자료들을 질적으로 해석하는 작업이 무엇보다도 시급하다. 그런데 마한과 공시적(共時的)·통시적(通時的)으로 밀접한 관련을 맺고 있는 한성시대의 백제의 연구를 위해서는 다음과 같은 선결과제(先決課題)가 있다.

1)『삼국사기』백제 초기 기록을 긍정적으로 해석하려는 태도와 이를 지지하는 고고학 자료의 확보와 해석,

2) 마한과 백제의 역사와 문화를 각각 독립적으로 시대구분하고 연구하는 이분법적 사고의 확립,

3) 종래 학계에서 심각한 논의 없이 설정·채용해 왔던 원삼국시대와 같은 애매모호한 시대 개념의 과감한 폐기와 보다 합리적인 새로운 지역편년의 수립,

4) 그리고 유적, 유구, 유물의 연구에 있어 구체적인 논거 없이 제시되어온 기존의 피상적인 입장에 얽매임 없이 고고학적·역사적 맥락을 충분히 고려한 유연한 해석태도 등을 함양하려는 노력이 선행되어야만 한다.

우리의 역사관에는 아직도 일제시대부터 심어진 한국문화의 '반도성(半島性), 타율성(他律性), 정체성(停滯性)과 사대성(事大性)'으로 점철된 식민지사관이 뿌리 깊게 남아 있어 이를 극복하는데 상당한 시간과 노력이 소요되고 있다.『삼국사기』초기 기록에 대한 거의 무조건적인 불신 역시 그 폐해의 하나이다. 하루 빨리 이를 극복하여 긍정적인 역사관을 갖도록 노력해야 하는데, 이를 위해서는 신화학, 고대사와 고고학 등 제반 연관분야 학자들의 학제적 연구가 절실히 요구된다. 다행히 최근 풍납동토성을 비롯한 여러 한성시대 백제 유적이 발굴·조사되고 있어 그 단서를 제공할 자료들이 많이 나올 것으로 기대되고 있다. 지

속적으로 확인되고 있는 고고학 유적의 연구와 문헌사학적 연구들이 병행될 때, 이제 시작이라 할 수 있는 마한과 한성시대 백제와의 관계 그리고 위만조선과 낙랑이 마한과 한성시대 백제에 미친 영향 등 아직 해결되지 않은 많은 부분들이 밝혀질 것이다. 무엇보다도 역사고고학 의 범주에서 접근하는 것이 보다 유리한 이 시기를 연구하는 고고학도 들은 발굴 및 조사를 통해 제공된 고고학 자료뿐 아니라 문헌정보의 파 악에도 힘을 기울여 전체적인 역사적 맥락을 충분히 이해하면서 유적 과 유물을 올바로 해석해 나가는 자세가 필요하다.

제4부 한성시대 백제와 한강유역

한강유역 고구려 유적의 고고(考古) · 역사적 의미

　임진강과 한강(양평군 양수리를 기점으로 북한강과 남한강으로 나누
어짐) 유역을 포함하는 경기도는 철기시대 전기에 등장한 위만조선(衛
滿朝鮮, 기원전 194~108년) 이래 시작된 역사시대에 이르러 한반도 역
사의 주요 무대가 되었다. 특히 경기도에서는 부자지간(父子之間) 나라
로 알려진 고구려와 백제의 각축전이 전개되기도 했다. 고구려와 백제
가 한강유역을 차지하기 위해 각축전을 벌인 것은 고구려는 고구려 역
사상 가장 강성했던 군주였던 제19대 광개토왕(재위: 서기 391~413년)
과 제20대 장수왕(재위: 서기 413~491년) 때였고, 백제의 경우는 제13
대 근초고왕(재위: 서기 346~375년) 때였다. 이러한 관계는 서기
551/553년 신라가 제24대 진흥왕(재위: 서기 540~576년)대에 한강유역
에 진출할 때까지 지속되었다. 이러한 역사적 사건 때문에 경기도에는
고구려, 백제, 신라 삼국의 유적이 존재하는데, 이들 유적들에 대한 연
구는 삼국 간의 역사적 맥락을 고려하여 진행되어야 한다.
　『삼국사기』에 의하면 고구려 제2대 유리왕(재위: 기원전 19년~서기

18년)은 서기 3년 고구려 초대 동명왕(재위: 기원전 37~19년)이 기원전 37년 도읍을 정했던 졸본(卒本)/환인[桓仁, 오녀산성(五女山城), 하고성자(下古城子), 흘승골성(訖升骨城) 등이 초기 도읍지와 관련된 지명임]에서 집안(集安 또는 輯安)으로 도읍을 옮겨 국내성을 축조했으며, 다시 제10대 산상왕(재위: 서기 197~227년)은 재위 2년, 즉 서기 198년 환도산성(丸都山城)을 쌓았다. 중국 문물연구소는 길림성 문물연구소와 함께 환도산성[남옹문(南瓮門), 요망대(瞭望臺)와 궁지(宮址) 등], 국내성, 오녀산성, 태왕릉(太王陵), 장군총(將軍塚)과 오회분(五盔墳) 등 43건을 발굴 및 정비하였는데, 이는 2004년 6월 29일 강소성 소주(江蘇省 蘇州)에서 개최된 제28차 국제기념물 유적협의회(ICOMOS)에서 이들을 세계문화유산(WHC)으로 등재하기 위함이었다. 이들 고구려 유적들은 동년 7월 1일 세계문화유산으로 등재되었으며, 북한은 평양 동명왕릉, 진파리 고분 15기, 호남리 사신총, 강서 삼묘 등 고구려 고분 97기를 등재하였다.

중국 학계는 태왕릉을 제19대 광개토왕의 무덤으로 추정하고 있으며, 고구려 유적들의 설명에 있어 기원전 37년의 고구려 건국 등을 포함한 『삼국사기』의 기록을 그대로 수용하고 있다. 『삼국사기』에 따르면, 고구려 제16대 고국원왕(재위: 서기 331~371년)은 서기 371년 백제 제13대 근초고왕과의 평양 전투에서 전사했으며, 제20대 장수왕은 서기 427년 평양 천도를 단행했다. 그리고 한성백제(기원전 18년~서기 475년)는 제21대 개로왕(재위: 서기 455~475년)대인 서기 475년 고구려에 의해 멸망했고, 제22대 문주왕은 공주로 천도했다. 기록에서 볼 수 있듯이 고구려와 백제 그리고 신라는 신화와 일련의 역사적 사건들로 서로 밀접하게 연결되어 있다. 그러나 한국 고대사학계는 백제와 신라의 초기 역사를 인정하는데 매우 인색해 왔다. 삼국시대 초기 역사에 대한 서술은 기본적으로 통시적, 진화론적 그리고 역사적 맥락을 고려해 이루어져야 한다. 이러한 서술 방향은 오늘날 경기도 소재 유적을 통한 고구려 연구가 지향해야 할 가장 기본적이고 중요한 연구방향이자 첫 번째 연구의 의의가 된다.

필자는 청동기시대, 철기시대 전기와 후기(삼국시대 전기)의 고고학과 고대사의 흐름의 일관성에 무척 관심을 가져 몇 편의 글을 발표한 바 있다. 그 일환으로 1988~2004년의 제5~7차 고등학교 국사교과서 집필 이래로 1997~2002년 국사편찬위원회에서 간행된 한국사 1 · 3 · 4권에 이르기까지 초기 철기시대와 원삼국시대란 용어를 배제한 새로운 시대구분을 설정해 사용해오고 있다. 즉, 구석기시대-신석기시대-청동기시대(기원전 1500년~기원전 400년, 신석기시대 말기부터 시작되는 청동기시대 조기단계는 기원전 2000년경부터)-철기시대 전기(기원전 400~기원전 1년)-철기시대 후기(삼국시대 전기 또는 삼한시대: 서기 1~300년: 종래의 원삼국시대)-삼국시대 후기(서기 300~660년)란 한국 고고학의 시대구분을 설정하였다. 이에 따르면 고구려 초기는 삼국시대 전기에 해당된다. 그런데 한국에서 역사시대의 시작은 위만조선(기원전 194~108년) 때부터이며, 위만조선의 건국시기가 포함된 철기시대 전기, 즉 기원전 400년에서 기원전 1년까지의 400년의 기간은 한국고고학과 고대사에 있어서 매우 중요한 기간이다. 즉, 중국의 영향으로 한문(漢文)이 전래되고 국가가 형성되는 등 역사적으로 매우 중요한 사건들이 이 기간 중에 발생했으며, 한반도의 역사시대 역시 이 기간 중에 시작되었다. 수메르, 이집트, 인더스 그리고 중국 문명 등 세계 4대 문명의 경우를 보면 청동기시대에 도시·문명·국가가 등장했는데 반해, 우리나라의 경우는 이보다 조금 늦은 철기시대 전기에 이르러 그러한 증거를 찾아볼 수 있다. 평양 부근의 왕검성에 자리하던 위만조선(기원전 194~108년)은 한국 최초의 고대국가로 문헌상에 뚜렷이 기록되어 있다. 사마천(司馬遷)의 『사기』에 따르면, 위만조선은 위만-아들(이름은 알 수 없음)-손자(우거)-태자(장)에 이르는 4대 87년간 존속하다가 중국 한나라 제7대 무제(재위: 기원전 141~87년)의 원정군에 의해 『사기』를 편찬한 사마천이 37세였던 기원전 108년 멸망하였다. 위만조선의 멸망 이후 낙랑, 임둔, 현도(이상 기원전 108년 설치)와 진번(기원전 107년 설치)의 한사군이 설치되었다. 즉 오늘날의 평양 낙랑구역에 낙랑이, 그리고 황해도와 경기도 북부에 대방[帶方, 처음 낙랑군에 속하다가 후한 제13대 헌제(獻帝) 건안(建安, 서기 196~220년) 연간에 대방군이 됨]이 위치했다. 이들은 한강이남 지역에 기원전 3세기경부터 존재했던 마한과 기원전 18년 마한의 바탕 위에 건국했던 백제 그리고 동예, 진한과 변한 등 한반도에 위치하고 있던 정치 세력에 막대한 영향을 행사했다.

문헌에 따르면 백제는 부여 또는 고구려로부터 이주한 정권에 의해 건국된 국가로 나름대로 정통성을 확보해 나가면서 마한(마한왕 또는 서한왕이 통치) 세력의 정복을 통해 세력을 확장해 나갔는데, 이는 산성이나 고분 등 고고학 자료를 통해 알 수 있다. 백제의 건국자는 주몽(고주몽/동명성왕)의 셋째 아들인 온조(기원전 18년~기원후 28년)이다. 그는 아버지인 주몽을 찾아 부여에서 내려와 고구려의 제2대 왕이 된 유리왕자의 출현에 신분의 위협을 느껴 한나라 무제 홍가 3년(기원전 18년) 형인 비류와 함께 남하하여 하북위례성(현 중랑천 근처이며, 온조왕 14년, 기원전 5년에 옮긴 하남위례성은 송파구에 위치한 사적 제11호 풍납동토성으로 추정됨)에 도읍을 정했고, 형인 비류는 미추홀에 근거를 잡았다. 『삼국유사』에는 비류 · 온조 형제가 고구려의 건국자인 주몽의 아들로 나와 있는데, 『삼국사기』 백제본기 별전(권 23)에 따르면 그의 어머니인 소서노는 처음 우태의 부인이었다가 나중에 주몽에게 개가하게 되어 그들 역시 주몽의 아들이 된 것으로 여겨진다. 온조의 경우는 주몽의 경우에 보이는 천손 해모수, 용왕의 딸인 하백녀(유화) 등 신화적인 요소와 난생설화의 배경 없이, 처음부터 주몽-소서노-우태라는 구체적인 실존 인물들 사이에서 태어났다. 따라서 백제에는 부여나 고구려에서 보이는 건국신화 및 시조신화가 없는데, 이는 백제가 어버이 나라인 고구려에 항상 열등의식을 갖게 되는 요소로 해석될 수 있다. 온조왕이 원년에 동명왕묘를 세운 것이나, 제13대 근초고왕이 371년 평양으로 쳐들어가 고구려 제16대 고국원왕을 전사시키는 전과를 올렸음에도 불구하고 평양을 백제의 영토로 편입시키려는 노력 없이 한성으로 돌아오는 점 등은 이러한 맥락에서 이해할 수 있다. 즉, 백제 왕실은 고구려 왕실에 대한 열등감을 극복하고 왕실의 정통성을 부여하려 노력해 왔는데, 이는 신화와 문헌을 통해서도 알 수 있다. 따라서 고구려와 백제의 역사적 맥락에 대한 파악은 고고학을 통한 고구려 역사 연구가 지니는 두 번째 중요한 의미라 할 수 있다.

한성백제의 대표적인 묘제로는 적석총, 토광묘, 옹관묘, 석실분 등이 있다. 적석총은 고구려 이주 세력의 분묘로 초기 백제의 지배 세력이 사용한 것으로 보인다. 적석총은 크게 기단식 적석총과 무기단식 적석총으로 대별되는데 한강유역에서는 무기단식 적석총이 확인되지 않는다. 이는 적석총을 축조하던 집단이 기단식 적석총을 축조할 때 남하했거나, 하천 근처에 축조되어 있던 무기단식 적석총이 모두 물에 의해 없어졌기 때문이라는 두 가지 방향에서 생각할 수 있다. 서울 송파구 석촌동에 위치한 석촌동 고분군(사적 제243호)에서는 대형 백제 적석총 7기와 토광묘, 옹관묘 등 30여 기 이상의 백제 고분이 확인되었다. 고구려계 적석총이 석촌동에서 확인된다는 사실은 한성백제의 건국세력이 고구려와 문화적으로 매우 밀접한 관계에 있었음을 보여준다. 또 석촌동 고분군에서는 3호분과 4호분과 같은 대형 고분 이외에 토광묘 등 평민 또는 하급 관리의 것으로 보이는 소형 무덤들도 섞여 있다. 이들은 서로 시기를 달리하여 중복 관계를 보이며 축조되어 오랜 기간 동안 다양한 계급의 사람들이 석촌동 일대에 무덤을 썼음을 알 수 있다. 그런데 이는 기원전 18년 이전부터 이 지역에 거주하고 있던 마한의 기반 위에서 백제가 건국했기 때문이다. 다시 말해 기원전 18년 백제 건국에 앞서 마한이 존재하고 있었으며, 백제 건국 세력들은 마한 토착세력과 공존했기에 이 일대에 여러 묘제가 혼재했다고 보인다. 백제 건국 이전부터 축조되어 왔던 토광묘가 후일 석곽묘로 발전해 나간다든지, 석곽묘와 석실묘의 기원과 이들의 선후관계를 밝히는 것은 앞으로 해결되어야 할 고고학계의 과제의 하나이다. 아직 이를 단정적으로 이야기할 수는 없지만, 이들 묘제상의 변화는 한성백제의 성장에 따른 토착세력, 즉 마한의 축소와 관련이 있으며, 그 시작은 제13대 근초고왕이 서기 369년 천안 용원리를 중심으로 하는 목지국으로 대표되는 마한세력을 토벌하자 마한이 공주 의당면 수촌리나 익산 영등동 쪽으로 옮겨갔던 것과 무관하지 않을 것이다. 마한의 목지국은 최종적으로는 나주 반남면의 대안리, 덕산리, 신촌리(사적 제76·77·78호)와 복암리(사적 제404호) 일대에 위치했으며, 그 멸망 연대는 서기 5세기 말이나 6세기 초로 보이는데, 그 고고학적 증거로는 나주 금천면 신가리 당가 요지(窯址)를 들 수 있다.

석촌동 3호분은 장변 45.5m, 단변 43.7m, 높이 4.5m 규모의 방형 기단식 적석총으로 석촌동 최대 규모의 고분이다. 계단은 3단까지 확인되었고, 3세기 중엽에서 4세기 초로 편년되고 있다. 한편 1975년 조사된 4호분은 한 변의 길이가 23~24m 내외의 정방형 고분이다. 초층을 1면 세 개 미만의 호석(護石: 받침돌 또는 보강재 등을 지칭)으로 받치고 있는데, 이는 장군총과 같은 고구려의 계단식 적석총에서 보이는 축조기법과 유사하다. 참고로 신라의 경우는 제31대 신문왕릉(사적 제181호)과 제33대 성덕왕릉(사적 제28호)에서 호석이 확인된 바 있다. 석촌동 4호분의 연대는 3호분과 비슷하거나 약간 늦은 것으로 추측되는데, 이는 적석총보다 먼저 존재했던 토광묘와 판축기법이 가미되어 순수 고구려 양식에서 약간 벗어난 모습을 보여주기 때문이다. 4호분 발굴 당시 풍납동토성(사적 제11호) 경당 지구에서 출토된 것과 같은 한 낙랑(樂浪)·한(漢)나라 계통으로 보이는 기와편이 많이 수습되었는데, 이들은 집안의 태왕릉(太王陵), 장군총(將軍塚)과 천추총(天秋塚) 등 석실이 설치된 기단식 적석총(석실묘임) 상부에서 발견된 건물터나 건물 지붕에 얹은 기와 편들과도 상당한 유사성을 보인다. 즉, 고구려의 적석총은 무덤[墓]이지만, 무덤 상부에는 제사를 지낼 수 있는 묘의 기능을 지닌 향당(享堂) 구조가 설치되어 있었다. 이런 점을 고려할 때 연도가 설치된 석실 또는 석곽을 지닌 석촌동 4호분은 그 축조연대만이 문제가 될 뿐 고구려의 적석총과 같은 기능을 지닌 고구려 계통의 무덤이다.

1987년에 조사된 석촌동 1호분은 왕릉급 대형 쌍분인데, 쌍분 축조의 전통은 압록강 유역의 환인현 고력묘자촌에서 확인되는 이음식 돌무지 무덤과 연결되므로, 석촌동 1호분은 백제의 지배세력이 고구려와 깊은 관계가 있음을 보여주는 또 하나의 증거이다. 또 서울 석촌동뿐 아니라 남한강 및 북한강 유역에서도 자강도 시중군 로남리, 집안 양민과 하치 등지의 고구려 초기의 무기단식 적석총과 이보다 나중에 등장한 집안

퉁구 우산하(禹山下), 환도산성하 동구(洞溝), 자강도 자성군 서해리 등
지에서 보이는 기단식 적석총들과 같은 형식의 적석총들이 많이 확인
되고 있다. 이러한 적석총들은 남한강 상류의 평창군 여만리, 응암리,
제원군 양평리, 도화리 등과 북한강 상류의 화천군 간척리와 춘천 중도
에서도 보고된 바 있다. 또 경기도 연천군 삼곶리를 비롯해 군남리와
학곡리에서도 백제시대의 초기 적석총이 발견되었고, 임진강 유역인
연천 중면 횡산리에서도 적석총이 확인되었음은 백제 적석총이 북에서
남하했음을 다시금 확인시켜주는 증거로 백제 적석총의 기원 및 성격
에 대해 많은 점들을 시사해 주고 있다. 한편 한양대학교 박물관은
2001년 11월 단양군 영춘면 사지원리에서 온달장군(溫達將軍: ?~서기
590년, 영양왕 1년) 묘로 전해지는 적석총을 발굴조사한 바 있다. 이 무
덤은 고구려인들이 남한강을 따라 남하하면서 축조한 것으로 추측되
나, 산청(山淸)에서 확인된 가야의 마지막 왕 구형왕릉(仇衡王陵, 사적
214호)의 기단식 적석구조의 경우와 마찬가지로 그 편년 및 계통에 있
어 아직 정확한 고증이 이루어지지 못하고 있다. 그러나 한강유역에 산
재하는 적석총의 분포 상황은 『삼국사기』 온조왕대 13년, 즉 기원전 6
년 기록대로 당시 백제가 동으로는 주양(走壤: 춘천), 남으로는 웅천(熊
川: 안성천), 북으로는 패하(浿河: 예성강)까지를 영역으로 했음을 지지
해 준다. 한강 유역의 백제 적석총들은 백제 초기의 강역을 알려주는
고고학적 증거로 오히려 문헌 기록을 보완해 준다. 적석총은 고구려와
백제와의 역사적 맥락 및 계승성을 확인해 주는 고고학적 증거이다. 따

라서 고구려의 적석총이 백제 건국세력의 주체가 됨을 밝히는 작업은 고고학적 측면에서 본 고구려 연구가 지니는 세 번째 중요한 의의라 할 수 있다.

백제는 백제에 앞서 이미 기원전 3~2세기에 성립했던 마한의 바탕 위에서 성립하였으므로 백제 초기의 문화적 양상은 마한의 경우와 그리 다르지 않다. 올바른 백제 연구를 위해서는 백제의 건국 연대는 『삼국사기』에 기록된 대로 기원전 18년으로 보아야 하며, 한강 유역에서 마한으로부터 할양 받은 작은 영역에서 출발한 백제가 강성해짐에 따라 영역을 확장해 나감에 따라 마한 세력은 그 범위가 축소되어 천안(서기 369년 백제 근초고왕에 의해 점령당함)-익산-나주로 그 중심지가 이동되었음을 인식해야 한다. 삼국의 건국 연대를 포함한 『삼국사기』의 초기 기록을 인정해야만 한국 고대사를 무리없이 풀어 나갈 수 있으며, 최근 문제가 되고 있는 고구려와 신라 및 백제와의 초기 관계사를 제대로 파악해 나갈 수 있다.

그리고 한성백제(기원전 18년~서기 475년)도 석성을 축조했음이 확인되고 있는데, 하남 이성산성, 이천 설봉산성과 설성산성 그리고 안성 죽주산성 등이 그 좋은 예들이다. 석성 축조의 기원은 제13대 근초고왕대인 서기 371년 고구려 고국원왕과의 평양 전투에서 찾을 수 있다. 백제는 고구려의 국내성과 환도산성의 영향을 받아 석성을 축조하게 되었을 것이다. 고구려는 일찍이 제2대 유리왕이 서기 3년 집안의 국내성을 축조했고, 제10대 산상왕 2년(서기 198년)에는 환도산성을 축조한 바 있는데, 이는 2004년 6월 29일 세계문화유산에 등재를 위해 실시된 중국 측의 발굴조사에서도 확인된 바 있다. 충북대학교 박물관에 의해 2001년 발굴된 청주 부용면 부강리 남산골 산성의 경우 그 하한 연대가 고구려군에 의해 성이 함락되는 서기 475년임은 이러한 역사적 맥락을 잘 보여준다. 방사선탄소연대 측정결과 서기 340~370년과 470~490년의 두 가지 연대가 나왔는데, 이 남산골산성은 청주 정북동 토성(사적 제415호, 서기 130~260년경 축조)의 경우와 마찬가지로 마한에 의해 처음 축조되었다가 후일 백제의 성이 되었으며, 475년경 고구려군에 함락당한 것으로 여겨진다. 한성백제의 영역에서 확인된 백제의 성으로는 포천 반월성(사적 제403호), 연천 호로고루성과 연기 운주성 등이 있다. 호로고루성은 발굴 결과 백제시대에 판축으로 이루어진 토성으로 초축되었다가 후에 고구려의 석성으로 대체되었음이 밝혀졌다. 또 연천군 전곡읍 은대리 토성 역시 백제 토성이었으나 고구려군이 백제를 침입한 후에 토성의 일부를 깎아내고 석성으로 대체하였음이 밝혀졌다. 이러한 양상은 백제 제13대 근초고왕의 북진정책과 고구려 제19대 광개토왕과 제20대 장수왕의 남하정책과 관련이 있는데, 이들은 한성 백제가 멸망하는 서기 475년경 전후의 역사적 맥락을 알려주는 중요한 유적이라 할 수 있다. 이러한 맥락은 파주 주월리와 포천 자작리에서 확인된 백제시대 집자리의 존재를 통해 입증된다. 한성시대의 백제의 영역은 근초고왕 때 가장 팽창되어 여주 연양리와 하거리, 진천 석장리, 삼룡리(사적 제344호)와 산수리(사적 제325호)를 넘어 원주 법천리 그리고 최근 강원문화재연구소가 발굴중인 춘천 거두리와 홍천 하화계리에까지 이르렀던 것으로 확인되고 있다. 또 충남 연기군 소재 운주산성은 통일신라대의 성으로 추정되었으나 발굴 결과 백제시대에 초축된 석성임이 밝혀지고 있다.

하남시 이성산성, 이천 설봉산성(사적 제423호), 설성산성(경기도 기념물 76호), 안성 죽주산성, 평택 자미산성 그리고 충주의 장미산성(사적 제400호) 등은 백제시대 석성으로 알려져 있으며, 이들 사이의 비교 연구도 가능하다. 2002~2003년에 경기도 박물관에 의해 파주 월롱산성, 의왕시 모락산성 그리고 고양시 법곶동 멱절산 유적 등이 발굴된 바 있으며, 서울 근교에서 확인된 삼성동토성, 아차산성(사적 제234호) 등 역시 비교적 최근에 확인된 고구려 및 백제 유적들이다. 설봉산성에서는 백제의 사비나성(泗沘羅城) 등에서 보이는 부엽공법(사진 27)이, 서기 537년 위덕왕 때 쌓은 금산 백령성(栢嶺城, 충남 기념물 제83호)과 이성산성(사적 제422호, 사진 22) 동문에서는 백제의 현문식(懸門式)이 확인되어 백제 석성(石城)의 새로운 연구방향이 제시되고 있다. 한편 아차산성에서는 1996년 보수 과정에서 석성과 함께 보축시설이 새로이 확인되었는데, 삼국시대에 축조된 석성을 통일신라시대에 보축한 것으로 추정된다. 이 일대는 삼국시대 이래로 매우 중요한 전략적 요충지대로 신라가 삼국을 통일한 이후에도 이 성을 보축해 전략적 요충지로 삼았던 것으로 보인다. 이 유적에서 백제 초기부터 통일신라시대에 이르는 역사적 맥락을 찾아내는 작업이 꼭 필요하다. 다시 말해 송파구 일대는 백제 초기에는 수도였으며, 삼국시대 중기 이후로는 한강유역 확보를 위한 교두보로서 삼국의 각축장이었던 지역으로 한성시대 백제를 연구하는데 결코 간과할 수 없는 핵심적인 지역이라 할 수 있다. 그런데 이 시기 유적들, 특히 성을 조사할 때 있어서 중요한 사항으로 성벽을 발굴조사할 때 특정 시점 또는 시기에 편중됨 없이 역사적 맥락을 충분히 고려하면서 유기체적인 해석을 해나가야 하는데, 이는 이전 시대에 축조된 성벽의 파괴, 개축, 및 보수 등을 면밀히 고려할 필요가 있기 때문이다.

  백제는 제13대 근초고왕(재위: 서기 346~375년), 고구려는 제19대 광개토왕(재위: 서기 391~413년)과 제20대 장수왕(재위: 서기 413~491

사진 27. 이천 설봉산성(사적 제423호)의 부엽공법(단국대학교 매장문화재연구소 발굴)

년) 그리고 신라는 제24대 진흥왕(재위: 서기 540~576년)대에 가장 활발하게 영토 확장을 꾀했다. 신라는 진흥왕 12년(서기 551년) 또는 14년(서기 553년)에 한강유역에 진출하여 신주(新州)를 설치했으며, 백제는 근초고왕대인 서기 369년경 천안 용원리에 있던 마한의 목지국 세력을 남쪽으로 몰아냈고, 북쪽으로도 진출해 제16대 고국원왕을 평양에서 전사시켰다. 그 보복으로 고구려 광개토왕과 장수왕은 바다로는 강화도 대룡리에 있었던 것으로 추정되는 화개산성과 인화리 분수령을 넘어 한강과 임진강이 서로 만나는 지점에 위치한 해발 119m 지대에 620m에 달하는 길이로 축조된 퇴뫼재 토성(인천 영종도)과 퇴뫼식 산성인 관미성[關彌城: 파주 오두산성(烏頭山城), 사적 제331호]을 접수했고, 육로로는 연천 호로고루성, 파주 월롱산성과 덕진산성을 거쳐 임진강과 한강을 점유한 후 남하를 계속하여 하남 이성산성에까지 다다랐다. 또 남한강을 따라 영토를 확장한 고구려의 남쪽 경계는 중원(충주) 고구려비(국보 제205호), 정선 애산성지, 포항 냉수리[경주 호우총의 경우 '國岡上廣開土地好太王壺杅十'이라는 명문이 나와 고구려에서 얻어온 제기(祭器)가 부장된 것으로 보인다]에 이르게 되었다. 이러한 상황은 고고학 자료를 통해서도 입증된다. 즉, 고구려 묘제인 석실묘가 연천 신답리(방사선 탄소연대 측정결과 서기 520/535년), 포항 냉수리 그리고 춘천 천전리에서도 확인된 바 있으며, 영풍 순흥 태장리[을묘어숙지술간묘(乙卯於宿知述干墓,), 서기 553년, 사적 제238호]와 순흥 읍내리(사적 제313호) 벽화분들은 고구려의 영향 하에 축조되었거나 고구려 고분으로 추정되고 있다. 또 대전 월평동 산성, 서천 봉선리와 홍천 두촌면 역내리 유적 등에서는 고구려 유물이 출토되기도 했다. 이들 유적들은 고구려가 가장 강했던 제19대 광개토왕과 제20대 장수왕대의, 즉 서기 4~5세기경 고구려의 남쪽 경계선을 시사해 준다고 보아도 무방하다. 광개토왕과 장수왕이 백제를 침공했던 해로와 육로를 추적해 보면 이는 선사시대 이래로 형성된 통상권 또는 무역로와도 부합되는데, 육로보다는 바다나 강을 이용한 수운(水運)이 절대적으로 우세하다. 이러한 관계는 고구려 소수림왕(서기 372년), 백제 침류왕(서기 384년) 그리고 신라 법흥왕(서기 527년)대에 정치적 기반을 굳건하게 하기 위한 불교 수용 및 전파를 통해 확대된다. 하남 천왕사(天王寺)는 백제가 불교를 수용한 초기에 세운 절터로 알려져 있는데, 이러한 측면들에 대한 구명은 고구려 유적을 연구하는 네 번째의 의의라 할 수 있다.

마지막으로 강조되어야 할 부분은 경기 북부지역에 소재하는 고구려 유적의 보존과 활용 방안 모색이다. 남한에 있는 고구려 유적의 대부분이 경기 북부지역에 집중되어 있어 이 일대는 고구려 유적의 보고라 해도 과언이 아니다. 특히 임진강과 한탄강이 지류들과 합류하는 강안 대지에 축조된 호로고루성, 당포성, 은대리성 등은 고구려의 남방 거점으로 활용된 중요한 성곽들이다. 다시 말해 이들은 고구려가 신라와 백제를 견제할 목적으로 구축한 한강-임진강 유역의 고구려 관방시설 중에서 대규모에 속하는 성곽들로 광개토왕과 장수왕대에 추진된 남진정책의 배후기지로 활용되었다. 유적의 보존 상태 또한 매우 양호하여 연천

호로고루성에서는 잘 보존된 성벽이 확인되었을 뿐만 아니라 남한에서
는 그 유례를 찾을 수 없을 만큼 많은 양의 고구려 기와가 출토되어 학
계의 비상한 관심을 끌기도 했다. 연천 당포성은 고구려 축성양식을 밝
힐 수 있는 중요한 유적으로 폭 6m, 깊이 3m의 대형 해자가 확인되었
고, 성벽 상단부에서는 이른바 '주동(柱洞)'들이 확인되었다. 그리고
성벽에 일정한 간격으로 수직 홈이 파여져 있고 그 끝에 동그랗게 판
확(確)돌이 연결되어 있음이 확인되는 등 중요성이 크게 부각되고 있는
데, 이러한 주동은 전남 광양시 광양읍 용강리의 백제 마로산성에서도
확인된바 있다. 연천 은대리성은 백제의 판축토성이었으나 고구려에
의해 점유되면서 석성으로 개조된 성인데 비교적 원형을 잘 보존하고
있으며, 이 일대 고구려 성곽 중에서 규모가 가장 큰 성곽이기도 하다.
은대리성은 지역 거점 또는 치소성(治所城)의 기능을 수행했던 것으로
파악되는 고구려의 통치방식을 연구할 때 배제될 수 없는 중요한 자료
라 할 수 있다. 그런데 임진강 유역은 분단 이후 군사적 요충지로 각종
군사 시설물의 설치로 인해 이 일대 유적의 훼손이 심각한 실정이다.
앞서 언급한 성곽들을 포함한 임진강-한탄강 일대의 고구려 유적들은
그 역사적 학술적 가치가 매우 높을 뿐 아니라 자료적 희소성 및 국민
정서상으로도 매우 중요해 적극적인 보존대책이 마련되어야 한다. 따
라서 이들을 국가 사적으로 지정하여 구체적인 보존대책을 수립하여
훼손을 막고, 학술적 문화적으로 활용할 수 있는 토대를 마련해야 한
다. 국가 사적으로의 지정은 임진강 및 한탄강 유역의 고구려 유적에

대한 학문적 주의를 환기시키고 국민적 관심을 진작하는 계기가 될 수 있으며, 이는 고구려 유적을 연구하고 보전하는 다섯 번째 중요한 의의라 할 수 있다.

이상 살펴본 대로 경기도는 한때는 한성 백제의 중심지였으며, 또 한때는 고구려의 남진을 위한 전진 기지이기도 했다. 경기도 소재 고구려 유적에 대한 연구는 고구려와 백제 양국 사이의 역사적 맥락을 고려하면 균형 감각을 유지하며 지속적으로 진행되어야 한다. 중국의 동북공정이라는 상황논리에 부합하여 남한 소재 고구려 유적의 중요성만을 부각시키다 보면 현재도 상대적인 열세를 보이고 있는 백제사 연구는 더욱 뒷전으로 밀릴 수 밖에 없어 경기도 관련 백제 고고학 및 백제사 연구는 미궁에 빠질 위험이 있다. 같은 맥락에서 백제사만을 강조하게 되면 그나마 현 시점에서 제대로 남아있는 고구려 유적에 대한 연구의 앞날도 매우 불투명하게 될 것이다. 요컨대 고구려 유적의 연구는 초기 백제의 중심지이기도 한 경기도의 특색을 살려 진행되어야 하며 이를 배제한 고구려 편향의 연구는 불완전한 성과를 낼 수밖에 없다. 따라서 고구려 유적의 연구와 정비는 다음과 같은 몇 가지 방향성을 지니고 진행되어야 옳을 것이다.

첫째, 고구려-백제 관계사를 명확히 밝히는 방향으로 진행되어야 한다. 고구려의 성곽을 위주로 연구하다 보면 고구려와 백제 사이에 있었던 군사적 활동에 초점이 맞추어지게 되겠지만, 양국 간의 문화 교류 및 정치 세력 간의 갈등 문제 등에도 관심이 주어진다면 경기도는 한국

고대사의 주무대로 다시 주목받을 수 있게 될 것이다.

둘째, 고구려 유적의 정비는 역사적으로 고구려와 관련된 백제 유적의 정비와 함께 이루어져야 한다. 왜냐하면, 경기도에서 벌어진 고구려의 군사 활동은 고구려의 단독 행동이 아닌 백제군의 대응이 있었던 상호 간의 활동이었음이 분명하므로 고구려 유적과 관련된 백제의 군사 유적은 물론 주거 유적과 분묘유적도 함께 고려되어야 할 것이다. 이를 통해 고구려 유적의 성격도 보다 자세히 드러나게 될 것이므로, 고구려와 백제 유적은 역사적 맥락을 충분히 고려하며 더불어 연구되어야 한다.

셋째, 개발의 위협 속에 방치되어 있는 고구려 유적의 보호가 먼저 이루어져야 한다. 불행 중 다행으로 고구려의 성곽 유적은 경기 북부라는 특수한 상황으로 말미암아 군사시설 보호구역 내에 위치한 경우가 많았기에 상대적으로 개발로 인해 파괴가 덜 이루어져 서울을 중심으로 위치한 백제 유적에 비해 그 수에 있어 우위를 보이고 있다. 하지만 지방자치제 출범 이후 계속되는 지역 개발로 인해 이들 유적들의 안전도 보장할 수 없게 되었으며, 실제로 상당한 훼손이 있었다. 이들 유적들은 경기도 내의 고구려 역사를 조명하는데도 중요하지만, 경기도의 고대 정치, 사회 그리고 문화를 구명하는데도 없어서는 안 되는 중요한 고고학적 · 역사적 자료들이다. 예컨대, 성곽의 형식과 축조방법뿐만 아니라, 고구려 성곽의 입지에 대한 연구는 당시 고구려와 대치하던 백제의 상황에 대한 정보를 제공하며, 더 나아가 신라와 고구려의 관계까지도 유추를 가능하게 한다. 따라서 이들 유적의 중요성은 아무리 강조해도 지나침이 없으며, 이들 유적들의 보존에는 경기도가 앞장서야 한다.

마지막으로 강조해야 할 사항은 앞에서 언급한 것처럼 추후 유적의 효과적인 활용 문제이다. 유적의 연구와 정비는 유적을 올바르게 보존하고, 후세에 이를 온전히 물려주기 위한 중요한 작업이다. 유적의 정비 방안을 수립할 때에는 유적의 학술적 고증에 바탕을 둔 관광자원의 활용도 함께 고려되어야 한다. 그래야만 이들 유적의 가치를 높일 수 있는 정비 방안이 수립되고 진행될 수 있다.

통시적으로 본 한강유역 통상권

일제 시대에 조성된 한국문화의 식민사관을 대표하는 단어로 타율성, 사대성, 정체성과 반도성이 있다. 그 중 반도성은 한반도의 지정학상 문화의 교량역할을 의미한다. 그러나 한반도에서 확인되는 고고학 자료는 한반도 지역이 '문화가 통과하여 남의 나라에 전파만 시켜 주었던 단순한 다리' 역할만을 수행했다기보다는 선사시대 이래 북방 초원지대, 중국 동북삼성과 러시아의 바이칼-아무르 지역에서부터 전래되는 시대에 따라 여러 지역에서 발생한 다양한 문화를 수용해 왔으며, 또 이를 토대로 나름대로 독특한 특징이 있는 문화를 형성하였음을 보여준다. 비록 이러한 증거들이 아직은 영세하고 구체적이지 못하나 최근 발굴조사된 자료들은 선사시대 이래 한반도 지역에서 발생했던 문화의 전파 및 수용 과정을 시대별로 파악하는 것을 가능하게 한다. 일본에로의 문화 전파를 고려하지 않더라도, 한국 문화는 마치 문화 전파라는 철도의 종착역에 다다른 듯한 복합적이고 다원적인 요소를 갖추고 있다.

경기도 일대, 특히 한강 유역에서 지금까지 확인된 선사시대, 즉 구석기, 신석기 및 청동기시대 유적의 절대수는 아직 그리 많지 않다. 따라서 한반도의 중심부라는 지정학적 조건을 갖춘 경기도 지역이 선사시대의 한반도 또는 한반도를 포함한 동북아시아 지역에서 담당하고 수행했던 역할을 파악할 수 있는 고고학적 증거 역시 아직은 미미하다 하겠다. 그러나 역사시대에 이르러서는 그 양상에 상당한 변화가 있었다. 즉, 경기도 지역은 철기시대 전기(기원전 400~기원전 1년), 철기시대 후기(삼국시대 전기 서기 1~300년), 삼국시대 후기(서기 300~660년)에 등장했던 위만조선(기원전 194~108년)과 낙랑과 대방(기원전 108~서기 313년), 마한(기원전 3/2세기~서기 5세기 말/6세기 초), 한성시대의 백제(기원전 18~서기 475년)와 고려(서기 918~1392년)와 조선(서기 1392~1910년)에 걸쳐 한강 유역을 중심으로 한 경기도는 한국사의 중심무대로 대두되었다.

상품(goods)과 용역(service)의 집합 및 분산 그리고 이동을 의미하는 용어로는 '직접 접촉에 의한 교역 또는 무역'(direct contact trade), 교역(trade)과 중심지 교역(central place trade) 등 세 가지를 들 수 있는데, 여기에 문화적인 의미를 부여한다면 Joseph Caldwell이 기원전 300~700년경 오하이오, 뉴욕과 미시시피 주에서 융성했던 중기 우드랜드(Middle Woodland)의 호프웰 문화를 설명하면서 제시한 용어인 Hopewellian Interaction Sphere(호프웰 통상권)를 추가할 수 있다. 예를 들어 위만조선은 중심지 무역, 마한과 낙랑·대방과는 직접 접촉에 의한 무역 또는 교역을 했다고 표현할 수 있겠다.

최근 경기도 지방에서 발견된 대표적인 구석기 유적으로는 남양주시 호평동을 들 수 있다. 호평동 제2문화층(3b지층)에서 벽옥(jasper), 옥수(chalcedony)를 비롯한 흑요석(obsidian)으로 만들어진 석기들이 많이 출토되었으며, 유적의 연대는 23,000~16,000 B.P.로 후기 구석기시대에 속한다. 옥수와 흑요석의 돌감 분석결과가 아직 발표되지 않았고, 비교가 가능한 고고학 자료의 축적이 부족해 그 원산지나 기원을 이야기하기는 아직 이르나 지금까지의 연구 결과에 따르면, 내몽고, 중국 그리고 백두산 등 다양한 지역으로부터 반입되었을 가능성이 크다. 최근 발굴·조사된 중국 산서성 벽관(薛關) 하천(下川), 산서성 치욕(峙峪)과 내몽고 사라오소(薩拉烏蘇)골, 러시아의 알단강 유역, 쟈바이칼과 우스티까라꼴(Ustikaracol) 등이 이 유적과 관련이 있을 것으로 추정되고 있다.

최근 확인된 주목할 만한 신석기시대 유적으로 파주 주월리 유적을 들 수 있다. 교란된 집자리에서 연옥(軟玉, nephrite) 장식품이 세 점 출토되었는데, 이들은 중국의 내몽고 요령 건평현과 능원현의 우하량과 동산취 유적으로 대표되는 홍산문화 또는 절강성 양저(良渚)문화와 비교될 수 있는 외래적인 것으로 인식되고 있다. 강원도 고성 문암리(사적 제426호)에서 출토된 결상이식(玦狀耳飾) 역시 중국 능원 우하량으로 대표되는 홍산문화와의 관련성 여부가 논의되고 있다. 우리나라 신석기시대의 옥산지에 대해서는 별로 알려진 바가 없으며, 춘천 및 해남 등지에서 신석기시대에 옥이 출토된 바 있으며, 청동기시대에 이르러서는 진주 남강댐 수몰지구에서 조사된 옥방(玉房) 유적에서 옥이 가공되어 다른 지역으로 전달되었음이 알려진 정도이다. 또 최근 안성 공도 만정리 5·6지구에서 비취옥에 가까운 연옥 장식품(모자에 붙는 장신구일 가능성이 있음)이 출토된 바 있는데, 그 원산지는 중국 요령 수암(岫岩)이나 신강(新疆) 위굴[維吾爾] 자치구의 허탄(和田)일 가능성이 높다. 또 제주 삼양동(사적 제416호)이나 풍납동토성(사적 제11호) 내 미래마을에서 출토된 연옥제 장식품과 이 시기 여러 다른 유적들에서 출토된 옥들은 낙랑 및 대방과의 교역을 통해 유입된 중국제, 즉 하남성 남양(河南省 南陽)의 독산(獨山)과 밀현(密縣) 옥산지(玉産地)에서 나온 제품일 가능성이 있는 것으로 알려져 있는데, 이러한 내용을 입증하기 위한 과학적 분석이 시급하다.

청동기시대의 한반도 토착민들은 주된 묘제로 지석묘를 채택하였다. 다시 말해 이들은 기원전 15세기부터 기원전 1년까지 약 1500년간 한반도에 살았던 청동기 및 철기시대 전기(기원전 400~1년) 문화의 주역이었다. 앞선 구석기 및 신석기시대와는 달리 청동기시대 이래 다원적인 주변의 문화를 수용한 한반도의 문화는 상당한 다양성을 창출해 나가기 시작했던 것 같다. 돌대문(突帶文) 토기는 강원도 춘성군 내평 유적에서 신석기시대 후/말기의 전면 또는 부분빗살문토기와 함께 기원전 2000~1500년경 처음 등장하는데, 최근에는 인천 계양구 동양동에서도 확인된 바 있다. 이들 토기들이 인천 백령도, 연평 모이도, 소야도, 용유도, 산청 단성면 소남리(101호 주거지)에서 보이는 것은 신석기시대 후/말기에 무문토기인들이 빗살문토기인과 공존했거나 문화를 계승하는 양상을 보여준다는 측면에서 매우 중요하다. 그리고 '요(凹)'자형 바닥 토기는 경기도 가평군 외서면 청평 4리, 강원도 횡성군 공근면 학담리와 춘천 거두리에서도 출토되는데, 이들은 아무르 강 중·상류의 얀콥스키, 리도프카, 끄로우노프카(옥저)와 뽈체(읍루) 등지에서 자주 보이는 러시아·연해주 계통의 문화로 알려져 있다. 특히 끄로우노프카(옥저)가 밀접한 관련이 있을 것으로 추정된다. 뿐만 아니라 키토이-이자코보-세로보-아파나시에보-오꾸네보-안드로노보-카라스크-따가르를 잇는 문화계통 중 카라스크와 따가르의 석관묘도 북방 초원지대에서 몽고와 바이칼 루트를 따라 내려와 한반도 청동기시대 지석묘사회와 합류했다. 또 아무르 강 유역에서 발현한 암각화문화 역시 울주 언양 대곡리(국보 제285호)와 울주 두동면 천전리(국보 제147호), 고령 양전동(보물 제605호), 포항 인비동, 밀양 상동 안인리를 거쳐 남원 대곡리에 이르면서 기존의 토착 지석묘사회에 융화되었다. 최근 인천 동양동과 가평 청평리 유적 등에서 문화의 다원적 요소를 추정할 수 있는 자료가 확인되고 있는데, 우리나라 철기시대의 시작을 알리는 지표로 인식되는 점토대토기는 기원전 5세기로 편년되는 중국 심양(瀋陽) 정가와자(鄭家窪子) 토광묘에서 기원한 것으로 이해되는데, 양평 미금리와 용문 원덕리 그리고 멀리 강릉 사천 방동리와 송림리, 화성 동탄 동학산, 안성 원곡 반제리(사진 28~30)와 공도 만정리, 수원 고색동, 파주 탄현면 갈현리 그리고 전라북도 완주 이서 반교리 갈동(사진 31~32),

사진 28. 안성 원곡 반제리 종교·제사유적(중원문화재연구원 발굴)

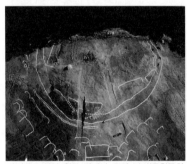

사진 29. 안성 원곡 반제리 유적 전경(중원문화
재연구원 발굴)

사진 30. 안성 원곡 반제리 유적 출토, 이중구연에 단
사선문이 있는 토기(중원문화재연구원 발굴)

경남 사천 방지리 등이 이에 해당하는 유적들이다. 이러한 양상들을 통
해 한반도의 청동기 및 철기시대 전기에 북방계통의 문화들이 폭넓게

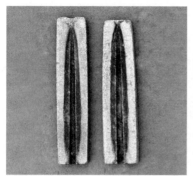

사진 31. 완주 이서 반교리 갈동 토광묘 출토 세
형동검 거푸집(호남문화재연구원 발굴)

사진 32 완주 이서 반교리 갈동 토광묘 출토 꺽창
(동과) 거푸집(호남문화재연구원 발굴)

수용되었음을 알 수 있다.

한반도 최초의 고대국가였던 위만조선이 존재했던 기원전 194년부터
기원전 108년까지의 시간대는 한국고고학의 시대구분상 철기시대 전기
에 해당한다. 위만조선이 한나라 무제의 원정군에 의해 멸망한 해는 기
원전 108년으로 『사기』를 편찬한 사마천(기원전 145~87년)이 37세 때
이다. 위만조선의 도읍지였던 평양에 낙랑, 그 아래 지역에 대방이 설
치되었고, 이들을 통해 한나라의 발달된 문물이 한반도로 쏟아져 들어
온다. 한나라로부터 유입된 대표적인 문물로 토광묘와 한자를 꼽을 수
있으며, 진나라와 한나라에서 사용되던 무기, 특히 과(戈)와 한식토기
(漢式土器)의 유입 역시 당시 상황을 고고학적으로 입증해 준다. 가평
달전 2리(사진 33~34)에서 확인된 토광묘에서는 서한대(西漢代)의 철과
[鐵戈, 극(戟)으로 이야기 할 수도 있으나 최근 중국 서안박물관에서 과

로 표현]와 한식도기 그리고 위만
조선시대의 화분형토기가 출토되
었다. 가평 대성리 '철(凸)'자형
집자리에서는 무문토기와 낙랑도
기가 함께 출토되었으며, 양평군
양수리 상석정과 가평대성리 '철
(凸)'자형, '여(呂)'자형 및 팔각형
집자리에서 한나라도기(사진
35~37)가 여러 점 보고 되었는데,
화성군 기안리 풍성아파트 유적에
서도 같은 양상이 확인되었다. 또
연천 학곡리 적석총에서 출토된
한나라도기(사진 17)의 연대는 공
반유물을 통해 기원전 1세기경으
로 추정되었으며, 연천 삼곶리와
군남리에서도 적석총이 발굴된 바
있다. 경기도 지역에서 확인된 적
석총은 백제의 건국 신화에 백제
가 고구려로부터 남하한 세력임이
명시된 점과 부합된다. 또 적석총
의 분포상은 한성시대 초기 백제

사진 33. 가평 달전 2리 토광묘(한림대학교 박
물관 발굴)

사진 34. 가평 달전 2리 토광묘 출토 화분형토
기(한림대학교 박물관 발굴)

사진 35. 양평 양수리 상석정 철자형(凸字形) 집자리(성균관대학교 박물관 발굴)

사진 36. 양평 양수리 상석정 유적 출토 한나라 도기1(성균관대학교 박물관 발굴)

사진 37. 양평 양수리 상석정 유적 출토 한나라 도기2(성균관대학교 박물관 발굴)

의 영역과 밀접한 관련이 있는 고고학 자료이기도 하다. 한나라가 위만 조선의 고지(故地)에 설치했던 낙랑군 및 대방군과의 직접적인 접촉을 통한 무역 또는 통상권의 관계는 『삼국지』 위지 동이전에 자세히 기록되어 있으며, 그 기록은 최근 고고학적 자료를 통해서도 입증되고 있다. 즉, 경남 사천 늑도에서는 진시황이 중국을 통일한 해인 기원전 221년부터 사용되었던 반량전(半兩錢), 회청색경질도기를 비롯한 한나라도기, 무문토기와 일본의 야요이(彌生) 토기 등이 함께 출토된 바 있는데, 이러한 공반 관계는 위지 동이전의 기록을 고고학적으로 입증해 주는 고고학 자료임은 물론 기존 학계에서 통용되던 한국 철기시대 전기의 문화상과 편년을 재고할 필요성을 강력하게 제기한다.

한성백제(기원전 18년~서기 475년)는 마한의 바탕 위에서 성립하였다. 마한을 특징짓는 고고학 자료로는 토실과 주구묘, 조족문 및 거치문 등의 문양이 시문된 토기 등을 들 수 있다. 마한의 존속 시기는 기원전 3/2 세기에서 서기 5세기 말/6세기 초로 볼 수 있으며, 공간적으로는 경상도 지역을 제외한 한반도 중남부 지역, 즉 경기도에서 전남에 걸친 지역에 걸쳐 분포하는 것으로 알려져 있다. 구체적으로는 고양 멱절산, 화성 동탄 오산리 감배산, 남한산성 행궁지, 용인 죽전, 보정리 수지 빌라트와 구성면 마북리, 기흥 구갈리, 가평 대성리와 인천 계양구 동양동 등지에서부터 군산 내흥동에 이르는 지역에서 토실과 주구묘가 확인되었다. 온조왕 13년(기원전 6년) 마한으로부터 영토를 할양받은 이후 백제는 마한 세력을 점차 잠식해 들어갔다. 즉, 백제가 한성-공주-부여로 수도를 옮겨감에 따라 마한의 중심지 역시 천안·성환·직산-익산-나주 등으로 그 세력이 축소 이동되어 갔다. 초기의 백제는 마한의 일부라고 해도 과언이 아니어서 고고학적으로 마한과 구분할 수 없을 정도로 유물이 마한과 유사하나 매우 빈약하다. 이런 점에서 『삼국사기』 백제본기 온조왕 15년조의 '춘정월(春正月) 신작궁실(新作宮室) 검이부루(儉而不陋) 화이부치(華而不侈)'라는 기록이 이해된다. 온조왕 41년(서기 23년)에는 위례성을 수영(修營)하였다는 기사가 있는데, 이 기사는 풍납동토성의 동벽과 서벽 아래에서 출토된 무문토기와 관련하여 주목할 필요가 있다. 즉 이들 무문토기를 성벽의 축조와 관련지어 생각해 볼 때 이들 무문토기의 연대는 아무리 늦어도 서기 1세기 이상 내려갈 수 없으며, 함께 출토된 개와 편도 진, 한나라나 낙랑의 영향을 받은 것 역시 주목된다.

낙랑과 대방을 통해 전래된 중국 한나라의 도기는 마한, 변한, 진한 및 동예인들에게 있어 상당한 충격을 주었을 것이다. 기껏해야 섭씨 573~700도 내외의 화도(火度)로 앙천요(최근 안성 공도 만정리 5·6지구에서 그 예가 발견됨)에서 소성되던 무문토기와 섭씨 1,000도 정도의 고온으로 등요에서 소성된 한나라도기의 비교는 엄청난 기술적인 격차를 실감하게 했을 것이다. 처음에는 직접 교역에 의존해 힘들게 얻은 한나라도기와 재래의 무문토기가 함께 사용되었을 것이다. 당시 한나라도기는 매우 구하기 힘든 고가품이었을 것이다. 전술하였듯이 무문토기와 한나라도기 사이에는 상당한 기술적 차이가 존재했으며, 이 기술적 차이를 극복하고 한나라도기를 모방해 자체적으로 제작하는 데는 적어도 200~300년이라는 긴 시간이 필요했을 것으로 생각된다. 진천 삼룡리

(사적 제344호)와 산수리(사적 제325호) 유적에서 확인된 요지(窯址)들은 당시 한반도 주민들이 한나라도기를 모방·제작했음을 보여주는 고고학적 증거들이다. 따라서 마한 또는 백제유적에서 출토되는 진품의 한나라도기 혹은 모방품들은 해당 유적의 편년 근거를 제공한다.

한편 마한 54국 상호간의 지역적 통상권 및 그 고고학적 증거를 확인하는 작업은 매우 중요하며, 또 그 내부에서 발전해 나온 백제와 마한과의 문화적 상사성과 상이성을 밝혀내는 작업 역시 매우 중요하다. 이러한 관점에서 볼 때 전남 함평 대창리 창서 유적에서 발견된 토기바닥에 그려진 인물도는 매우 흥미롭다. 그 인물은 우리 마한인의 전형적인 모습이라기보다는 코가 큰 백인종에 가까운데, 이는 당시 마한의 통상권이 한반도와 중국을 포함한 동북아시아에 국한되지는 않았음을 의미하며, 앞으로 이에 대한 연구가 진행되어야 할 것이다.

백제 제13대 근초고왕, 고구려 제19대 광개토왕과 제20대 장수왕 그리고 신라 제24대 진흥왕 등은 각각 가장 활발한 영토 확장을 꾀한 삼국의 왕들이다. 백제의 근초고왕은 서기 369년경 천안 용원리에 있던 마한의 목지국 세력을 남쪽으로 몰아내고, 북으로는 평양에서 제16대 고국원왕을 전사시켰다. 고구려의 광개토왕과 장수왕은 그 보복으로 해로로 강화도 대룡리에 있던 것으로 추정되는 화개산성과 인화리 분수령을 거쳐 한강과 임진강이 서로 만나는 지점에 위치한 백제시대의 퇴뫼식 산성인 관미성을 접수하고, 육로로는 파주 월롱산성과 덕진산성을 거쳐 임진강과 한강을 관장하고 계속 남하하여 하남 이성산성까지 이르렀다. 고구려는 남쪽으로 포항 냉수리, 순흥 읍내리와 대전 월평동 산성에까지 도달했다.

한편 신라는 제24대 진흥왕 12년(551) 또는 14년(553) 한강유역에 진출하여 신주를 형성했는데, 근초고왕 때(371년경) 이후 고구려 산성을 모방하여 처음 쌓은 석성인 하남 이성산성에서 보이는 신라 유물들이 이를 입증한다. 신라, 고구려와 백제 삼국은 모두 임진강과 한강 유역을 점유하려 노력했음을 알 수 있다. 이 일대는 전쟁을 통해 자연스럽게 통상권 또는 물류유통망이 형성되었던 지역으로 정치·사회·경제적으로 매우 중요했음을 알 수 있다. 이를 입증하는 고고학적 증거들이 최근 활발하게 보고되고 있는데, 인천 영종도 퇴뫼재 토성, 청원 부강동 남성골 산성, 이천 설성산성과 설봉산성, 고양 멱절산성, 파주 월롱산성, 연천 은대리성과 당포성 그리고 파주 덕진산성 등이 그 좋은 예들이다. 이러한 관계는 고구려 소수림왕(372), 백제 침류왕(384)과 신라 제23대 법흥왕(527) 때 정치적 기반을 굳게 하기 위한 불교의 수용과 전파를 통해 확대된다. 백제의 불교수용 초기 절터로는 하남 천왕사(天王寺)를 들 수 있다.

삼국시대 후기(300~660년)와 고려시대(918~1392년)에는 한자의 전반적인 보급과 더불어 중국 일변도의 문화수용이 이루어졌다. 화성시 송산면 상안리의 당성[唐城, 당항성(唐項城), 고당성, 사적 제217호]은 신라 말 고려 초에 축조된 성으로 여겨지나 그 주위의 자성(子城)들은 삼국시대에 만들어지기 시작했다. 이 일대는 남양리성-당성-광평리로 이어지는 남양장성의 남양반도 해양 방어체계의 중심지이며, 안성천 하류와 아산만 등은 당시 중국과의 무역 중심지이자 중요한 해안 무역 기지였다. 이웃하여 백제시대의 화성 백곡리 고분과 평택 자미산성, 통일신라-고려시대의 안성 봉업사(奉業寺), 12~14세기 고려 무역항구 중의 하나인 안산 대부도 육곡 소재 고려고분(석곽묘와 토광묘) 등이 모두 당성을 중심으로 분포하고 있음은 이 일대가 삼국시대 이래 군사·교통·무역의 중심지였음을 방증해 준다. 안성 봉업사에서는 오대(五代) 형요(邢窯)와 정요(定窯), 북송(北宋)대의 정요(定窯), 북송 말-남송 초의 경덕진요(景德鎭窯) 등 중국계 도자기가 다량으로 출토되는데, 이들 도자기들은 이웃한 여주(驪州) 원향사지[元香寺址, 사자산파 징효대사 절중(折中)이 영월 흥녕사에서 옮김]에서 출토된 도자기들과 쌍벽을 이룰 정도인데, 이들은 모두 중국에서 수입된 것들이다. 그리고 안산 대부도 육곡은 12~14세기에 활약하던 6품 이하의 지위가 낮은 고려시대 무역상인들의 근거지 중의 하나로 상등품(上等品)은 아니지만 베개를 비롯한 질 좋은 여러가지 형태의 고려자기, 숭녕중보와 같은 중국화폐 그리고 오늘날의 택배와 같은 의미가 있는 '돈수성봉(頓首誠封)'이라는 글자가 확인된 봉니용(封泥用) 인장(印章)이 출토된 바 있다. 이 시기에는 김윤후(金允侯)가 몽골 장수 살리타이[撒禮塔]를 사살했던 용인 처인성(處仁城) 전투(고종 19년 1232년), 최충헌(崔忠獻)-최우(崔瑀, 또는 怡)-최항(崔沆)으로 이어지는 최씨 집권 및 강화천도(고종 19, 1232년~원종 1년, 1260년) 등이 있었던 국내외의 급박한 정치상황이 겹치는 때이기도 했다. 한편 파주 진동면 서곡리의 권준 벽화묘(1352년)는 중요한 고려 말의 고고학 자료이다.

　현재의 영세한 자료를 가지고 선사 및 역사 시대 경기도의 통상권을 포함한 물류유통 중심지를 구체적으로 논의하는 데는 상당한 무리가 따르는데, 이는 시대와 환경에 따라 많은 변화가 있기 때문이다. 19세기 말의 일련의 사건들, 즉 제물포조약(1882년, 고종 19년), 인천 개항(開港, 1883년, 고종 20년)과 경인선 개통(1899년, 광무 3년) 등이 있은 이후 인천은 오랫동안 우리나라의 물류유통 중심지가 되었다. 또 1679년(숙종 5년) 초축된 강화도 화도 돈대를 비롯한 12진보 53개의 돈대도 중요한 연구대상이 된다. 최근에는 통일 이후를 대비한 임진강 및 한강 유역의 파주와 개성단지, 그리고 앞으로 예상되는 중국과의 무역창구로서의 서해안 무역 중심지로 떠오르고 있는 평택 등이 각광을 받고 있다. 이는 현재 서해의 방어를 책임지는 해군 제2 함대가 평택에 본부를 두고 있음으로도 입증되는데 통상권 및 무역루트로는 일찍부터 육로보다는 해로에 더 무게가 실려져 왔다.

제5부 한국고대사의 새로운 이해

●
●
●

고고학과 고대사

　수많은 학자들이 고고학과 역사학의 학문적 관계에 대해 언급해 왔는데, 그 중 대표적인 고고학자로 그라함 클라크(Grahame Clark)나 고든 차일드(Gordon Childe) 등이 있다. 고고학과 역사학을 여러 기준으로 구분 및 구별할 수 있지만, 가장 중요한 기준은 연구대상 시기의 문자 기록의 유무이다. 즉 고고학은 기록이 존재하는 역사시대를 다루는 역사학과는 달리 문자가 없는 시대, 즉 선사시대를 연구 대상으로 하며, 이 때문에 선사시대를 연구하는 선사고고학을 선사학이라고 부르기도 한다.

　문자의 발명은 세계 4대 문명 또는 7대 문명 중 하나인 메소포타미아의 수메르(Sumer) 문명에서부터 이루어졌는데 그 연대는 늦어도 기원전 3100년경이다. 문자는 이집트, 인더스, 상(商) 등의 초기 문명에서도 등장하지만, 마야 문명(서기 300~800년), 아즈텍(서기 1325~1521년)이나 잉카 문명(서기 1438~1532년)의 경우에는 숫자가 적힌 비문과 결승문자(結繩文字)가 발달된 문자체계를 대신했다. 문자만을 기준으로 한

다면 지구상에 존재하는 거의 대부분의 문화들은 선사시대에 속하게
된다. 그리스 문명이 유입되기 이전의 유럽지역도 선사시대의 범주에
서 벗어나지 못했으며 최근까지 존재했던 오스트레일리아의 타스마니
아(Tasmania) 문화나 북극의 에스키모 문화 역시 문자기록이 없는 선
사시대에 속하게 된다.

역사학은 기록에 의거하여 인간의 경험을 연구한다. 반면에 고고학은
선사시대이건 현대사회이건 간에 지표조사, 발굴, 유물의 기술, 유물의
분석 등 여러 과학적 기법에 의거해 인류문화와 기술을 연구하는 학문
으로 클라크는 고고학을 '과거를 후원하기 위한 수단으로서 유물을 체
계적으로 연구하는 학문' 이라 정의한 바 있다. 그런데 오늘날 고고학의
학문적 경향을 보면 크게 두 가지 흐름으로 구분해 볼 수 있다. 그 중
하나는 1960년대까지 지속되었으며, 오늘날에도 과학적인 보조 수단에
의해 좀 더 발전된 양상을 보여주는 학문적 흐름으로 주로 유적 · 유물
의 형식분류와 그에 따른 편년에 입각해 문화사를 복원하는 전통적인
고고학(old 혹은 traditional archaeology; culture history)이고,
또 하나는 1960년대 이후 1980년대까지를 풍미했던 신고고학(new
archaeology/processual archaeology; culture process)이다. 신
고고학은 가설을 세워 이를 검증해 나가는 연역적인 방법론을 채택한
학문적 흐름으로, 이를 위해 컴퓨터를 포함한 여러가지 자연과학적 방
법을 이용하며, 더 나아가 문화과정의 설명을 위해 진화론적인 관점에
바탕을 둔 생태학과 체계이론(general system theory)까지 도입하고

있다. 한편 전통적인 고고학은 형식분류와 편년의 설정과 함께 역사의 흐름과 맥락을 중요시하면서 모든 자료를 기술 및 분류하고 이를 거쳐 귀납적인 결론을 이끌어내고 있다. 그러나 최근 이 두 가지 즉, 연역적인 신고고학과 귀납적인 구(전통)고고학은 서로의 장단점을 보완해 가는 경향이 눈에 띈다. 그리고 1980년대 이후 영국을 중심으로 탈과정주의 또는 후기과정고고학(post-processual archaeology)이라는 새로운 흐름이 등장하여 상징주의(symbolism), 의식주의(ritualism), 여성고고학, 제3세계 고고학 등의 새로운 연구에서 그 중요성을 인정받고 있다.

그러면 오늘날 한국 고고학의 연구경향은 어떠한가? 우리는 한국에서 고고학이 자라온 환경을 무시할 수 없는데, 아직 대부분의 현역 고고학 연구자들은 미국식 인류학적 배경보다는 자료의 분석 및 정리를 중시하는 형식분류(typology)와 편년(chronology)에 기반을 두고 있다. 따라서 한국 고고학 연구의 주된 흐름은 아직도 1940~50년대의 주류인 형식분류와 편년에 중점을 두고 있다.

한국사에서 고고학과 역사학의 결합은 단군조선시대부터 논의될 수도 있겠지만 『삼국유사』, 『제왕운기』, 『조선왕조실록지리지』(朝鮮王朝實錄地理志) 등에 실린 단군조선관계 기사들은 신화의 차원에 머물러 실제로 역사학과 고고학에서 활용될 수는 없는 실정이다. 『삼국유사』 기이편 고조선조(古朝鮮條)에 인용된 위서에 따르면, 단군조선이 아사달(阿斯達)에서 건국한 것은 당고(唐古, 堯)와 동 시기이다. 그리고 같은 책의 고기는 당고가 즉위한 지 50년째인 해가 경인년(庚寅年, 실제로는 정사년)이라 하고 있어 실제 단군조선이 존재했었다면 그 존속 기간은 기원전 2333년부터 은(殷)의 기자(箕子)가 무왕(武王)때 조선으로 온 해인 기원전 1122년[주나라 무왕(武王) 원년 을묘년]까지가 된다(그러나 董作賓의 견해에 따르면 무왕 11년 즉 기원전 1111년). 따라서 단군조선이 실제로 존재하여 고고학과 결부된다면, 그 시간대는 한국 고고학의 시대구분상 신석기시대 중기 말 또는 후기에 해당된다.

그러나 단군조선 시기에 역사학과 고고학이 결합되기에는 실질적으로 상당한 무리가 있다. 그런데 1990년대 중반 북한 사회과학원은 평양 근교 강동군 강동읍 서북쪽에 위치한 대박산 기슭에서 소위 단군릉을 발굴하고 조선중앙방송과 조선통신을 통해 그 무덤의 구조, 금동관 파편과 단군 뼈라고 주장된 인골을 공개한 바 있으며, 이에 근거하여 중국 집안 소재 광개토왕릉과 유사한 거대한 규모로 단군릉을 복원하는 등 거국적인 사업을 시행한 바 있다. 그 주요 내용을 살펴보면, 고조선의 중심지는 평양 강동군 대박산 단군릉을 중심으로 하는 평양 일대이며, 평양 근처에서 확인된 검은모루봉인(원인), 역포인과 덕천인(고인), 승리산인(신인), 만달인(중석기인), 신석기인(조선 옛유형인) 등 일련의 고인류의 존재를 통해 볼 때 평양에서는 옛부터 인류의 조상들이 지속적으로 살아왔음을 알 수 있다고 한다. 또 고조선의 문화는 지석묘(고인돌)와 비파형동검(요령식 또는 만주식동검)으로 대표되는데, 고인돌과 비파형동검의 연대를 고려할 때 고조선의 시작은 기원전 30세기까지 거슬러 올라간다고 한다. 기존의 주장대로 대동강 문명의 소산인 고조선 사회를 노예제 사회(국가)로 인식하며, 평남 성천군 용산리(5069 B.P., 기원전 3019년)의 순장묘 등이 이를 입증하는 고고학적 증거라 제시되었다. 북한 학계의 이러한 주장은 일관성 있는 논지의 전개로 일견 합리적으로 보이기도 하지만, 다음과 같은 문제점들을 지니고 있다.

첫째, 연대문제를 들 수 있다. 즉, 기원전 2333년부터 기원전 194년까지 존속했다고 주장되는 단군 및 기자 조선의 실존 여부를 파악하는데 어려움이 있으며, 만약 실존했다 하더라도 그 존속 연대를 한국 고고학 편년에 대입시켜보면 신석기시대 중기(기원전 4000~3000년) 말에서 후기(기원전 3000~2000년)에 해당된다. 둘째로 지리적인 문제를 들 수 있는데, 고조선의 대표적인 유물로 제시된 고인돌과 비파형동검은 오늘날의 요령성과 길림성 일대를 중심으로 분포하고 있어 평양이 고조선의 중심지일 가능성은 거의 없다. 셋째로는 소위 단군릉에서 출토되었다는 인골의 연대 문제를 들 수 있다. 기원전 3018년이란 연대가 출토 인골의 연대로 제시되었는데, 이는 단군의 건국 연대인 기원전 2333년보다 685년이나 앞서며, 연대측정에 이용된 전자상자공명법(electron spin resonance)은 수십만 년 내지는 수백만 년 된 유물의 연대를 측정하는데 사용하는 방법으로 알려져 있어 이 경우에는 적당하지 않은 연대측정방법으로 알려져 있다. 넷째로는 인골이 출토된 유구의 문제이다. 중심부에 연도가 설치된 평행삼각고임 천정의 돌칸흙무덤[石室封

土壙]에서 인골이 출토되었다고 하는데, 북한 학계에서 주장하는 단군조선 시대의 주된 묘제는 적석총과 고인돌이다. 즉, 무덤 자체의 형식으로 보아 소위 단군릉이라 주장된 유구는 고구려 후대의 무덤으로 그보다 훨씬 연대가 올라가는 단군의 무덤이라고 할 수 없다. 다섯째로 유구 내부에서 출토되었다고 하는 도금된 금동관편 역시 무덤과 마찬가지로 고구려 유물일 가능성이 크다. 따라서 이 유구에서 출토된 인골의 주인공은 기자조선 또는 단군조선시대의 인물이라기보다는 고구려의 유력인사였을 가능성이 높다 하겠다. 여섯째는 단군이 한국사에 처음 등장한 시점과 관련된 문제이다. 현 시점에서 단군의 실존 여부를 확인할 수 있는 방법은 없지만, 현 우리학계는 단군이란 존재는 실존인물이라기보다는 몽고의 침입이 잦았던 고려 말이나 일제의 침략이 있었던 조선말 민족의 구원자 겸 구심점으로 상징적인 역할로 대두되었던 가상의 인물로 인식하고 있다. 이런 문제점들을 고려해 볼 때 북한 학계가 주장하는 소위 단군릉은 피장자를 알 수 없는 한 고구려 무덤이 단군릉으로 변조된 것으로 밖에 볼 수 없으며, 단군릉을 주장하는 북한 학계의 입장은 학문적인 것이라기보다는 정통성 확보를 위한 정치적인 입장으로 이해할 수밖에 없다.

한국사에서 역사학과 고고학의 결합은 『사기』 조선열전(朝鮮列傳)과 『한서』 조선전(朝鮮傳)에 보이는 우리나라 최초의 고대국가인 위만조선(기원전 194~108년)을 그 시작으로 볼 수 있다. 위만조선은 한국 고고학 시대구분상 철기시대 전기(종래의 초기 철기시대, 기원전 400~기원전 1년)에 실존했던 사회로 당대의 문화 내용이 어느 정도 알려지고 있다. 이후 삼한시대까지는 문헌의 보조를 필요로 하는 원사시대라 할 수 있는데, 원사시대란 해당 지역에는 아직 문자의 사용이 이루어지지 않았지만 주변 지역에서는 이미 문자가 보편적으로 사용되어 그 영향을 받았던 부차적인 선사시대라 정의된다. 따라서 원사시대의 연구는 고고학뿐 아니라 역사학 또는 문헌학 등에 의해 보조될 수 있으므로 이 시기는 고고학과 고대사학이 결부될 수 있는 과도기적인 시기라고 할 수 있다. 우리나라의 경우는 철기와 토기 제작기술의 발달로 특징지어지는 삼국시대 전기(종래의 원삼국시대 또는 삼한시대, 서기 1~300년)가 원사시대에 해당된다. 이 시대는 『삼국지』 위지 동이전 등의 문헌 기록과 화천(貨泉)·동경(銅鏡) 등의 고고학 자료로 대변된다. 『삼국사기』에 따르면 이 시기에 고구려(기원전 37년), 백제(기원전 18년)와 신라(기원전 57년)의 국가성립이 이루어졌다. 철기시대 전기와 삼국시대 전기(원삼국시대)는 고고학뿐만 아니라 고대사에서 다루어지는데, 우리는 아직 이 시기에 대해 모르는 측면이 많고, 문헌기록과 고고학 자료를 일치시키기 위해서는 보다 많은 연구가 필요하다. 그런데 최근 고고학과 고대사학계에서는 가능하면 신뢰할 수 있는 문헌 기록을 통해 고대사를 새로이 해석하려는 경향이 대두되고 있으며, 그 일환으로 문헌기록에 의거하여 국가의 기원 및 체제 사회내용 등을 파악하려 노력하고 있다.

1993년 12월 부여 능산리 고분군과 나성 사이의 공방 터[바로 옆에 있는 능산리 고분군의 원찰(願刹)격인 종묘로 여기서 백제 제27대 위덕왕(威德王)인 창왕 13년명(서기 567년)이 있는 사리감이 발견된 바 있음]로 추정되는 건물터에서 백제시대의 금동대향로[국보 287호, 溫玉成은 백제금동대계금마산제조대향로(百濟金銅天鷄金馬山祭祖大香爐)라고 부름]가 출토되었다. 이곳에서는 보희사(寶喜寺) 및 자기사(子基寺)란 명칭이 나온 죽간문(竹簡文)이 나와 원래의 이름이 보희사 또는 자기라는 절일 가능성도 있다. 이 향로는 기록에 전하지 않은 백제사 및 문화의 공백을 상당 부분 채워 줄 만한 것으로 세인들의 주목을 끌었다. 특히 몸체의 아랫부분에 표현된 물고기-용-인간(왕세자)의 모습은 왕가의 전통이나 태자에게 이어지는 왕권의 계승을 상징하는 것으로 해석된다. 다시 말해 이 향로는 왕가의 왕권계승과 왕실 전통의 표현, 즉 용으로 상징된 백제왕조의 '탄생설화'를 기록한 것으로 추정된다. 따라서 이 향로는 비록 글로 씌어진 것은 아니지만, 고구려의 건국자인 동명왕에 관한 서사시인 이규보의『동명왕편』, 고려 태조 왕건의 서사시인 이승휴의『제왕운기』그리고 조선건국신화인『용비어천가』등과 그 궤를 같이 한다 할 수 있다.

　단군신화의 후기적 형태인 주몽의 건국 신화는 기원전 59년 다섯 마리의 용을 타고 온 동부여의 건국자인 해모수와 그의 아들인 부루로부터 시작된다. 주몽이 하백녀 유화와 천손 해모수 사이에서 알로 태어난다는 것이 주몽의 난생설화이다. 주몽이 동부여의 건국자인 해모수의 서자라면 주몽과 부루는 어머니가 다른 형제가 된다. 해모수와 하백녀 사이에서 나온 주몽은 해모수의 아들, 손자와 증손자인 부루-금와 대소들로부터의 시기와 질투를 피해 졸본으로 가 고구려를 세운다. 그 연대가 기원전 37년이다.

그런데 그는 동부여에 있을 때 예씨(禮氏) 부인으로부터 얻은 아들인 유리에게 왕권을 세습한다. 주몽은 또 해부루의 서손인 우태(또는 구태)의 부인이었다가 나중에 주몽에게 재가한 소서노로부터 온조와 비류 두 아들을 둔다. 주몽의 아들이자 고구려의 제2대 왕인 유리를 피해 온조는 남하해 하북/하남위례성에 도읍을 정하고 백제를 세웠는데 이는 기원전 18년의 일이며, 이것이 백제의 건국설화이다. 즉, 백제의 건국자인 온조는 천손인 해모수나 용왕의 딸인 유화 같은 신화 속의 주인공으로부터 태어나지 않고, 주몽-소서노-우태라는 복잡하고도 현실적인 관계 속에서 출생하였으며, 배다른 형 유리를 피해 남천해 개국을 하였다. 따라서 백제가 부여와 고구려의 왕실에 대한 열등감을 극복하고, 백제 왕실에 정통성을 부여하기 위해 태자 책봉으로 이어지는 왕권 세습에 어느 왕실보다도 많은 신경을 썼으리라는 추리에는 별다른 무리가 없다. 백제 왕실과 고구려 왕실과의 미묘한 관계는 백제 제13대 근초고왕이 서기 371년 평양을 공격하여 고구려 제16대 고국원왕을 사살하는 전과를 올리지만, 평양을 취하지 않고 한성으로 되돌아왔다는 기록에도 잘 드러나는데, 이는 고구려에 대해 백제 왕실이 태생적으로 가질 수밖에 없었던 열등의식의 표출인 것이다. 이러한 상황에서 신화보다는 사실에 바탕을 둔 용으로 상징되는 왕권 계승 설화가 제29대 무왕대(600~641년)에 처음 만들어지게 되었고 그 설화가 금동향로(무왕 35년 서기 634년 제작)에 구현된 것으로 생각된다. 향로에 표현된 탄생 설화는 어느 특정 인물을 구체적으로 지목한 것이라기보다는 왕통을 계승하는 백제왕실의 전통을 상징한 것이며, 이후 이 향로는 왕실의 신물이 되었다고 해석할 수 있겠다. 이러한 해석이 가능하다면, 이 향로의 뚜껑에 표현된 도교적인 요소는 백제왕실의 사상이나 정치적 이상향의 표현일 수도 있겠다.

선사시대는 연구방법론상 역사시대와 독립되고, 문자사용에 의해 단절된 것처럼 보이지만 실제로는 시·공에 걸친 인류문화의 점진적 진보라는 커다란 흐름 속에 포함된다. 따라서 고고학 자료의 해석은 역사상의 유용성 또는 역사적 의미를 지녀야 한다. 최근 연구 경향에서 보이는 가장 합리적이고 바람직한 측면은 인류학적 모델의 설정과 이에 따른 고고학 자료의 해석 그리고 역사와 문화사적 흐름에의 대입 등으로 요약할 수 있다. 비록 연구 대상, 이론과 방법론, 학문적 배경 등에 있어 적지 않은 차이가 있지만, 커다란 역사적 흐름에 부응하고 그에 따른 의미를 부여할 수 있을 때 비로소 고고학은 그 자체로서도 의미를 지니고, 역사 서술에도 기여하게 될 것이다.

청동기 · 철기시대 연구의 새로운 방향

　최근 한국 고고학계의 연구동향을 보면, 남한 청동기시대의 상한이
기원전 20세기까지 거슬러 올라가며, 종래의 초기 철기시대와 원삼국
시대라는 용어가 철기시대 전기(기원전 400~기원전 1년)와 철기시대
후기 또는 삼국시대 전기(서기 1~300년)로 대체되는 경향이 있다. 철기
시대 전기는 종래 고(故) 김원용 교수가 『한국고고학개설』 제3판(1986,
일지사)에서 사용한 초기 철기시대를 대체한 용어이다. 초기 철기시대
와 원삼국시대란 용어는 이전 시기와는 비교할 수 없을 정도로 많은 고
고학 자료가 매년 새로이 추가되는 현 시점에서 더 이상 한국 고고학과
고대사의 시대구분에 적용하는데 상당한 무리가 있다. 필자는 1988년
제5차 고등학교 국사교과서 집필 이래로 1997년부터 2002년까지 국사
편찬위원에서 간행된 한국사 1~4권에 이르기까지 초기 철기시대와 원
삼국시대라는 용어를 배제한 새로운 시대구분안을 설정해 사용해 오고
있다. 필자가 설정한 시대구분은 새로운 고고학 자료를 적극 반영한 것
으로 이 시기에 대한 연구는 통시적 · 진화론적 · 역사적 맥락을 고려해

진행하고 있다. 필자는 청동기시대와 철기시대의 고고학적 연구에서 노정된 여러 문제들에 꾸준히 관심을 가져오면서 다음과 같은 여러 사안들을 도출해내게 되었다. 필자의 입장은 학계에서 통용되어 오던 여러 생각과는 매우 다른 새로운 것이었으나 이중 상당 부분은 점진적으로 학계에 수용되고 있으며, 적지 않은 연구자들이 관심을 표명하고 있어 매우 다행스럽게 생각하고 있다. 필자의 견해는 주로 최근 4~5년 사이에 새로이 확인된 자료들을 토대로 이루어졌는데, 과거 필자의 입장들이 오히려 최근의 자료들에 의해 뒷받침 되고 있다.

  필자가 새로이 설정한 한국 고고학의 시대구분 및 그 실제 연대는 다음과 같이 정리된다.

· 구석기시대: 구석기시대를 전기 · 중기 · 후기로 구분하는 데에는 별다른 이견이
          없으나 전기 구석기시대의 상한에 대해서는 연구자들 사이에 상당한
          이견이 있다. 전기 구석기시대 유적들로는 평양 상원 검은 모루, 경기
          도 연천 전곡리와 충북 단양 금굴 등이 있으나 그 상한은 학자에 따라
          70~20만 년 전으로 보는 등 상당한 이견이 있다.
· 신석기시대: 기원전 10000/8000~기원전 2000/1500년
· 청동기시대: 기원전 1500~기원전 400년. 기원전 1500년은 남북한 모두에 적용되
          는 청동기시대의 상한이며 앞으로 만주지방의 유적발굴조사의 성과
          에 따라 청동기시대 조기는 기원전 20세기까지 올라간다. 현재까지
          확인된 고고학 자료에 따르면 빗살문토기시대 말기에 청동기시대의

시작을 알려주는 돌대문토기가 공반하며, 이중구연토기로의 이행과
정이 나타나고 있어 그 가능성은 더욱 높다.

· 철기시대 전기: 기원전 400~기원전 1년. 종래의 초기 철기시대. 최근 점토대토기
　　　　관계유적의 출현과 관련하여 종래의 기원전 300년에서 기원전
　　　　400년으로 상한을 100년 더 올려잡는다.

· 철기시대 후기: 서기 1~300년. 또는 삼국시대 전기로 종래의 원삼국시대/삼한시대

한편 신석기시대의 경우 제주도 한경면 고산리 유적(사적 제412호)에
서 우리나라에서 가장 연대가 올라가는 기원전 8000년(10,500 B.P.)이
란 연대측정결과가 나왔는데, 이 유적에서는 융기문토기와 유경삼각석
촉이 공반되고 있다. 국립문화재연구소에서 1998년 12월 조사한 강원
도 고성 문암리 유적(사적 제426호)은 이와 비슷한 시기의 유적이다.

일관성 있는 청동기시대, 철기시대 전기와 후기(삼국시대 전기)의 고
고학 및 고대사 연구에 천착해 온 필자는 지금까지 다음과 같은 글들을
발표해 왔다.

최몽룡, 1972, 「한국동과에 대하여」, 『서울대 문리대학보』 18권, 27호 (崔夢龍, 1975,
　　「韓國銅戈について」, 『朝鮮考古學年報』 2에 日譯되어 재수록)

최몽룡, 1983, 「한국고대국가의 형성에 대한 일 고찰-위만조선의 예-」, 『김철준교
　　수 회갑기념 사학논총』

최몽룡·권오영, 1985, 「고고학 자료를 통해본 백제초기의 영역고찰-도성 및 영역

문제를 중심으로 본 한성시대 백제의 성장과정-」, 『천관우선생 환력기념 한국사
　　학 논총』

최몽룡, 1985, 「고대국가성장과 무역 -위만조선의 예-」, 『한국고대의 국가와 사
　　회』, 역사학회 편

최몽룡, 1987, 「한국고고학의 시대구분에 대한 약간의 제언」, 『최영희교수 화갑기념
　　한국사학논총』

최몽룡, 1987, 『한국고대사의 제 문제』, 관악사

최몽룡, 1988, 「반남면 고분군의 의의」, 『나주 반남면 고분군』, 광주박물관 학술총서
　　13책

崔夢龍, 1989, 「歷史考古學 硏究의 方向 -우리나라에서 역사시대의 시작」, 『韓國上
　　古史』, 韓國上古史學會

최몽룡, 1989, 「삼국시대 전기의 전남지방문화」, 『성곡논총』 20집

최몽룡, 1990, 「전남지방 삼국시대 전기의 고고학연구현황」, 『한국고고학보』 24집

최몽룡, 1990, 「초기 철기시대」, 『국사관논총』 16집(신숙정과 공저)

최몽룡, 1993, 「철기시대: 최근 15년간의 연구성과」, 『한국사론』 23집, 국사편찬위
　　원회

최몽룡, 1993, 「한국 철기시대의 시대구분」, 『국사관논총』 50, 국사편찬위원회

최몽룡, 1997, 「청동기·철기시대의 시기구분」, 『한국사 3 -청동기와 철기문화-』,
　　국사편찬위원회, 서울

최몽룡, 1999, 「Origin and Diffusion of Korean Dolmens」, 『한국상고사학보』 30호

최몽룡, 2000, 「21세기의 한국고고학」, 『한국사론』 30, 국사편찬위원회

최몽룡, 2000, 『한국 지석묘 연구이론과 방법 −계급사회의 발생−』, 주류성

최몽룡, 2002, 「21세기의 한국고고학의 새로운 조류와 전망」, 한국상고사학회 27회 학술발표대회 기조강연

최몽룡, 2002, 「고고학으로 본 문화계통」, 『한국사』 1, 국사편찬위원회

崔夢龍, 2003, 「考古學으로 본 馬韓」, 『益山文化圈研究의 成果와 課題』

최몽룡, 2003, 「백제도성의 변천과 문제점」, 『서울역사박물관 연구논문집』 창간호

최몽룡, 2003, 「한성시대의 백제와 마한」, 『문화재』 36호

최몽룡, 2004, 「역사적 맥락에서 본 경기도 소재 고구려 유적 연구의 중요성」, 고구려유적 정비활용을 위한 학술워크샵

최몽룡, 2004, 「부천 고강동 유적 발굴을 통해 본 청동기시대 · 철기시대 전기와 후기의 새로운 연구방향」, 『선사와 고대의 의례고고학』

최몽룡, 2004, 「朝鮮半島の文明化 −鐵器文化と衛滿朝鮮−」, 『日本國立歷史民俗博物館研究報告』, 119輯

최몽룡, 2004, 「통시적으로 본 경기도의 통상권」, 한국상고사학회 제32회 학술발표대회 기조강연

최몽룡, 2005, 「동북아시아적 관점에서 본 한국청동기시대 연구의 신경향」, 2005년 서울 경기 고고학회 춘계학술대회 기조강연

최몽룡 · 김경택 · 홍형우, 2004, 『동북아 청동기문화연구』, 주류성

신석기시대에서 청동기시대에로의 이행은 인천광역시 중구 용유도 남북동, 백령도 말등과 연평도 모이도 패총, 대구 북구 사변동, 경상남도

산청군 소남리, 강원도 영월 남면 연당 2리 쌍굴 유적 등 빗살문토기와
무문토기가 공존하는 유적들에서 시작되었다. 즉 이들 유적들에서는 문
양과 태토의 사용에 있어 서로의 전통에 구속됨 없이 서로의 문화적인
특징을 수용하고 있음이 확인된다. 이러한 현상은 신석기시대 후기, 즉
빗살/부분빗살문토기 시대부터 관찰되는데, 그 연대는 기원전
2000~1500년경이다. 즉, 청동기시대는 돌대문토기[춘성 내평 출토 융기
대부단사집선문(隆起帶附短斜集線文)토기를 의미]와 이중구연의 토기,
철기시대는 점토대토기의 등장을 기점으로 시작되었다고 할 수 있다.
  최근 많은 청동기시대 유적들이 조사되고 있는데, 아직은 가설 수준
이기는 하지만 청동기시대에는 다음과 같은 네 가지 토기가 순서를 이
루면서 등장했다고 생각된다.

  ㈎ 기형은 빗살문토기이나 태토가 무문토기인 경우, 전면 또는 부분의 빗살문토기
     와 공반하는 돌대문토기와 이중구연토기로의 이행과정에 있는 토기
  ㈏ 단사선문이 있는 이중구연토기
  ㈐ 공렬토기와 구순각목토기[이 기간에는 역자(逆刺)식 또는 유경석촉과 반월형석
     도도 공반한다]
  ㈑ 경질무문토기

  각각의 토기가 성행하는 기간을 영어로 표현한다면 Period가 가장 적
절한 것으로 생각된다. 그런데 ㈏와 ㈐의 기간을 명확하게 나눌 수 있

는 근거가 충분한지에 대해서는 좀더 자료를 검토해 볼 필요가 있다. 즉, 구순각목토기와 공렬토기의 기원문제와 공반관계를 밝혀야 한다.

한편 섭씨 700~850도에서 소성된 경질무문토기의 하한 연대는 철기시대 전기의 말인 서력기원 전후라 생각되며, 그 구체적인 연대는 사적 제11호 풍납동토성을 축조했던 온조왕 41년, 즉 서기 23년으로 볼 수 있다. 이는 풍납동토성 동벽과 서벽 바닥에서 출토된 매납용 경질무문 토기의 존재를 통해 알 수 있다. 단면 원형의 점토대토기는 철기시대의 개시를 알려주는 고고학 자료로 인식되는데, 이는 중국 요령성 심양 정 가와자 유적부터 확인되기 시작한다. 철기시대 전기에는 단면 원형의 점토대토기와 함께 청동기시대와 철기시대에 걸쳐 제작 사용된 무문토 기(경질무문토기 포함)가 보인다. 점토대토기는 그 단면형태가 원형, 직사각형, 삼각형의 순으로 발전함이 확인되어 이를 통한 세부 편년도 설정해 볼 수 있다. 아직 유물의 형식분류, 공반 관계 및 기원 등 해결 해야 할 문제가 많이 남아 있지만 필자가 현장 자료들을 토대로 만들어 본 청동기시대의 유적의 편년 시안은 다음과 같다.

가. 조기(기원전 20~기원전 15세기)

강원도 춘성군 내평(소양강댐 수몰지구)

강원도 영월 남면 연당 2리

인천광역시 계양구 동양동

인천광역시 연평 모이도

충청북도 제천 신월리

경상북도 경주 신당동 희망촌

경상북도 금릉 송죽리

경상남도 산청 단성면 소남리

나. 전기(기원전 15~기원전 10세기)

경기도 화성 천천리

경기도 강화도 내가면 오상리 고인돌(인천광역시 기념물 제5호)

경기도 가평 가평읍 달전 2 리

경기도 안성 원곡 반제리

경기도 안성 공도면 만정리

인천광역시 서구 검단 2지구

강원도 춘천 신매리(17호: 기원전 1510년, 기원전 1120~840년)

강원도 강릉 교동(1호: 기원전 1878~1521년 / 2호: 기원전 1495~1219년 / 3호 기

　　원전 1676~1408년)

강원도 고성 현내면 송현리

충청남도 부여 구봉면 구봉리(기원전 1450년)

충청남도 서산군 음암 부장리

충청남도 공주시 장기면 제천리

충청남도 계룡시 두마면 두계리

경상남도 진주 대평 옥방지구

경상남도 밀양 산외면 금천리

경상북도 포항시 남구 구룡포읍 삼정리

다. 중기(기원전 10~기원전 7세기)

강원도 속초 조양동(사적 제376호)

강원도 춘천 거두리(1리 및 2리)

강원도 춘천 천전리

강원도 화천 용암리

강원도 춘천 우두동 직업훈련원 진입도로

강원도 춘천 삼천동

경기도 하남시 덕풍골(종교·제사유적)

경기도 부천 고강동

경기도 안성 공도 만정리

경기도 안성 공도 마정리

경기도 연천 통현리·은대리·학곡리 지석묘

경기도 양평군 양수리

경기도 평택 지제동(기원전 830년, 기원전 789년)

경기도 평택 토진 현곡동(사진 38)

경기도 파주 옥석리 고인돌(기원전 640년경)

경기도 화성 동탄 동학산

경기도 시흥 논곡동 목감중학교

경기도 안양 관양동(1호 주거지: 기원전 1276~1047년, 1375~945년 / 5호 주거지:

　　기원전 1185~940년, 1255년~903년)

경기도 하남시 미사동(사적 제269호 옆)

경기도 가평 대성리

인천광역시 연수구 선학동 문학산

인천광역시 서구 검단 2지구

인천광역시 서구 원당 4지구(풍산 김씨 묘역)

인천광역시 서구 불로지구(4구역)

대구광역시 달서구 진천동(사적 제411호 옆)

대구광역시 수성구 상동

경상북도 경주 내남면 월산동(기원전 1530~1070년, 기원전 970~540년)

경상북도 안동시 서후면 저전리(저수지)

경상북도 포항시 남구 지곡동

경상북도 포항 호동

경상북도 흥해읍 북구 대련리

경상북도 청도 송읍리

경상북도 청도 화양 진라리

울산광역시 북구 연암동(환호가 있는 종교 · 제사유적)

울산광역시 남구 야음동

경상남도 울주 두동면 천전리(국보 제147호), 언양 반구대(국보 제285호) 진입로

경상남도 울주 검단리(사적 제332호)

경상남도 밀양 상동 신안 고래리

전라남도 군산 내흥동

충청북도 청주 용암동(기원전 1119년)

충청북도 청주 내곡동

충청북도 충주 동량면 조동리(1호: 2700±165 B.P., 2995±135; 기원전 10세기경)

충청남도 천안 백석동(94-B: 기원전 900~600년, 95-B: 기원전 890~840년)

충청남도 천안 운전리

충청남도 운산 여미리

충청남도 아산 명암리(기원전 1040~940년, 780~520년)

충청남도 청양 학암리

충청남도 보령시 웅천면 구룡리

충청남도 대전 대덕구 비래동 고인돌(기원전 825, 795, 685년)

충청남도 대전 유성구 관평동 · 용산동

충청남도 대전 유성구 서둔동 · 궁동 · 장대동

충청남도 유성구 자운동 · 추목동

충청남도 대전 동구 가오동 대성동 일원

제주도 남제주군 신천리 마장굴

라. 후기(기원전 7세기~기원전 5세기)

경기도 파주 덕은리(사적 148호, 기원전 640년)

강원도 춘천시 신북읍 발산리

경상북도 대구 달서구 월송동

충청북도 제천 황석리 고인돌(기원전 410년)

충청남도 부여 송국리(사적 제249호)

충청남도 부여 규암면 나복리

충청남도 서천 도삼리

충청남도 대전 대정동

전라남도 화순 춘양면 대신리 고인돌(기원전 555년)

전라남도 순천시 해룡면 복성리

전라남도 여수 화양면 소장지구

전라남도 여수 화양면 화동리 안골 고인돌

전라남도 여천 화장동 고인돌(기원전 1005년)

전라남도 장흥 유치면 대리 상방촌

전라남도 장흥 유치면 오복동

전라남도 장흥 유치면 신풍리 마정(탐진댐 내 수몰지구)

광주광역시 남구 송암동

인천광역시 서구 원당 1구역

　한반도의 청동기시대와 철기시대 전기의 토착인은 지석묘를 축조하
던 사람들로 이들은 중국 요령성·길림성과 한반도 전역에서 기원전
1500년에서 기원전 1년까지 약 1500년 동안에 걸쳐 북방식, 남방식 그
리고 개석식 지석묘를 축조하였다. 요령성과 길림성의 북방식 고인돌

사회는 미송리식 단지, 비파형동검, 거친무늬거울 등을 표지유물(標識遺物)로 하는 문화를 지닌 고조선의 주체세력으로 알려져 있다. 이들은 전문직, 재분배경제, 조상숭배와 혈연을 기반으로 하는 계급(또는 계층)사회를 형성했으며, 이러한 계급(계층)사회를 바탕으로 철기시대 전기에 이르러 복합족장사회(complex chiefdom)를 거쳐 우리나라의 최초의 국가인 위만조선이 등장하게 되었다. 함경북도와 연해주에서는 이와 비슷한 시기에 끄로우노프카 문화를 비롯하여 얀콥스키와 뽈체 문화가 나타나는데 끄로우노프카는 옥저(沃沮) 그리고 뽈체는 읍루(挹婁)에 해당한다. 같은 문화가 서로 다른 명칭으로 불리고 있는데, 이런 문제는 앞으로 한국과 러시아의 공동연구를 통해 해결되어나갈 것이다.

사진 38. 평택 토진 현곡리 지석묘 하부(화장, 기전문화재연구원 발굴)

그리고 경기도 가평 외서면 청평4리, 강원도 횡성 공근면 학담리와 춘천 거두리에서 출토된 해무리굽과 유사한 바닥을 지닌 경질무문토기는 아무르강 중류 리도프카 문화와 끄로우노프카(옥저) 문화에서도 보이므로 한반도의 철기시대에 러시아 문화의 영향을 고려할 필요가 있다. 아무르강 유역 하바로프스크시 근처 사카치알리안 등지에서는 울산 두동면 천전리(국보 제147호) 암각화와 같은 암각화가 많이 확인되었다. 여기에서 보이는 여성의 음부 묘사가 천전리 암각화와 최근 밀양 상동 신안 고래리 지석묘 개석에서 확인된 바 있다. 후기 구석기시대 이후의 암각화나 민족지에서 성년식(Initiation ceremony) 때 소녀의 음핵을 잡아 늘리는 의식(girl's clitoris-stretching ceremony)이 확인되는

사진 39. 화성 동탄 동학산 유적 출
토 철끌 거푸집(용범, 기전
문화재연구원 발굴)

데, 이는 여성의 생식력이나 성년식과 관계가 깊다고 한다. 인류문명의 발달사를 보면 청동기시대에 국가가 발생하는 것이 일반적인데, 한반도의 경우는 이와는 달리 철기시대 전기에 이르러 국가가 등장한다. 참고로 우리나라에서의 국가 발생은 연대적으로는 수메르보다는 2800년, 중국의 상(商)보다는 약 1500년이 늦다. 그런데 옥, 용, 여신묘(女神廟), 제단 등으로 대표되는 신전정치(Theocracy)의 종교권력과 계급사회를 형성했던 홍산문화

(기원전 3600~3000년)를 중국 최초의 문명으로 인정한다면, 중국과의 차이는 훨씬 더 벌어진다. 중국의 최근 발굴조사에서 확인된 이 시기 집자리의 규모에 주목할 필요가 있다. 각 유적에서 확인된 최대 규모 집자리의 장축 길이를 보면 평택 현곡 17m, 화성 천천리 29m, 화성 동탄면 석우리 동학산 18m, 부천 고강동 19m, 화천 용암리 19.5m, 보령 관산 24m, 시흥 논곡동 목감 15m, 청도 송읍리 18m, 화양 진라리 18m 등 15~29m에 이른다. 이들 대형 집자리의 조사 및 연구에서는 격벽시설의 유무와 격벽시설로 구분되는 각 방의 기능도 고려해야 할 것이다. 이는 기원전 5500~5000년경의 유럽의 빗살문토기문화(LBK, Linear Band Keramik)의 장방형 주거지에서 보이듯이 아직 모계사회의 잔재가 남아 있는 것으로 해석될 수 있다. 그런데 해발 60~90m의 구릉 정상부에 자리한 이들 집자리들은 혈연을 기반으로 하는 청동기시대 족장사회의 족장의 집 또는 그와 관련된 공공회의 장소/집무실 등으로 보는 것이 좋을 것 같으며, 이러한 예는 철기시대 전기로 편년되는 제주시 삼양동(사적 제416호) 유적에서 확인된 바 있다.

청동기시대 연구의 새 방향의 하나로 돌대문토기(융기대부단사집선문토기, 덧띠새김문토기, 돌대각목문토기 등으로도 지칭)가 전면 또는 부분빗살문토기와 함께 나타나는 문제에 주목할 필요가 있는데, 이러한 현상은 청동기시대에서 가장 이른 시기에 관찰된다. 그 연대는 기원전 2000~기원전 1500년 사이로 추정되며, 진주 남강, 창원 쌍청리, 하남시 미사동, 강원도 춘성 내평리(소양강댐 내), 인천광역시 계양구 동양동 등의 유적에서 확인된 예가 있다. 이들은 청동기시대를 조기, 전기, 중기, 후기의 4시기로 나눌 경우 조기(早期)에 해당된다. 또 아직 단정하기에는 약간 문제가 있지만 빗살문토기의 전통 및 영향이 엿보이는 경주 신당동 희망촌 유적과 제천 신월리 유적들도 청동기시대 조기에 포함될 수 있으며, 경남 산청 단성면 소남리(101호 주거지)와 경북 금릉 송죽리(1991~1992년 조사) 역시 마찬가지로 조기로 볼 수 있겠다. 즉, 내륙지방으로 들어온 부분즐문토기와 이중구연의 토기가 공반되며, 그 연대는 기원전 10~15세기 정도가 될 것이다. 이들은 한반도 청동기시대 상한문제와 아울러, 앞선 전면 또는 부분빗살문토기와 부분적으로 공반하는 돌대문토기와 이중구연의 공반성 그리고 신석기시대에서 청동기시대에로 이행 과정 중에 나타나는 계승성 문제도 앞으로의 연구방향과 과제가 될 것이다. 또 안성 원곡 반제리, 안성 공도 만정리, 고성 현내 송현리, 서산 음암 부장리(사진 40~41), 공주 장기 제천

사진 40. 서산 음암 부장리 유적 출토 무문토기 1 (충남역사문화연구원 발굴)   사진 41. 서산 음암 부장리 유적 출토 무문토기 2 (충남역사문화연구원 발굴)

리와 계룡 두마 두계리 등지에서는 이중구연, 단사선문, 공렬과 구순각목이 혼재하거나 같은 토기에서 같이 나타난다. 이들은 청동기시대 전기 말에서 중기 초에 걸치는 과도기적인 현상이며 그 연대도 기원전 12~10세기경이 된다. 그리고 아무르강 유역과 같은 지역에서 기원하는 청동기시대의 토기들에서 보이는 한국문화 기원의 다원성문제도 앞으로의 연구과제가 된다. 그리고 청동기시대 중기에 해당하는 공렬문·구순각목 토기가 나오는 시기에 유적이 전국적으로 급증한다. 이는 이 시기의 인구 증가가 뚜렷이 확인된다는 이야기가 된다. 이 점도 앞으로의 연구과제 중의 하나이다.

다음 한국고고학에서 철기시대 전기의 연구 성과는 1997년도 국사편찬위원회에서 나온 『한국사 3: 청동기문화와 철기문화』의 수준을 넘지 못한다. 또 대부분의 최근 연구들도 이 시기에 해당하는 자료의 수집에 불과하여 철기시대 전기의 정치·사회·문화상을 뚜렷이 밝히기에는 매우 미흡하다. 즉, 『한국사』 3권이 발행된 지 7년이 지난 오늘날에도 산발적인 자료 보고 이외에 이를 종합할만한 연구 성과는 찾아보기 어렵다.

1. 편년

철기시대 전기는 두 시기로 구분할 수 있다. I기(전기)는 I식 세형동검(한국식 동검), 정문식 세문경, 동부, 동과, 동모, 동착 등의 청동기류와 철부를 비롯한 주조 철제 농·공구류 그리고 단면 원형의 점토대토기와 섭씨 700~850도 사이에서 구워진 경질무문토기를 문화적 특색으로 한다. 그 연대는 기원전 5~3세기로부터 기원전 100년 전후로 볼 수 있다.

Ⅱ기(후기)에는 Ⅱ식 세형동검과 단조철기가 등장하고, 세문경 대신 차마구가 분묘에 부장되고 점토대토기의 단면 형태는 삼각형으로 바뀐다. 또 철기시대 전기는 동과와 동검의 형식분류에 따라 세 시기로 구분될 수도 있다. 한편 점토대토기의 아가리 단면 형태로는 원형, 직사각형 그리고 삼각형의 세 종류가 확인되는데, 제주도 삼양동(사적 416호), 안성 공도 만정리나 화성 동학산에서 발견된 단면 직사각형의 점토대토기는 원형에서 삼각형으로 넘어가는 과도기로 파악되고 있다. 다시 말해서 동과와 동검 그리고 점토대토기의 단면형태를 고려한다면 철기시대 전기를 두 시기가 아닌 세 시기로 구분할 수도 있다.

철기시대 전기의 말기에 해당하는 기원전 108년 낙랑군이 설치된 이후 그 영향 하에 한식 도기가 무문토기 사회에 유입되는데 한식도기(漢式陶器) 또는 낙랑도기(樂浪陶器)/토기의 공반 여부를 기준으로 시기구분을 설정할 수도 있다. 일반적으로 통용되는 토기(pottery 또는 Terra-cotta)라는 용어 대신 도기(陶器, earthenware)란 용어를 사용한 것은 토기는 소성온도의 차이에 따라 토기-도기-석기(炻器, stoneware)-자기(磁器, 백자 porcelain, 청자celadon)로 구분되기 때문이다. 한나라 도기의 소성온도는 1,000도를 넘고 석기의 경우는 1,200도 전후에 달하는데 소성온도는 토기의 제작기술을 반영하는 중요한 요소이다. 중국에서는 500~700도 정도 구워진 선사시대의 그릇을 토기라 부르고 춘추-전국시대와 한나라의 그릇은 이와 구분하여 도기라 지칭한다. 백제나 마한의 연질·경질의 토기는 도기로, 회청색 신라 토기는 석기라 지칭되는 것이 보다 타당하다. 과학적 분석에 근거한 적확한 용어 선택은 우리 고고학계의 시급한 과제중의 하나이다. 특히 시대구분의 표지가 되는 토기, 도기, 석기의 구분 문제는 보다 중요한데, 이는 이들을 구워 내는 가마를 포함한 제작기술상의 문제와 이에 따른 사회발달상과 깊은 관련을 맺고 있기 때문이다.

2. 정치적 배경

철기시대 전기, 즉 기원전 400년에서 기원전 1년까지의 300년의 기간은 한국고고학과 고대사에 있어서 매우 복잡하고 중요한 시기이다. 이 기간 중에 중국으로부터 한문이 전래되었고, 국가가 형성되는 등 역사시대가 시작되었다. 중국에서는 춘추시대(기원전 771~475년)에서 전국시대(기원전 475~221년)로 전환이 이루어졌고, 한반도의 경우는 기자조선(기원전 1122~194년)에서 위만조선(기원전 194~108년)으로 넘어가 고대국가가 시작되었다. 국제적으로도 정치적 유이민이 생기는 등 매우 복잡한 시기였으며, 한나라의 원정군은 위만조선을 멸망시킨 후

과거 위만조선의 영토에 낙랑·진번·임둔·현도군을 설치했다. 한반
도에는 이미 마한이 존재하고 있었으며, 이어 진한(辰韓)과 변한(弁韓)
그리고 옥저와 동예가 등장하였다. 현재까지 확인된 고고학 자료와 문
헌을 검토해 보았을 때 위만조선과 목지국을 중심으로 하는 마한은 정
치진화상 이미 국가(state) 단계에 진입하였으며 나머지 사회들은 그보
다 한 단계 낮은 계급사회인 족장단계(chiefdom)에 머물러 있었다고
여겨진다. 당시 한반도에 존재하던 이들 사회들은 서로 통상권
(Interaction Sphere, Joseph Caldwell이 제안한 개념)을 형성하여
활발한 교류를 가졌으며, 특히 위만조선은 중심지 무역을 통해 국가의
부를 축적하였고, 이는 한나라 무제의 침공을 야기해 결국 멸망에 이르
게 되었다.

위만조선이 멸망한 해는 『사기』의 편찬자인 사마천이 37세 되던 해이
며, 평양 근처 왕검성에 자리했던 위만조선은 문헌상에 뚜렷이 나타나
는 한국 최초의 고대국가이다. 위만 조선은 위만-이름을 알 수 없는 아
들-손자 우거-태자 장을 거치는 4대 87년간 존속하다가 중국 한나라 7
대 무제(기원전 141년~87년, 사마천 37세 때)의 원정군에 의해 멸망했
다. 오늘날 평양 낙랑구역에 낙랑이, 그리고 황해도와 경기도 북부에
대방이 설치되었는데 이들은 기원전 3세기경부터 존재하고 있던 마한
과 기원전 18년 마한의 바탕 위에 나라가 선 백제 그리고 남쪽의 동예,
진한과 변한에 막대한 영향을 끼치었다.

다시 말해서 철기시대 전기에 사마천의 『사기』 조선열전에 자세히 기

술된 위만조선이 성립되었으며 이는 한국 고대국가의 시원이 된다. Yale Ferguson은 국가를 '경제·이념·무력의 중앙화와 새로운 영역과 정부라는 공식적인 제도로 특징 지워지는 정치진화 발전상의 뚜렷한 단계'라 규정한 바 있으며, Timothy Earle(1991)은 국가를 '무력을 합법적으로 사용하고 통치권을 행사할 수 있는 지배체제의 존재와 힘/무력, 경제와 이념을 바탕으로 한 중앙집권화되고 전문화된 정부제도'라 정의하였다. 한편 Kent Flannery는 '법률, 도시, 직업의 분화, 징병제도, 세금징수, 왕권과 사회신분의 계층화'를 국가를 특징짓는 요소들로 추가하였다. 『사기』 조선열전에는 계급을 지닌 직업적 중앙관료정부와 막강한 군사력, 계층화된 신분조직, 행정중심지로서의 왕검성, 왕권의 세습화 등 국가의 요소 여러 가지가 보이고 있으며, 위만조선은 초기에는 주위의 유이민 집단을 정복해 나가다가 차츰 시간이 흐르면서 보다 완벽한 국가체계를 갖춘 사회였으며, 이 과정에서 무역이 중요한 역할을 담당했던 것으로 보인다. 청동기시대에 도시·문명·국가가 발생하는 전 세계적인 추세에 비추어 우리나라에서는 이보다 늦은 철기시대 전기에 나타난다. 이는 우리나라의 문화가 다른 지역에 비해 발전 속도가 늦은 까닭이다.

3. 사회

변한, 진한, 동예와 옥저는 혈연을 기반으로 하는 계급사회인 족장사회였으며, 위만조선과 마한을 대표하는 목지국의 경우는 혈연을 기반으로 하지 않는 국가 단계의 사회였다. 그 중 위만조선은 무력정변, 즉 쿠데타(coup d'etat)를 통해 정권을 획득한 국가 단계의 사회였다. 이들 사회에는 청동기와 토기의 제작, 그리고 무역에 종사하는 상인 등의 전문직이 형성되어 있었다. 또 이미 정치와 종교의 분리가 이루어졌으며, 무역은 국가가 주도하는 중심지무역이 주를 이루었다. 부천 고강동, 강릉 사천 방동리, 안성 원곡 반제리, 파주 탄현 갈현리와 화성 동탄 동학산 등의 제사유적도 이런 점에서 해석되어야 할 것이다. 또 위만조선에는 전문화된 관료가 중심이 되는 정부 및 국가 기관들이 설치되어 있었는데, 이러한 내용들은 『사기』와 『삼국지』 위지 동이전의 여러 기록들을 통해 뒷받침된다.

4. 통상권

통상권을 형성하고 있던 한반도 내의 사회들은 중국과의 국제 무역 및 한반도 내부 나라(國)들 사이의 교역을 행하였다. 『삼국지』 위지 동이전 변진조와 왜인전 이정기사(里程記事)에는 낙랑·대방에서 출발하여 쯔지마고꾸(對馬國), 이끼고꾸(一支國), 마쯔로고꾸(末盧國), 나고구(奴國)를 거쳐 일본의 사가현 간자끼군 히사시세부리손 요시노가(佐賀縣 神埼 東背振 吉野け里)에 위치한 야마다이고꾸(邪馬臺國)에 이르는 무역루트 또는 통상권이 잘 나타나 있다. 해남 군곡리-김해 봉황동(회

현동, 사적 2호) 사천 늑도–제주도 삼양동(사적 제416호) 등 최근 확인된 유적들은 당시의 국제 통상권의 루트를 잘 보여주고 있다. 즉, 중국 하남성 남양 독산 또는 밀현의 옥과 반량전과 오수전을 포함한 중국 진나라와 한나라의 화폐는 오늘날의 달라[美貨]에 해당하는 당시 교역 수단으로 당시 활발했던 국제 무역에 관한 고고학적 증거들이다. 기원전 1세기경으로 편년되는 사천 늑도 유적은 당대의 국제 무역과 관련해 특히 중요한 유적이다. 동아대학교 박물관이 발굴한 지역에서는 경질무문토기, 일본 야요이 토기, 낙랑도기, 한식경질도기 등과 함께 반량전이 같은 층위에서 출토되었다. 반량전은 기원전 221년 진시황의 중국 통일 이후 주조된 동전으로 알려져 있다. 중국 화폐는 해남 군곡리, 제주 산지항·금성리, 고성과 창원 성산패총 등지에서도 출토되었다. 사천 늑도는 『삼국지』 위지 동이전 변진조의 '국출철(國出鐵) 한예왜개종취지(韓濊倭皆從取之) 제시매개용철여중국용전우이공급이군(諸市買皆用鐵如中國用錢又以供給二郡)'의

기사와 왜인전에 보이는 '樂浪(帶方)–金海(狗邪韓國)–泗川 勒島–對馬島–壹岐–邪馬臺國'으로 이어지는 무역로의 한 기착지인 사물국(史勿國?)이 아닌가 생각된다. 이외에도 국가 발생의 원동력 중의 하나인 무역에 관한 고고학 증거

사진 42. 양평 양수리 상석정 유적 출토 한(漢)의 동곳(머리장식, 성균관대학교 박물관 발굴)

는 계속 증가하고 있다. 한편 역시 늑도 유적을 조사한 부산대학교 박물관 조사 지역에서는 중국 서안에 소재한 진시황(재위: 기원전 246~기원전 210년)의 무덤인 병마용갱(兵馬俑坑)에서 보이는 삼익유경동촉(三翼有莖銅鏃)이 출토되었는데 이와 같은 것이 양평군 양수리 상석정에서는 두 점, 가평 대성리에서도 한 점이 출토된 바 있다. 진시황의 무덤에 부장된 이 동촉은 진시황릉 축조 이전에 제작된 것으로 보인다. 또 흥미로운 사실은 사천 늑도에서 출토된 일본 야요이 토기편의 경우 형태는 일본의 야요이 토기이지만 토기의 태토(바탕흙)는 현지, 즉 한국산임이 밝혀졌다. 사천 늑도는 당시 낙랑·대방과 일본 야마다이고꾸(邪馬臺國)를 잇는 중요한 항구였다. 김해 예안리와 사천 늑도에서 나온 인골들의 DNA 분석을 실시해 보면 우리가 생각하고 있는 것보다 훨씬 더 복잡하고 다양한 인종교류가 있었음이 밝혀질 것으로 추측되며, 이들에 의한 무역-통상권 역시 상당히 국제적이었을 것으로 여겨진다. 이들 유적보다는 다소 시기가 떨어지는 마한 유적으로 이해되는 전남 함평군 해보면 대창리 창서에서 출토된 토기 바닥에 묘사된 코캐소이드(caucasoid)인의 모습은 이러한 맥락에서 이해할 수 있다. 이 점은 경남 사천 늑도와 김해 예안리 인골에서도 충분히 보일 가능성이 있어 앞으로 선사시대의 국제화 문제도 염두에 두어야 할 것이다.

　최근 김해 봉황동(사적 제2호) 주변 발굴이 경남발전연구원에 의해 이루어지고 있는데 목책시설이 확인되었을 뿐 아니라 바다로 이어지는 부두·접안·창고와 관련된 여러 유구가 조사되었다. 그리고 사천 늑도와 김해패총의 경우처럼 횡주단사선문(橫走短斜線文)이 시문된 회청색경질도기가 출토되는데, 이는 중국제로 무역을 통한 것으로 보인다. 가락국(가야)은 서기 42년 건국되었는데, 그 중 금관가야는 서기 532년(법흥왕 19년)에 신라에 합병되었다. 최근 사천 늑도 유적에서 고대한·일 간의 무역의 증거가 확인되었는데, 철 생산을 통한 교역의 중심이었던 김해에서는 서기 1세기경 이래의 고고학 자료가 많이 확인될 것으로 기대된다. 낙랑의 영향 하에 제작되었을 것으로 추정되는 회청색경질도기(종래의 김해식 회청색 경질토기)가 출토되었는데, 그 연대는 기원전 1세기경까지 올라간다. 가속기질량연대분석(AMS)장치를 이용해 목책의 연대를 낸다면 현재 추정되고 있는 4~5세기보다는 건국 연대 가까이로 올라갈 가능성이 많다. 한편 서울 풍납동토성(사적 제11호)의 동벽과 서벽에서 성벽 축조와 관련된 매납 의식의 일환으로 매장된 무문토기들은 성벽의 축조가 온조왕 41년, 즉 서기 23년 이루어졌다는 『삼국사기』 기록을 고려할 때, 그 하한 연대가 서기 1세기 이후까지 내려가지 않을 것으로 생각된다. 참고로 전라남도 완도 장도의 청해진(사적 제308호) 주위에서 발견된 목책의 연대는 서기 840년경으로 측정되어 진을 설치한 연대인 828년(흥덕왕 3년)에 매우 근사하게 나왔다.

5. 주거

이 시대에 이르면 청동기시대 후기(또는 말기) 이래의 평면 원형 수혈

사진 43. 풍납동토성 출토 능형에 가까운 거치문
(鋸齒文)토기(국립문화재연구소 발굴)

사진 44. 풍납동토성 내 미래마을 출토 옥장식품
(국립문화재연구소 발굴)

주거지에 '철(凸)'자형 및 '여(呂)'자형의 주거지가 추가된다. 그리고 삼국시대 전기(철기시대 후기)가 되면 풍납동토성(사적 제11호), 몽촌토성(사적 제297호) 밖 미술관 부지, 포천 자작리와 영중면 금주리 등지에서 보이는 육각형의 집자리가 나타난다. 한/낙랑의 영향 하에 등장한 지상가옥, 즉 개와집은 백제 초기에 보이기 시작한다. 온조왕 15년(기원전 4년)에 보이는 '검이부루(儉而不陋) 화이부치(華而不侈)'라는 기록은 풍납동토성 내에 기와집 구조의 궁궐을 지었음을 뒷받침해 준다(사진 43~44). 그리고 집락지 주위에는 해자가 돌려졌다. 청동기시대 유적들인 울주 검단리, 울산시 북구 연암리, 창원 서상동 남산이나 진주 대평리의 경우보다는 좀더 복잡한 삼중의 해자가 돌려지는데, 이는 서울 풍납동토성, 안성 원곡 반제리, 강릉 사천 방동리나 수원 화성 동학산의 점토대토기 유적에서 확인된다.

6. 묘제

지석묘의 형식상 후기 형식으로 이해되는 개석식 지석묘의 단계가 지나고, 토광묘가 이 시기의 주 묘제가 되었다. 가평 달전 2리, 완주 갈동, 안성 공도 만정리, 예천의 성주리 토광묘가 이에 해당된다. 또 자강도 시중군 노남리, 자성군 서해리 등지에서 보이는 적석총이 연천 삼곶리, 학곡리와 군남리 등지에서 확인되었는데, 특히 학곡리의 경우는 기원전 2~1세기대의 중국제 유리장식품(사진 18)과 한나라의 도기편이 출토되었다. 이들 묘제는 백제의 국가형성의 주체세력이 되었다.

7. 문화

종래 한국고대사학계에서는 청동기시대 및 철기시대의 사회발전을 부족사회-부족국가-부족연맹-고대국가로 이어지는 도식으로 설명하였으나, 부족과 국가는 결코 결합될 수 없는 상이한 개념임이 지적된 바 있다. 그리고 사회진화에 관한 인류학계의 성과 중에서 엘만 서비스 (Elman Service)의 모델에 따르면 인류사회는 군집사회(band society), 부족사회(tribe society), 족장사회(chiefdom society) 그리고 고대국가(ancient state)로 구분될 수 있는데, 한국의 청동기시대와 철기시대 전기는 족장사회에 해당된다. 서비스는 족장사회를 잉여생산에 기반을 둔 어느 정도 전문화된 세습지위들로 조직된 위계사회이며 재분배 체계를 경제의 근간으로 한다고 규정한 바 있다. 족장사회에서는 부족사회 이래 계승된 전통적이며 정기적인 의식행위(calendaric ritual, ritual ceremony, ritualism)가 중요한 역할을 하는데, 의식(ritualism)과 상징(symbolism)은 최근 후기/탈과정주의 고고학(post-processual archaeology)의 주요 주제이기도 하다. 국가단계 사회에 이르면, 이는 권력(power)과 경제(economy)와 함께 종교형태를 띤 이념(ideology)으로 발전한다. 족장사회는 혈연 및 지역공동체 개념을 기반으로 한다는 점에 있어서는 부족사회의 일면을 지니나 단순한 지도자(leader)가 아닌 지배자(ruler)의 지위가 존재하며 계급서열에 따른 불평등 사회라는 점에서는 국가 단계 사회의 일면을 지닌다. 족장사회는 하나의 정형화된 사회단계가 아니라 평등사회에서 국가사회로 나아가는 한 과정인 지역정치체(regional polity)라는 유동적 형태로 파악된다. 그리고 여기에는 기념물(monument)과 위세품(prestige goods)등이 특징으로 나타난다(Timothy Earle 1997). 우리나라에서 고인돌 축조사회를 족장사회 단계로 보거나 위만조선을 최초의 고대국가로 설정하는 것은 이와같은 유의 정치 진화 모델을 한국사에 적용해 본 사례라 할 수 있다. 그렇게 보면 창원 동면 덕천리, 여천 화양 화동리 안골과 보성 조성리에서 조사된 고인돌은 조상숭배를 위한 성역화된 기념물로 당시 복합족장사회의 성격(complex chiefdom)을 잘 보여준다 하겠다. 그리고 계급사회의 특징 중의 하나인 방어시설도 확인된 바 있는데 울주 검단리와 창원 서상동에서 확인된 청동기시대 주거지 주위에 설치된 환호(環濠)가 그 예이다.

한반도에 관한 최고의 민족지(民族誌, ethnography)라 할 수 있는 『삼국지』 위지 동이전에 실린 중국 측의 기록 이외에는 아직 이 시기의 문화를 구체적으로 논할 자료가 없다. 그러나 최근 확인된 고고학 자료를 통해 보건대 중국과의 대등한 전쟁을 수행했던 위만조선을 제외한 한반도 내의 다른 세력들은 중국과 상당한 문화적 격차가 있었던 것으로 짐작된다. 한사군 설치 이후 한반도 내에서 중국문화의 일방적 수용이 있었다고 해도 과언은 아닐 것 같다. 이와 같은 배경을 고려하면 부천 고강동 제사유적은 2001년 밀양대학교 박물관과 동의대학교 박물관에서 공동 조사한 울산 남구 야음동의 제사유적(반원형의 구상유구, 토기 매납 유구)의 경우처럼 혈연을 기반으로 하는 청동기-철기시대의 족장사회를 형성하는 필수 불가결의 요소로 볼 수 있겠다. 시간적으로 청동기시대 중기의 울산 북구 연암동과 하남시 덕풍골의 종교 · 제사유적은 철기시대 전기의 부천 고강동, 파주 탄현 갈현리, 화성 동탄 동학산, 강릉 사천 방동리와 안성 원곡 반제리의 제사 유적에까지 그 전통을 이어가는데 이들보다도 2000년 이상이나 앞서고 규모도 훨씬 큰 홍산문화 유적인 요령 능원 우하량의 제사유적이 이들과 외관상 매우 비슷함은 많은 점을 시사해 준다. 특히 이곳에서 발굴되는 저룡(猪龍)과 같은 옥제품으로 상징되는 종교 권력을 바탕으로 하는 계급의 분화가 우리나라에서보다 훨씬 앞서는 시기부터 진행되고 있었음을 알 수 있다. 이는 파주 주월리 유적에서 확인된 신석기시대 옥 장식품이 멀리 능원 우하량과 객좌(喀左) 동산취(東山嘴)의 옥제품 공급처인 요령 수암에서 왔을 것이라는 시사와도 맥을 같이 한다. 그리고 강원도 고성 현내면 송현리 청동기시대 전기 말에서 중기 초(기원전 12~10세기)에 걸치는 집자리 5호 및 6호에서 옥기(玉器)를 제작하던 도구가 출토되고 있어 앞으로 옥(玉)의 기원과 제작도 문제가 되고 있다.

8. 물질문화

1) 점토대토기

철기시대는 점토대토기의 등장과 함께 시작되는데, 가장 이른 유적은 심양 정가와자 유적이며 그 연대는 기원전 5세기까지 올라간다. 따라서 한국의 철기시대의 시작은 현재 통용되는 기원전 4세기보다 1세기 정도 상향 조정될 수 있는데, 이는 신석기시대 후기에 청동기시대의 문화 양상이 국지적으로 보이는 것과 같은 맥락에서 이해될 수 있다. 매우 이른 시기 철기시대의 유적의 예로 강원도 강릉 사천 방동리 과학일반지방산업단지에서 확인된 유적을 들 수 있다. 점토대토기의 단면 형태는 원형, 직사각형, 삼각형의 순으로 변화한 것 같다. 원형에서 삼각형으

사진 45. 안성 원곡 반제리 유적 출토 점토대
토기(중원문화재연구원 발굴)

로 바뀌는 과도기에 해당하는 점토대토기 가마가 경상남도 사천 방지리 유적(경상남도 발전연구원 역사문화센터, 2002년 11월 20일 지도위원회)에서 확인된 바 있다. 단면 직사각형의 점토대토기는 원형에서 삼각형으로 바뀌는 과도기적 중간 단계 토기로 제주시 삼양동(사적 416호), 화성 동학산 및 안성 공도 만정리에서 확인된다. 여하튼 단면 원형의 전형적인 점토대토기가 나오는 유적들이 최근 경주 나정(사적 245호), 금장리와 견곡 하구리, 인천 서구 원당리, 수원 고색동, 울주 검단리, 경기도 부천 고강동, 화성 동탄 감배산과 동학산, 안성 공도면 만정리와 원곡면 반제리(사진 45), 아산 배방면 갈매리, 양평 용문 원덕리, 강릉 송림리, 춘천 거두리(2지구), 고성 현내면 송현리, 파주 탄현 갈현리와 완주 갈동 등지에서 상당수 확인되고 있다.

  2) 용범

  완주 이서면 반교리 갈동에서는 동과·동검의 용범과 단면 원형 점토대토기가, 화성 동학산에서는 철제 끌 용범과 단면 직사각형의 점토대토기가, 논산 원북리, 가평 달전 2리와 안성 공도 만정리의 토광묘에서는 세형동검, 그리고 공주 수촌리에서 세형동검, 동모, 동부(도끼, 斧), 동사와 동착(끌, 鑿)이 토광묘에서 나왔는데(사진 46), 이들은 철기시대 전기의 전형적인 유물들이다. 특히 이들이 토광묘에서 출토되었다는 사실은 세형동검이 나오는 요양 하란 이도하자(遼陽 河欄 二道河子), 여대시 여순구구 윤가촌(旅大市 旅順口區 尹家村), 심양 정가와자(沈陽

 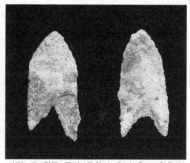

사진 46. 공주 의당 수촌리 유적 출토 청동기 일괄(충남역사문화연구원 발굴)　사진 47. 원주 문막 동화리 유적 출토 철촉(연세대 원주 박물관 발굴)

鄭家窪子), 황해도 재령 고산리(高山里)를 비롯해 위만조선(기원전 194~108년) 시기와 밀접한 관련이 있는 것으로 볼 수 있다. 다시 말해 세형동검 일괄유물 끝을 비롯한 용범(거푸집), 토광묘 등은 점토대토기(구연부 단면원형)와 함께 철기시대의 시작을 알려준다. 낙랑의 묘제는 토광묘, 귀틀묘, 전축분의 순으로 발전해 나갔는데, 토광묘의 경우는 평양 대성리의 경우처럼 위만조선 시대의 것으로 볼 수 있다.

3) 토기제작

한 무제의 한사군 설치를 계기로 낙랑과 대방을 통해 고도로 발달한 한의 문물이 한반도로 유입되었다. 앞선 청동기시대 전통의 500~700℃의 화도에서 소성된 무문토기와 700~850℃에서 구워진 경질무문토기를 함께 사용하던 철기시대 전기의 주민들에게 화도가 1,000~1,100℃에 이르는 도기와 석기는 상당한 문화적 충격이었을 것이다. 송파구 풍납동토성, 경기도 양평 양수리 상석정, 화성 기안리, 가평 달전 2리와 가평 대성리, 강릉 안인리와 병산동, 동해 송정동 등지에서 확인된 한 나라와 낙랑의 도기들은 무문토기 사회에 여과되지 않은 채 직수입된 중국의 문물이 어떠했는가를 엿볼 수 있는 좋은 자료들이다. 진천 삼룡 리(사적 제344호)와 산수리(사적 제325호)에서 확인되는 중국식 가마 구조의 차용과 그곳에서 발견되는 한식도기의 모방품에서 확인되듯이 도기제작의 기술적 차이를 극복하는데 적어도 2~300년간이 걸렸을 것 이다. 한반도 청동기시대 주민들은 당시 안성 공도 만정리에서 확인되 듯이 물레의 사용 없이 손으로 빚은 경질무문토기를 앙천요(open kiln)에서 구워 내었지만 그 후 철기시대가 되면 강릉 사천 방동리, 파 주 탄현 갈현리와 경남 사천 방지리에서 보여주다시피 직경 1.5m내외 원형의 반수혈(半竪穴)의 좀더 발전한 가마에서 점토대토기를 구워내고 있었다. 3~4세기 마한과 백제유적에서 흔히 보이는 토기 표면에 격자 문, 횡주단사선문, 타날문 또는 승석문이 시문된 회청색 연질 또는 경질 토기(도기로 보는 것이 좋음)들이 도기 제작에 있어서 기술의 극복 결과 인 것이다. 따라서 한식도기(漢式陶器) 또는 낙랑도기(樂浪陶器)가 공반 되는 무문토기 유적의 연대는 낙랑이 설치되는 기원전 108년과 가까운 시기가 될 것이다. 가평 달전 2리 토광묘에서 한식 도기와 중국 서안(西 安) 소재 섬서성 역사박물관 전시품과 똑같은 한대의 과(戈)가 출토되었 고, 경기대학교 박물관과 기전문화재연구원에서 시굴 및 발굴 조사한 가평 대성리와 성균관대 박물관의 양평 양수리 상석정의 '철(凸)'자와

사진 48. 강화 교동 대룡리 패총 출토. 한나라 영향
하에 제작된 도기(인천시립박물관 발굴)

'여(呂)'자형 집자리 유적의 경우도 마찬가지로 볼 수 있으며, 그 연대도 기원전 1세기를 내려오지 않을 것이다(사진 42). 또 세종대학교 박물관에서 조사한 포천 영중면 금주리 유적에서도 기원전 20년~서기 10년이라는 연대가 확인되어 이들과 비슷한 시기의 유적임이 확인된 바 있다(기전문화재연구원 2003).

원삼국시대라는 한국 고대사 기록과 부합되지 않는 애매한 시기 설정 대신에 마한과 백제라는 시기구분이 등장하여 이 시기의 성격이 명확하게 설명되고 있음은 최근 우리 고고학계의 성과중의 하나이다. 『삼국사기』 초기 기록대로 한성시대 백제(기원전 18~서기 475년)는 마한의 영역을 잠식해 들어갔는데, 이는 최근 경기도 강화 대룡리(사진 48), 파주 주월리, 자작리, 여주 하거리와 연양리, 진천 산수리·삼룡리, 진천 석장리와 원주 법천리 등 백제 초기 강역에서 확인된 유적들을 통해서 잘 드러난다. 백제보다 앞선 마한의 중심지는 오늘날 천안 용원리 일대였는데 백제가 강성해짐에 따라 마한의 영역은 축소되어 익산과 전라남도 나주시 반남면 대안리, 덕산리, 신촌리와 복암리 일대로 밀려났다. 그리고 목지국이란 국가체제를 갖춘 사회로 대표되던 마한 잔여세력은 5세기 말/6세기 초에 백제로 편입되었던 것 같다. 이는 최근 목포대학교와 동신대학교 박물관에 의해 발굴조사된 나주시 금천면 당가리 요지(사진 49)에 의해서도 확인된다. 충북대학교 중원문화연구소가 발굴한 청주 정북동토성(사적 제415호)은 대표적인 마한의 토성인데, 그 연대는 서기 130년(서문터: 40~220년)경이 중심이 된다. 백제는 풍납 동토성(사적 제11호)과 몽촌토성(사적 제297호)의 경우에서 보이듯이 판축토성을 축조했으나 근초고왕이 한산성(서기 371~391년, 근초고왕 21년~진사왕 1년)으로 도읍을 옮긴 서기 371년부터는 석성을 축조했던 것 같다. 그 대표적인 예가 하남 시 이성산성이며, 단국대학교에서 발굴한 이천 설봉산성도 그러한 예로 볼 수 있다. 아직 가설적인 수준이긴 하지만, 백제와 마한의 고고학적 차이도 언급할 수 있다. 즉, 한성시대의 백제는 판축토성을 축조하다가 371년경부터 석성을 축조하기 시작했고, 기원전부터 사용되었던 중도계 경질무문토기와 타날문토기를 주로 사용했던 반면에 마한은 판축을 하지 않은 토성과 굴립주, 조족문과 거치문이

사진 49. 나주 금천 신가리 당가요지(窯址, 동신대
　　　학교 박물관 발굴)

보이는 회청색 연질토기, 경질무문토기와 타날문토기 등을 사용했고, 묘제로는 토광묘(청주 송절동)와 주구묘(익산 영등동) 등을 채택하였다.

청동기시대-철기시대 전기의 토착세력, 즉 지석묘 축조자들과 1500여 년에 이르는 지석묘 축조 기간 동안 공존했거나, 이들이 동화시킨 여러 가지 다른 문화 계통의 묘제 다시 말해 석관묘, 석곽묘, 토광묘와 옹관묘 등과의 문화 접촉 관계는 앞으로 연구되어야 할 중요한 과제이다. 그리고 청동기시대의 세장방형-장방형-방형-원형의 수혈움집을 거쳐 나타나는 철기시대 전기-철기시대 후기(삼국시대 전기)의 '철(凸)' 자형- '여(呂)' 자형-육각형의 수혈움집의 변천과정과 아울러 토광묘-주구토광묘-옹관묘의 발달과정 그리고 최근 발굴조사되고 그 수가 증가하고 있는 공주 탄천면 장선리(사적 제433호), 가평 대성리, 기흥읍 구갈리와 논산 원북리, 화성 동탄지구 내 석우리 먹실, 화성 동탄 반월리 토실들과의 상호 문화적 관계를 좀더 구체적으로 살펴보면 철기시대 전기와 후기에 걸쳐 나타나는 동예, 옥저, 변한, 진한, 마한 그리고 이들을 기반으로 하여 형성된 고구려 백제, 신라와 가야 등 기록에 나타나는 구체적이고 역사적인 국가의 형성과 발전도 고고학적으로 입증해 낼 수 있을 것이다. 최근 포천 반월성, 연천 호로고루성, 하남 이성산성, 이천 설봉산성, 연기 주류성과 청주 남산골산성의 발굴은 백제 초축(근초고왕 26년)-고구려 증축(서기 475년: 고구려 장수왕 63년)-신라 보축(553년: 진흥왕 14년)-통일신라-고려-조선 등 여러 역사적 사건이 얽혀진 맥락을 보여 준다. 다시 고고학 유적의 발굴 결과가 『삼국사기』 초기 기록의 신빙성을 높여주고 있다 하겠다.

결론적으로 기원전 2000년에서 서기 300년 사이의 2300년의 기간, 즉 한국 고고학의 시대구분상 청동기, 철기시대 전기와 후기의 연구의 새로운 방향은 아래와 같이 정리될 수 있겠다.

1) 한국 고고학과 고대사 연구는 통시적 관점, 진화론적 입장 및 역사적 맥락의 바탕 위에서 이루어져야 한다.

2) 한국 문화의 계통은 각 시대에 따라 서로 다른 다원적인 입장에서 파악하여야 한다. 최근 확인된 고고학 자료는 유럽, 중국(요령성, 길림성, 흑룡강성 등 동북삼성 포함)과 끄로우노프카를 포함하는 시베리아 아무르·우수리강 유역 등 한국문화의 기원이 매우 다양했음을 보여준다.

3) 남한의 청동기시대는 요령성과 북한 지역의 경우처럼 기원전 1500년경까지 거슬러 올라가는데 그 시발점은 기원전 20~15세기경인 신석기시대 중~후기의 빗살-부분빗살문토기, 즉 강원도 춘성군 내평(소양강 수몰지구)과 인천 계양구 동양동 유적 등 돌대문토기가 공반되는 빗살문토기 유적까지 거슬러 올라간다. 이중구연토기, 공렬문토기, 구순각목토기 등의 편년과 공반관계, 문화적 주체와 수용, 다양한 기원 등은 앞으로 학계의 연구방향이 될 것이다.

4) 우리 문화의 주체를 형성한 토착인들은 한국고고학 시대구분상 청동기시대와 철기시대 전기, 즉 기원전 1500년경에서 기원전 1년까지 한반도 전역에 산재해 있던 지석묘(고인돌) 축조인들이다. 지석묘는 그 형식상 북방식, 남방식과 개석식으로 나누어지는데, 각 형식은 서로 다른

문화 수용현상을 보인다. 즉, 북방식과 남방식 지석묘사회는 한반도 북쪽의 카라스크에서 내려온 석관묘 문화를, 한반도 남부의 지석묘 사회에서는 보다 늦게 등장한 개석식 지석묘는 석곽묘나 토광묘를 수용했으며, 이를 기반으로 경기·충청·전라지방에서는 마한이 형성되었다.

5) 신석기시대에서 청동기시대에로의 이행은 문화 계통의 다원적 기원과 함께 국지적인 문화의 수용 내지는 통합을 통해 이루어졌으며, 문화의 자연스런 계승도 엿보인다. 이러한 양상은 인천광역시 옹진군 백령도·중구 용유도와 영월 남면 연당 쌍굴 그리고 대구 북구 서변동 유적을 포함한 내륙지역에서 확인되는 전면/부분빗살문토기 유적들에서 확인된다.

6) 백제는 기원전 3~2세기에 이미 성립된 마한의 바탕 위에서 성립되었으므로 백제초기의 문화적 양상은 마한의 경우와 그리 다르지 않다. 백제의 건국연대는 『삼국사기』 백제본기의 기록대로 기원전 18년으로 보아야 한다. 마한으로부터 할양 받은 한강유역에서 출발한 백제가 강성해져 그 영역을 확장해 나감에 따라 마한의 세력 범위는 오히려 축소되어 천안–익산–나주로 그 중심지가 이동되었다. 백제 건국 연대를 포함한 『삼국사기』의 초기 기록을 인정해야만 한국고대사를 무리없이 풀어 나갈 수 있다. 그래야만 최근 문제가 되고 있는 고구려와 신라·백제와의 초기 관계사를 제대로 파악해 나갈 수 있다.

7) 한성시대 백제(기원전 18년~서기 475년)도 석성을 축조했는데, 하남 이성산성, 이천 설봉산성과 설성산성 그리고 안성 죽주산성 등이 그

좋은 예들이다. 그 석성 축조의 기원은 제13대 근초고왕대인 서기 371년 고구려 고국원왕과의 평양 전투에서 찾을 수 있다. 고구려는 일찍이 제2대 유리왕이 서기 3년 집안의 국내성을 축조했고, 제10대 산상왕 2년(서기 198년)에는 환도산성을 축조한 바 있는데, 이는 2004년 6월 29일 세계문화유산에 등재를 위해 실시된 중국 측의 발굴조사에서도 확인된 바 있다.

8) 위만조선의 멸망과 한사군의 설치는 『사기』의 편찬자인 사마천이 37세에 일어난 사건이며, 위만조선과 낙랑·대방의 존재는 역사적 사실로 인정되어야 한다. 위만조선의 왕검성과 낙랑은 오늘날의 평양 일대로 보아야 한다.

9) 철기시대 전기와 후기(삼국시대 전기)에 보이는 점토대토기·흑도·토실과 주구묘를 포함한 여러 가지 고고학 자료와 문헌에 보이는 역사적 기록들은 당시의 정치·사회·문화가 매우 복잡했음을 보여준다. 이 시기의 역사 서술은 이들을 바탕으로 이루어져야 하는데, 이는 일찍부터 기정사실로 인식되고 있는 고구려사와 같은 맥락에서 이해되어야 한다.

미래를 향한 문화유산 정책

외부로 나타난 우리 민족의 두드러진 현상 중에 하나는 기록을 잘 남길 줄 모른다는 것이고, 또 하나는 행동하면서 생각한다는 것이다. 그러나 세계문화유산으로 지정된 조선왕조실록(국보 제151호)을 비롯해 승정원일기(국보 제303호), 유성룡의 징비록(국보 제132호), 이순신의 난중일기(국보 제76호) 등을 보면 과거 우리 민족은 기록하는 것을 매우 좋아했던 것으로 짐작된다. 우리 조상들은 과거의 잘잘못을 기록으로 남겨 미래에 다시 범하게 될 시행착오를 사전에 방지할 줄 아는 슬기가 있었던 모양이다. 그러나 지금의 현실은 온통 시행착오로 점철되어 있다.

문화행정 분야도 예외는 아니다. 외국을 한 번쯤 다녀온 사람이라면 입국할 때 앞으로 선진국을 따라 가려면 다시 한 번 정신을 바짝 차려야겠다고 생각했을 것이다. 문화재의 보존문제에 관해서는 더욱더 그러할 것이다. 우리도 그들처럼 풍요로운 물질문화를 향유하고 있다고 자부해 보지만 그 수준에 이르러서는 하늘과 땅 차이만큼이나 현격하다. 이는 문화행정기술뿐만 아니라 국민의 전반적인 문화재 인식에 대한 수준 차이에서 비롯되는 것이다.

문화재보호법 제2조의 규정에 따르면 문화재의 개념을 '… 인위적·자연적으로 형성된 국가적·민족적·세계적 유산으로서 역사적·예술적·학술적·경관적 가치가 큰 유형·무형문화재, 기념물과 민속자료'로 정의하고 있다. 대략 지금부터 50년 전 이전 우리 조상에 의해 만들어진 유적이나 유물은 모두 문화재가 될 수 있다는 이야기이다. 특히, 유형문화재의 불법유출을 막기 위해서 공항과 항만에 문화재 감정관을 상주시키고 있다. 그러나 이것만으로 불충분하다. 우리 스스로가 얼마나 문화재를 아끼고 보존하는가 하는 점이 관건이다.

학교의 역사를 알기 위해 자료를 준비하다 보면 개개인을 비롯해 학교당국이 얼마나 자료관리에 엉성한지 알 수 있다. 도대체 역사인식이라고는 조금도 없다. 역사란 과거의 사실을 구체적으로 이해하고 이것을 현재에 비추어 미래를 예견할 수 있는 지혜를 갖도록 하는 것이다. 우리는 한 집안, 직장 그리고 나라의 역사를 얼마나 잘 관리하고 있는지 겸허하게 반성할 필요가 있다. 기록화 된 것은 거의 없지만 다행스럽게도 문화재는 이런 기록을 대신해 우리의 역사와 문화에 대해 이야기해 준다. 개발과 건설의 논리에 밀려 과거 얼마나 많은 문화재들이 알게 모르게 우리 손으로 파괴되었는가. 원래 위치에 과거의 모습 그대로 보존되고 있는 문화재는 거의 없다. 과거 '경제 살리기'라는 미명하에 파괴한 문화재를 지금 먹고 살기 좀 나아졌다고 난리를 쳐 복원[이 경우에는 '복원(復元)'이란 말 대신 비슷하게 '복제'했다는 표현이 더 잘 어울릴 것이다]하고 있는 현장이 많아지고 있다. 이는 주변환경과 전혀 어울리지 않는 동떨어진 문화재의 보존일 뿐이다.

　문화재와 그를 둘러싼 주변 환경이 얼마나 중요한지는 최근의 복원된 한 뼘 여유도 없는 척박한 문화재 현장을 보면 쉽게 이해할 수 있다. 그래서 최근 문화재보호법 제74조와 같은 법 시행령 제43조의2개정(2000년 7월 10일)에 따른 '시ㆍ도 문화재 보호조례 개정 현황'에 의하면 영향 검토지역의 범위는 가급적 500m 이내 지역으로 하되 부득이한 경우 별도로 지정하며, 다만, 서울시 및 광역시는 대도시라는 여건을 감안하여, 불가피하게 영향 검토지역 범위를 구 건축법 규정과 같이 국가지정문화재는 100m로, 시지정문화재는 50m로 하고 있다(시ㆍ도 문화재보호조례 개정 현황, 문화재청, 2001. 5). 또 지정문화재 주변 50~500m의 간격을 유지시키고, 주위 건물의 고도(앙각 27도)를 제한하는 등 여러 면에서 신경을 쓰고 있지만 늦은 감이 없지 않다. 이 규정을 근거로 사적 제11호 풍납동토성 내부지역은 소규모 신축행위인 경우, 건물의 높이는 지상 15m 이내(옥탑 포함)에서 건축 가능하며(터 파기공사는 지하 2m, 유구가 나올 경우는 공사 중지), 기존 건물의 증ㆍ개축의 경우는 15m 이하 건물은 15m까지, 15m 이상의 건물은 기존 건물 높이 내에서 개축이 가능하며, 대규모 아파트 재건축은 허가하지 않는다는 내용의 가이드라인이 2001년 4월 12일 마련되었다. 그리고 사적 제297호인 몽촌토성의 경우 서울올림픽 미술관 건립예정부지가 사적으로부터 100m 이내이므로 허가가 보류·검토가 진행되다가 우여곡절 끝에 허가가 되었다. 이는 100m란 규제 문제보다 주위가 사적을 완전히 둘러싸게 되어 숨막힐 듯한 유적의 경관도 생각해야 하기 때문이다. 앞으로는 문화시민으로서 환경 친화적인 삶에도 신경을 써야 한다. 외국에서 흔히 대하는 선미(禪味) 감도는 풍치는 아니더라도, 자연스럽고 쾌적하며 고풍스런 환경에 문화재가 위치한다면 우리도 선진국에 버금가는 안목을 가진 문화시민의 긍지를 갖게 될 것이다.

우리나라의 박물관은 국립박물관을 제외하고는 몇 개 안되며 그나마 영세하다. 그래서 사설박물관의 설립과 적극적인 운영의 활성화가 필요하다. 그렇게 하려면 어떤 테마에 관심을 두어 꾸준히 수집하는 사람, 이를 뒷받침할 수 있는 재력과 자신의 수집품을 사회에 환원시키고 박물관 전시품으로 기꺼이 기증할 수 있는 성숙된 시민정신이 필요하다. 테마박물관으로는 축음기, 짚풀, 등대, 철도, 석물, 화폐, 농기구, 등잔 등 관심만 가지면 우리 주위에서 쉽게 찾을 수 있다. 그러나 우리나라의 경우 이웃 나라들과 비교해 보면 아직 초보 단계에 불과하다.

예를 들어 '카메라박물관'을 살펴보자. 2001년 작고한 사진작가 이경모씨의 수집품을 기반으로 이루어진 전라남도 나주시의 동신대학교 문화관 내에 위치한 카메라 박물관, 1999년 개관한 대구 화전동 소재 한국영상박물관, 2004년 개관한 서울 관악구 신림동 한국카메라박물관 등이 고작이며, 1998년 문화관광부 후원의 '영상의 해'를 맞아 서대문구 연희 3동에 카메라 박물관을 지어 1999년 말에 완공하는 것으로 계획이 세워졌지만 박물관이 완공되었다는 소식은 아직 들리지 않는다. 이는 사진작가협회와 사진기자협회의 불협화음 때문이란 소문도 있다.

 테마박물관의 숫자는 그 나라의 국력과 문화수준에 정비례한다. 우리 나라에서는 비록 조립품 수준이긴 하지만 1975년 대한광학사에서 나온 코비카(Kobica) 35ㆍ35 BCㆍ35 BC-10의 세 종의 카메라가 나온 바 있고, 이후 삼성, 현대, 아남 등의 회사가 일제 카메라의 조립 생산을 하고 있다. 자동차와 카메라의 생산능력은 그 나라 국가 전체적인 기술 축약으로 국력을 평가하는 기준이 된다고 보면 된다. 라이카(Leica)와 자이스 이콘(Zeiss Ikon) 등을 만들어 세계 카메라 시장을 석권했던 독일과 니콘(Nikon)과 캐논(Canon) 등의 카메라를 만들어 현재의 세계 시장을 점유하고 있는 일본이 대표적이다. 일본의 경우 미국에 현지 회사를 두고 지금까지 나온 세계의 각종 카메라를 수집하고 있으며, 그것도 모자라 수십 년 된 자국에서 생산한 카메라마저 골동품으로 수집하고 있다. 일본에는 민간 주도의 카메라박물관이 헤아릴 수 없이 많다. 그 국력이 부럽기만 하다. 우리나라의 경우에는 카메라를 조립하는 정도의 수준으로 자체 제작은 요원하다. 하물며 카메라박물관과 같은 테마박물관의 설립은 꿈같은 이야기다. 눈을 크게 떠서 이웃 나라의 박물관 설립과 운영 그리고 그에 알맞는 성숙된 시민의 문화수준을 빨리 배워야 한다. 당분간 문화관광부 주도하에서라도 그 격차를 줄일 수 있도록 노력해야 한다.

 2000년 처음으로 문화관광부에 배정된 예산이 전체예산의 1%를 넘었다고 마치 문화대국이 된 것처럼 자랑하더니 지금은 다시 옛날 수준으로 환원되었다고 하는데, 이 점 정부와 국민 모두가 부끄러워하고 깊이 반성해야 할 대목이다.

풍납동토성 내의 발굴조사에서 백제시대 중요 유적들이 드러난 경당마을, 미래마을, 외환은행 부지의 현실적인 보상문제가 매우 중요하다. 국가가 문화재의 지정과 보존에 따른 그곳 주민들의 재산상 피해보상을 빠른 시일 내에 해 주어야 하며, 필요에 따라서 토지매입도 신속히 이루어져야 한다. 참고로 경당마을의 경우에는 보상이 1년이나 걸렸으며, 미래마을과 외환은행 부지에 대해서는 다른 예산 관계부처와 아직도 협의 중인 모양이다. 재산상 피해보상이 빨리 이루어질수록 주민들도 국가의 문화재정책에 적극 호응할 것이다. 이는 고도(古都)인 경주 · 부여 · 공주에 모두 적용된다. 이제 하루 빨리 고도보존에 관한 특별 법률안이 만들어져 잘 시행되어야 한다. 그리고 중요 유적의 출토에 따라 언제 이루어질지 모르는 토지의 매입과 보상에 대해서 여유 있는 준비가 필요하다. 이에 대해 문화재청의 예산증액이 그 어느 때보다도 절실하다.

문화유적의 보호와 관광자원의 활용화에 관한 한 프랑스를 따를 수 없다. 프랑스는 기원전 70~43만년 전의 초기 유럽인이 정착한 또따벨 (Tautavel) 유적과 현생인류인 크로마뇽인의 두개골이 발견된 크로마뇽 바위그늘 유적을 비롯한 오리그나시앙, 페리고디앙, 그라베티앙, 솔루트레앙과 막다레니앙 문화 유적 등 전문학자나 일반 관광객들에게 이름이 낯익은 구석기시대 유적의 보고이다. 특히 3~1만년 전의 후기 구석기시대의 라스코(Lascaux) 동굴벽화를 비롯하여 90년대 초기에 새로 발견된 꼬스께(Cosquwe)나 쇼베(Chauver) 동굴벽화들은 스페인의 알타미라 동굴과 함께 세계인의 자랑거리이다. 이러한 전통 하에서 프랑스가 인상파와 추상화 등 세계미술 흐름을 자연스럽게 주도하고 있음은 당연하다. 프랑스는 10여 년에 걸친 충분한 학술조사와 고증을 거쳐 옛 것을 그대로 복원한 동굴벽화를 유적 앞에 만들어 관광객을 유치하고 있다. 또 떼라 아마따(Terra Amata)유적의 경우처럼 1층 현장에 발굴 유적을 그대로 복원하고 그 위에 아파트가 들어서 유적과 주민생활 둘 다 살린 일석이조(一石二鳥)의 효과를 노린 곳도 많다. 이런 예는 유적 층위를 그대로 살리고 그 위에 전시관을 세운 페리고르지방의 아브리 빠또(Abri Pataud) 후기 구석기시대 유적도 들 수 있다. 그 외에 이태리의 폼페이유적도 빼놓을 수 없는 훌륭한 관광자원의 활용이다. 이들과 연계된 관광상품의 개발 또한 매우 활발하다. 조상 덕에 풍요롭게 사는 나라, 정말 부러운 대목이 아닐 수 없다.

우리나라의 경우 울주군 두동면 천전리(국보 제147호)와 언양면 대곡리 반구대의 암각화(국보 제285호)의 개발과 보존정책이 문제가 되고 있다. 이 암각화 유적이 만들어진 연대는 청동기시대가 중심이 되며, 태평양 연안 캐나다 밴쿠버섬과 니아만 근처의 오젯타 마카족처럼 고래잡이를 중심으로 생활하던 집단의 제사터[聖所]로 여겨진다. 동심원, 나선문, 번개문과 인면(人面) 등으로 보아 그 연원으로는 하바로프스크북동쪽 고아시아족(고시베리아족)의 후손이거나 그곳에 현재에도 살고 있는 나나이족(숙신→읍루→물길→말갈→여진→나나이로 이어짐)의 조상의 것으로 여겨지는 사카치알리안의 암각화를 들 수 있다. 이 암각화는 포항 인비동과 칠포리, 고령 양전동(보물 제605호), 여수 오림동, 함안 도항리, 남해 양하리, 상주리와 벽연리, 영주 가흥리, 밀양 상동 신안 고래리나 멀리 남원 대곡리까지 이어지는 문화전파의 모습을 보여주고 있어 한국문화의 기원을 이야기하는데 매우 중요하다. 그런데 울산광역시에서 이 유적들을 정비하여 관광화하려는 시도를 하고 있다. 의도는 좋으나 무분별한 유적의 개발은 오히려 유적의 경관을 망치고 훼손시킨다. 프랑스의 거석문화의 일종인 입석[menhir]군이 있는 까르낙 유적의 보존을 보면 우리의 문화재 정책이 세계의 문화재 보존 정책에 크게 역행하고 있다는 생각이 들어, 앞으로의 결과가 매우 주목된다.

우리나라의 유적들은 시대를 막론하고 학술차원의 발굴보다는 댐이나 도로 건설과 같은 건설공사에 앞선 구제발굴 때문에 점차 없어져 가고 있다. 유적은 중동지방의 석유자원처럼 거의 무한정 지하에 매장되어 있는 것이 아니므로 이처럼 건설공사가 계속 진행된다면 얼마 못가서 고갈되어 없어질 것으로 예상된다. 이제는 무분별한 건설공사와 이에 따른 구제발굴을 막아야 한다. 발굴도 대학교가 아닌 전문 매장문화재연구소에서 하여야 하며, 대학에서는 학술적·교육적인 발굴을 제외하고는 무분별한 용역발굴에 손대어서는 안 된다. 그리고 발굴 후 정확한 학술 보고서가 계약 기간 내에 발행되어야 한다. 다행히 전국에 매장문화재연구소가 설립되어 활동하고 있는 중이다. 앞으로 올바른 문화재 정책의 수립은 이러한 발굴의 제한에 달려 있다고 해도 과언은 아닐 것이다. 최근 문화보호협회(National Trust)나 비정부조직(NGO: Nongovernmental Organization)과 연계된 시민단체의 문화유적 보호운동이 활발하다. 새로 발굴되는 유적이라 할지라도 그것은 우리만의 소유가 아니다. 우리 역사(문화사)를 새로운 각도와 기술에 의해 연구할 미래 후손들의 몫도 엄연히 존재하는 것이기 때문이다. 그래서 유적을 발굴할 때에도 성격파악 정도에만 그쳐야지 전면발굴은 곤란하다. 유적은 이유 여하를 막론하고 가능하면 보존되어야 하기 때문이다.

어느 신문사의 '지금이 미래다'라는 선전 문구처럼 문화재 정책에 관해서라면 지금이라도 늦지 않았다. 재건축시 문화재의 보존과 환경에 대한 특별한 배려, 테마박물관의 설립과 국가적 차원에서의 적극적인 지원, 그리고 문화재 보호와 유적구입 기금의 확보에 있어서 자발적인 시민연대의 역할성이 제고된다. 다시 말해 문화적 삶과 질을 향유할 수 있는 문화선진국 수준의 시민의식 함양운동이 필요한 시점이다. 다행히 최근 자연미와 사적의 보존을 위한 조직체인 문화보호협회와 비정부조직이 활동 중이어서 이들과 연계해 문화재 정책을 펴나간다면 더욱더 효과적일 것이다. 그리고 이들 문화재를 부가가치가 높은 관광자원으로 활용하여 우리도 조상 덕에 경제적인 여유를 누릴 수 있도록 이집트, 영국, 프랑스, 그리스나 이태리의 문화행정도 눈여겨볼 필요가 있다. 여기에 문화재청 산하기관인 문화재연구소의 기구 확대와 승격, 그리고 내실 있는 적극적인 활용방안이 필요하다. 이는 바로 문화행정의 미래이기도 하다.

　문화재 정책이 건설이나 정치적 논리보다 앞설 때 우리는 스스로 문화적 선진국이라고 자부할 수 있다. 미래를 예견할 수 있는 올바른 역사인식과 사랑스러운 우리의 후손들에게 무엇을 남겨줄 것인가를 행동하기 이전에 진지하게 생각한다면 미래의 문화유산정책에 대한 해답은 자명해질 것이다.

New Perspectives in the Korean Archaelogy and Ancient History :

Emergence and Development of Hanseong Period Baekje and Mahan

Choi Mong-Lyong & Kim Gyong-Taek

Ⅰ. Bronze and Iron Age Cultures in Korea

Analysis and synthesis of archaeological data from the various sites excavated recently by several institutes nationwide provided a critical opportunity to reconsider archaeological cultures of Korean Bronze, Iron Ages and Former Three Kingdoms Period, and I have presented my own chronology and sub-periodization of Korean Bronze and Iron Ages with some suggestions, including a new perspective for future studies in this field.

Though it is still a hypothesis under consideration, the Korean Bronze Age(2,000/1,500 B.C.~400 B.C.) can be divided into four phases based on distinctive pottery types as follows:

1. Initial Bronze Age(2,000~1,500 B.C.): a pottery type in the transitional stage from Jeulmun comb pattern pottery to plain coarse pottery with band applique decoration on the rim, and plain coarse pottery with double rim or Jeulmun pottery decoration.

2. Early Bronze Age(1,500~1,000 B.C.): double rimmed plain coarse pottery with short slant line design on the rim.

3. Middle Bronze Age(1,000~600 B.C.): pottery with a chain of hole-shaped decoration on the rim and pottery with dentate design on the rim.

4. Late Bronze Age(600~400 B.C.): high temperature fired plain coarse pottery(600~850° C).

The Iron Age(400~1 B.C.) can be divided into two phases based on distinctive set of artifacts as follows as well:

1. Former Iron Age: pottery types such as high temperature fired plain coarse pottery and pottery with clay strip decoration on the rim(section: round), mould-made iron implements and bronze implements such as type Ⅰ Korean style dagger, dagger-axe, fine liner design mirror, ax, spear and chisel.

2. Later Iron Age: bronze implements such as type Ⅱ Korean style dagger, horse equipments and chariots, forged iron implements and pottery with clay strip decoration on the rim(section: triangle).

On the other hand, cross-section shape of clay strip attached to pottery can be a criterion to divide the Iron Age into three phases. The shape of clay strip had been changed in the order of section with round, rectangular and triangular shapes and each shape of the cross-section represents a phase of Iron Age, respectively. All the three types of clay strip potteries in terms of the section on the rim of surface, usually accompanied by the Korean type bronze dagger, are buried in the earthen pit tomb, indicating the beginning of the Former Iron Age(B.C. 400) in Korean peninsula.

Korean academic circles have to fully accept a record illustrated in the *Samguksagi*(三國史記) as a historical fact that King Onjo, the first king of Baekje Kingdom, founded Baekje(百濟) in the territory of Mahan in 18 B.C. During the Later Iron Age, or Former Three Kingdoms Period, Baekje had been coexisted with Lolang(樂浪) and Mahan(馬韓) in the Korean Peninsula with close and active interrelations within an interaction sphere. Without full acceptance of the early records of the *Samguksagi*, it is impossible to obtain any productive scholarly outcome in the study of ancient Korea. For quite a long time period, Korean archaeological circles have used a concept and term of Proto-Three Kingdom Period. However, it is time to replace the inappropriate and illogical term and concept, the Proto-Three Kingdom Period with Later Iron Age or Former Three Kingdoms Period.

II. Hanseong Period Baekje and Mahan

The history of Baekje Kingdom, one of the Three kingdoms,

is divided into three periods to the change of sociopolitical center, including its capital as follows: Hanseong Period(18 B.C.~A.D. 475), Ungjin Period(A.D. 475~538) and Sabi Period (A.D. 538~660). Though the Hanseong Period of Baekje Kingdom covers more than two thirds of the whole history of Baekje Kingdom(493 years), history and archaeological culture of the Hanseong Period is still unclear and even ambiguous comparing to the Ungjin and Sabi periods. Most of all, it is because of quite limited historical records and archaeological data available. In addition, negative attitude of the Korean academic circles to the early records of *Samguksaki* has been a critical obstacle to the study of early history of the Three Kingdoms, including the Hanseong Period of Baekje kingdom.

Authors, who have attempted to combine historical records and archaeological data in order to reconstruct the history and archaeological culture of the early Baekje, specifically the Hanseong Period, have held positive attitude to the early records of the *Samguksaki* as much as possible. They came to realize that comprehensive understanding of Mahan(馬韓) society, one of the Three Han(三韓) Society was more than essential in the study of Baekje. According to historical records and archaeological data, Mahan Society represented by Mojiguk(目支國) ruled by King Jin(辰王) has been located in the middle and/or southwestern parts of the Korean peninsula from the 3rd century B.C. through the end of the 5th century or early 6th century A.D. Mahan already occupied central portion of the Korean Peninsula, including the Han River Valley when King Onjo first set up the capital of Baekje Kingdom at Wiryeseong(慰禮城) considered to be modern Han River Valley. From the beginning of the Baekje history, there had been quite close interrelationships between Baekje and Mahan, and the interrelationships had lasted for around 500 years. In other words, it is impossible to attempt to understand and study Hanseong period of Baekje, without considering the historical and archaeological identity of Mahan. According to the *Samguksaki*, Baekje moved its capital three times during the Hanseong Period(18 B.C.~A.D. 475) within the Han River Valley as follows: Wiryeseong at north of the Han River(河北慰禮城, 18~5 B.C.), Wiryeseong at south of the Han River(河南慰禮城, 5 B.C.~A.D. 371), Hansan(漢山, A.D. 371~391) and Hanseong(漢城, A.D.

391~475).

Before 1990s, archaeological data of the Hanseong Period was quite limited and archaeological culture of Mahan was not well defined. Only a few burial and fortress sites were reported to be archaeological remains of the early Baekje, and a few settlement and jar burial sites were assumed to be those of Mahan without clear definition of the Mahan Culture. Since 1990s, fortunately, a number of new archaeological sites of Hanseong Baekje and Mahan have been reported and investigated. Thanks to the new discoveries, there has been significant progress in the study of early Baekje and Mahan. In particular, a number of excavations of Pungnap-dong Fortress site(1996~2005), considered to be the Wiryeseong at south of the Han River, the second capital of the Hanseong Baekje, provided critical archaeological evidence in the study of Hanseong Period of Baekje. Since the end of the 1990s, a number of sites have been reported in Gyeonggi, Chungcheong and Jeolla provinces, as well. From these sites, archaeological features and artifacts representing distinctive cultural tradition of Mahan have been identified such as unstamped fortresses, pit houses cut into the rock, houses with lifted floor and potteries decorated with toothed wheel and bird's footprint designs. These cultural traditions reflected in the archaeological remains played a critical role to define and understand archaeological identity of the Mahan society. Moreover, archaeological data from these new sites reported in the middle and southwestern parts of the Korean Peninsula made it possible to postulate a hypothesis that the history of Mahan could be divided into three periods to the change of its sociopolitical center as follows: Cheonan(天安) Period, Iksan(益山) Period and Naju(羅州) Period. The change of Mahan's sociopolitical center is closely related to the sociopolitical expansion of the Hanseong Baekje.

참고문헌

■ 한국문헌

강동석·이희인, 2002, 「강화도 교동 대룡리 패총」, 『임진강유역의 고대사
회』, 인하대 제3회 학술회의 발표요지

강릉대학교 박물관, 2000, 『발굴 유적 유물 도록』

강원문화재연구소, 2001, 『춘천 거두지구 문화재발굴조사 지도위원회 자료』

강원문화재연구소, 2002, 『국도 44호선(구성포-어론간) 도로 확·포장공사
구간내 유적시굴조사 지도위원회 자료』

강원문화재연구소, 2002, 『춘천시 신북읍 발산리 253번지 유구확인조사 지도
위원회 자료』

강원문화재연구소, 2003, 『국도 44호선(구성포-어론간) 도로 확장구간내 철
정·역내리 유적』

강원문화재연구소, 2003, 『영월 팔괘 I.C. 문화재 시굴조사 지도위원회 자료』

강원문화재연구소, 2003, 『화천 생활체육공원 조성부지내 용암리유적』

강원문화재연구소, 2004, 『강릉 과학일반지방산업단지 문화유적 발굴조사』

강원문화재연구소, 2004, 『국군 원주병원 주둔지 사업예정지역 시굴조사』

강원문화재연구소, 2004, 『동해 송정지구 주택건설사업지구내 문화유적 시

굴조사 지도위원회 자료』

강원문화재연구소, 2004, 『천전리유적』

강원문화재연구소, 2004, 『춘천 우두동 직업훈련원 진입도로 확장구간내 유적발굴조사 지도위원회 자료』

강원문화재연구소, 2005, 『춘천 천전리 유적: 동면~신북간 도로 확장 및 포장공사구간내 유적발굴조사 4차 지도위원회자료』

강원문화재연구소, 2005, 『고성 국도 7호선(남북연결도로) 공사구간내 유적조사 지도위원회 자료』

강인욱 · 천선행, 2003, 「러시아 연해주 세형동검 관계유적의 고찰」 『한국상고사학보』 42

경기대학교 박물관, 2004, 『화성 동탄면 풍성주택 신미주아파트 건축부지 문화유적 발굴조사 현장설명회 자료』

경기도 박물관, 1999, 『파주 주월리 유적』

경기도 박물관, 1999, 『평택 관방유적 정밀지표조사 현장설명회자료』

경기도 박물관, 1999, 『평택 관방유적(I) 지표조사보고서』

경기도 박물관, 2000, 『평택 관방유적(I)』

경기도 박물관, 2001, 『봉업사』

경기도 박물관, 2001, 『포천 자작리유적 긴급발굴조사−지도위원회 자료−』

경기도 박물관, 2002, 『연천 학곡리 개수공사지역내 학곡리 적석총 발굴조사』

경기도 박물관, 2003, 『고양 멱절산 유적발굴조사』

경기도 박물관, 2003, 『월롱산성』

경기도 박물관, 2004, 『안성 공도 택지개발사업부지내 유적발굴조사 1차 지도위원회 자료(5 · 6지점)』

경기도 박물관, 2004, 『안성 봉업사 3차 발굴조사 현장설명회 자료』

경기도 박물관, 2004, 『평택 현곡지방산업단지내 문화유적 발굴조사 3차 지도위원회 자료집』

경기도 박물관, 2004, 『포천 자작리 유적(II) 시굴조사보고서』

경기문화재단, 2003, 『경기도의 성곽』 기전문화예술총서 13

경남문화재연구원, 2003, 『창원 외동 택지개발사업지구내 발굴조사 지도위원회 자료』

경남문화재연구원, 2004, 「울산 연암동 유적발굴 지도위원회 자료」, 『대한문화재신문』 제24호(2004년 11월 15일)

경남발전연구원 역사문화센터, 2001, 『김해 봉황동 시굴조사 지도위원회 자료』

경남발전연구원 역사문화센터, 2003, 『가야인 생활체험촌 조성부지내 김해 봉황동 발굴조사 지도위원회 자료집』

경남발전연구원 역사문화센터, 2005, 「마산 진동리 유적」

경북문화재연구원, 2001, 『대구 상동 정화 우방 팔레스 건립부지내 발굴조사 지도위원회 및 현장설명회 자료』

경북문화재연구원, 2002, 『경주 신당동 희망촌 토사 절취 구간내 문화유적 시굴 지도위원회 자료』

경북문화재연구원, 2003, 『대구-부산간 고속도로 건설구간(제4·5공구) 청도 송읍리 I·III 유적 발굴조사 지도위원회 자료』

경북문화재연구원, 2003, 『성주 예산리 유적 발굴조사』

경북문화재연구원, 2003, 『성주·백전·예산 토지구획정리 사업지구내 성주 예산리유적 발굴조사 지도위원회 및 현장설명회 자료』

경북문화재연구원, 2003, 『포항시 호동 쓰레기 매립장 건설부지내 포항 호동 취락유적 발굴조사 지도위원회 및 현장설명회 자료』

경상남도 남강유적 발굴조사단, 1998, 「남강 선사유적」

계명대학교 박물관 2004,『개교 50주년 신축박물관 개관 전시도록』

계연수 편저(이면수 역), 1986,『환단고기』, 한뿌리

고려대학교 매장문화재연구소, 2001,『대전 대정동 유적』

고려대학교 매장문화재연구소, 2002,『논산 마전리 보고서』

고려대학교 매장문화재연구소, 2003,『서천 도삼리유적』

공주대학교 박물관, 1998,『백석동유적』

공주대학교 박물관, 1999,『용원리 고분군 사진자료』

공주대학교 박물관, 2000,『용원리 고분군』

광진구 1998,『아차산성 '96보수구간내 실측 및 수습발굴조사보고서』

具滋奉, 1994,「圭環頭大刀에 대한고찰」,『배종무총장 퇴임기념 사학논총』

국립문화재연구소, 1994,『연천 삼곶리 백제적석총 발굴조사보고서』

국립문화재연구소, 2001,『풍납토성Ⅰ』

국립문화재연구소, 2002,『고성문암리 선사유적 발굴조사 지도위원회의 자료』

국립문화재연구소 유적조사연구실, 1999,『'98~'99 고성문암리 신석기유적
　　　발굴조사 성과발표』

국립문화재연구소 유적조사연구실, 2001,『나주 복암리 3호분(보도자료)』

국립문화재연구소 유적조사연구실, 2001,『풍납토성Ⅰ(보도자료)』

국립문화재연구소 유적조사연구실, 2002,『올림픽 미술관 및 조각공원 건립
　　　부지 발굴조사 현장지도회의 자료』

국립문화재연구소 유적조사연구실, 2003,『풍납동 삼표산업사옥 신축부지
　　　발굴조사 현장지도회의 자료』

국립문화재연구소 유적조사연구실, 2003,『2003 풍납동 197번지 일대(구 미래
　　　마을 부지) 유적발굴조사현장지도회의 자료』

국립문화재연구소 유적조사연구실, 2003,『연평 모이도 패총』

국립문화재연구소 한성백제학술조사단, 2004, 『풍납동 재건축부지(410번지 외) 발굴(시굴)조사 자문회의 자료』

국립문화재연구소 한성백제학술조사단, 2004, 『2004 풍납토성(사적 11호) 197 번지 일대(구 미래마을 부지) 발굴조사 지도위원회 회의자료』

국립부여문화재연구소, 1997, 『부소산성 발굴조사 중간보고 Ⅱ』 (학술연구 총서 14)

국립부여문화재연구소, 1999, 『부소산성 발굴조사 중간보고 Ⅲ』 (학술연구 총서 23)

국립부여문화재연구소, 2000, 『2000년도 부여 부소산성 발굴조사 현장설명 회 자료』

국립부여문화재연구소, 2000, 『부소산성 발굴조사 중간보고 Ⅳ』

국립부여문화재연구소, 2001, 『2001년도 부여 부소산성 발굴조사 현장설명회 자료』

국립부여문화재연구소, 2002, 『부여 관북리 전 백제왕궁지 시·발굴조사 현 장 설명회 자료』

국립부여박물관, 1994, 『부여 능산리 건물지 발굴조사지도위원회 자료』

국립중앙박물관, 1994, 『암사동』

국립중앙박물관, 1998, 『여주 연양리 유적』

국립중앙박물관, 1999, 『백제』

국립중앙박물관, 2002, 『원주 법천리 유적 발굴조사보고서』

국립중앙박물관, 2000, 『원주 법천리 고분군 -2차 학술발굴조사-』

국립청주박물관, 1996, 『백제금동향로와 창왕명 사리감』 특별전시회도록

국립청주박물관, 1997, 『철의 역사』

군산대학교 박물관, 2002, 『군산 산월리 유적』

金烈圭, 1976,『韓國의 神話』, 一朝閣

金貞培, 1985,「目支國小攷」,『千寬宇先生 還曆紀念 韓國史學論叢』, 正音文化社

金昌錫, 1997,「한국고대 市의 原形과 그 성격 변화」,『韓國史硏究』99 · 100

기전문화재연구원, 2001,『기흥 구갈(3)택지개발 예정 지구내 구갈리 유적발굴조사 설명회 자료』

기전문화재연구원, 2001,『기흥 구갈(3) 택지개발 예정 지구내 구갈리 유적발굴 조사』

기전문화재연구원, 2001,『화성 발안 택지개발지구내 유적 발굴조사 개요』

기전문화재연구원, 2002,『안양시 관양동 선사유적 발굴조사 지도위원회 자료』

기전문화재연구원, 2002,『연천 학곡제 개수공사지역내 학곡리 적석총 발굴조사』

기전문화재연구원, 2002,『용인 보정리 수지빌라트 신축공사 부지 내 유적 시 · 발굴조사 4차 지도위원회 자료』

기전문화재연구원, 2003『기전고고』3

기전문화재연구원, 2003,『서울 EMS테크센터 부지내 유적 발굴조사 지도위원회 자료』

기전문화재연구원, 2003,『용인 보정리 수지빌라트 신축공사 부지 내 유적 시 · 발굴조사 5차 지도위원회 자료(4지점)』

기전문화재연구원, 2003,『하남 시가지우회도로 확 · 포장구간 유적발굴조사 보고서』

기전문화재연구원, 2003,『화성 발안리 마을유적 · 제철유적 발굴조사』

기전문화재연구원, 2003,『화성 발안리마을 유적 · 기안리 제철유적발굴조사, 현장설명회 자료』

기전문화재연구원, 2004, 『경춘선 복선전철 사업구간(제4공구)내 대성리유적 발굴조사』

기전문화재연구원, 2004, 『안성 공도 택지개발사업부지내 유적 발굴조사 1차 지도위원회 자료(5·6 지점)』

기전문화재연구원, 2004, 『안성 공도 택지개발사업부지내 유적 발굴조사 2차 지도위원회 자료(1·3·5 지점)』

기전문화재연구원, 2004, 『안양 관양동 선사유적 발굴조사보고서』

기전문화재연구원, 2004, 『평택 현곡 지방산업단지내 문화유적 발굴조사 3차 지도위원회 자료집』

기전문화재연구원, 2004, 『화성 동탄지구 내 석우리 먹실 유적 발굴조사 Ⅱ』

기전문화재연구원, 2004, 『경춘선 복선전철 사업구간(제4공구) 내 대성리 유적 발굴조사』

기전문화재연구원, 2005, 『화성 신영통 현대타운 2·3 단지 건설공사부지 문화재 발굴조사 지도위원회자료』

기전문화재연구원, 2005, 『안성 공도 택지개발사업지구내 유적 발굴조사: 3차 지도위원회 회의자료(3지점 선공사지역·4지점)』

기전문화재연구원, 2005, 『경춘선 복선전철 사업구간(제4공구) 내 대성리 발굴조사 제2차 지도위원회 자료』

김구군, 2000, 「호형 대구의 형식분류와 편년」, 『경북대 고고인류학과 20주년 기념논총』

김권구, 2003, 『청동기시대 영남지역의 생업과 사회』, 영남대 대학원 박사학위 청구논문

김규상, 1997, 「파주 주월리 유적 발굴조사」, 『'97 경기도 박물관 발굴조사개보』, 경기도박물관

김성태, 2002, 「백제 적석총의 역사고고학적 성격과 그 의미」, 『기전고고』 제2호

김열규, 1990, 「신화」, 『한국민족문화대백과사전』 14, 한국정신문화연구원

김재열외, 1998, 『화성 마하리 고분군』, 호암미술관

김재윤, 2003, 『한반도 각목돌대문토기의 편년과 계보』, 부산대 대학원 문학 석사 학위논문

김태식, 2001, 『풍납토성』, 김영사

김호준, 2002 「설성산성 발굴조사개요」, 『한국성곽연구회 창립학술대회 발표 요지』

盧重國, 1990, 「目支國에 대한 一考察」, 『百濟論叢』 2

단국대학교 매장문화재연구소, 1999, 『이천 설봉산성 1차 발굴조사보고서』

단국대학교 매장문화재연구소, 2001, 『안성 죽주산성 지표 및 발굴조사 완료 약보고서』

단국대학교 매장문화재연구소, 2001, 『이천 설봉산성 2차 발굴조사보고서』

단국대학교 매장문화재연구소, 2001, 『이천 설성산성 1차 발굴조사 지도위원 회 자료』

단국대학교 매장문화재연구소, 2001, 『포천 고모리산성 지표조사완료약보고 서 및 보고서』

단국대학교 매장문화재연구소, 2001, 『포천 반월산성 5차 발굴조사보고서』

단국대학교 매장문화재연구소, 2002, 『이천 설성산성 2차 발굴조사 지도위원 회 자료집』

단국대학교 매장문화재연구소, 2003, 『연천 은대리성 지표 및 발굴조사 지도 위원회 자료집』

단국대학교 매장문화재연구소, 2003, 『이천 설봉산성 4차 발굴조사 지도위원

회 자료집」

단국대학교 매장문화재연구소, 2003, 「이천 설성산성 3차 발굴조사 지도위원
　　회 자료집」

단국대학교 매장문화재연구소, 2004, 「안성 죽주산성 남벽정비구간 발굴조
　　사 지도위원회 자료집」

단국대학교 매장문화재연구소, 2004, 「평택 서부 관방산성 시·발굴조사 지
　　도위원회 자료집」

동양대학교 박물관, 2005, 「국도 5호선 확장공사 부지 내 안동 저전리 유적」

동아대학교 박물관, 2000, 「사천 늑도유적 3차 발굴조사 자료」

목포대학교 박물관, 1995, 「서해안고속도로(무안-목포)구간 문화유적 발굴
　　조사 약보고」

목포대학교 박물관, 1999, 「나주지역 고대사회의 성격」

목포대학교 박물관, 2000, 「영산강 유역 고대사회의 새로운 조명

목포대학교 박물관, 2000, 「자미산성」

목포대학교 박물관, 2001, 「탐진 다목적(가물막이)댐 수몰지역내 문화유적
　　발굴조사 개요」

목포대학교 박물관, 2002, 「지방도 819호선 확·포장공사구간내 문화유적」

목포대학교 박물관, 2002, 「탐진 다목적댐 수몰지역내 문화유적발굴조사(2
　　차) 지도위원회 및 현장설명회 자료」

목포대학교 박물관·동신대 박물관, 2001, 「금천-시계간 국가지원 지방도
　　사업구간내 문화재 발굴조사 지도위원회와 현장설명회 자료」

목포대학교 박물관·동신대 박물관, 2002, 「나주 오량동 가마유적 지도위원
　　회 회의 자료」

목포대학교 박물관·호남문화재연구원·한국수자원공사 , 2000, 「탐진 다목

적댐 수몰지역내 문화유적 발굴조사 지도위원회 및 현장설명회 자료」

문산 김삼룡박사 고희기념 논총간행위원회, 1994, 『문산 김삼룡박사 고희기
　　념 마한·백제문화와 미륵사상』

문화재관리국, 1974, 『팔당·소양댐 수몰지구 유적발굴 종합조사보고』

閔賢九, 1975, 「羅州邑誌解題」, 『羅州邑誌』, 全南大學校 史學科, 光州

밀양대학교 박물관·동의대학교 박물관, 2001, 『울산 야음동 유적』

方起東, 1982, 「集安東臺子高勾麗建筑遺址的性質和年代」, 『東北考古與歷史』
　　1982年 1期

방유리, 2001, 『이천 설봉산성 출토 백제토기연구』, 단국대 사학과 석사학위논문

백제문화개발연구원 , 1994, 『직산 사산성』

백종오, 2002, 「임진강유역 고구려 관방체계」, 『임진강유역의 고대사회』, 인
　　하대박물관

백종오, 2003, 「고구려와 신라 기와 비교연구」, 『백산학보』 67

백종오, 2003, 「朝鮮半島臨津江流域的高句麗關防體系硏究」, 『東北亞歷史與
　　考古信息』 總第40期

백종오, 2004, 「백제 한성기 산성의 현황과 특징」, 『백산학보』 69

백종오, 2004, 「임진강유역 고구려 평기와 연구」, 『문화사학』 21

백종오, 2004, 「포천 성동리산성의 변천과정 검토」, 『선사와 고대』 20

백종오·김병희·신영문, 2004, 『한국성곽연구논저총람』, 서경

삼한역사연구회, 1997, 『삼한의 역사와 문화-마한편-』, 자유지성사, 서울

상명대학교 박물관, 2005, 『파주 탄현면 갈현리 공장 신축예정 부지 문화유
　　적 시굴조사』

서울대학교 박물관, 1975, 『석촌동 적석총 발굴조사보고』

서울대학교 박물관, 2000, 『덕적군도의 고고학적 조사연구』

서울대학교 박물관, 2000, 『아차산 제4보루』

서울대학교 박물관, 2000, 『아차산성』

서울대학교 박물관, 2002, 『아차산 시루봉 보루』

서울대학교 박물관, 2002, 『용유도 유적』

서울역사박물관, 2002, 『풍납토성』

서울특별시, 1988, 『서울의 어제와 오늘』

서정석, 2000, 『백제성곽연구 -웅진·사비시대를 중심으로-』, 정신문화연구
　　원 박사학위 청구논문

석광준·김종현·김재용, 2003, 『강안리 고연리 구룡강』, 백산자료원

선문대학교 역사학과 발굴조사단, 2000, 『강화 내가면 오상리 고인돌 무덤
　　발굴조사 현장 설명회 자료』

성균관대학교 박물관, 2000, 『여수 화장동 유적 제2차 조사 현장설명회 사진
　　자료』

성균관대학교 박물관, 2003, 『경기도 양평군 양수리 상석정마을 발굴조사 1
　　차 지도위원회 자료』

성균관대학교 박물관, 2004, 『경기도 양평군 양수리 상석정마을 발굴조사 3
　　차 지도위원회 자료』

성균관대학교 박물관, 2004, 『경기도 양평군 양수리 상석정마을 발굴조사 약
　　보고서』

成洛俊, 1983, 「榮山江流域의 甕棺墓研究」, 『百濟文化』 15

成周鐸 外, 1990, 「神衿城 南門址 및 周邊 貝殼層 精密調査」, 忠南大學校 博
　　物館, 大田

成周鐸·車勇杰, 1985, 「稷山 蛇山城 發掘調査 中間報告書」, 『百濟研究』 16

成周鐸·車勇杰, 1994, 『稷山 蛇山城』, 백제문화개발연구원

세종대학교 박물관, 2000, 『평택 지제동 유적』

세종대학교 박물관, 2001, 『하남 미사동 선사유적 주변지역 시굴조사』

세종대학교 박물관, 2002, 「연천 고인돌조사 현장설명회 자료」

세종대학교 박물관, 2003, 『포천-영중간 도로확장 구간내 유적(금주리 유적)
  문화유적 발굴조사 약보고』

세종대학교 박물관, 2005, 『하남 덕풍골 유적 -청동기시대의 집터·제의 유
  적 및 고분조사-』

순천대학교 박물관, 2000, 『여수 화장동 문화유적 2차 발굴조사』

순천대학교 박물관, 2001, 『광양 용강리 택지개발지구 2차 발굴조사회의자료』

순천대학교 박물관, 2001, 『보성 조성리토성 발굴조사 현장설명회 및 지도위
  원회 자료』

순천대학교 박물관, 2002, 『여천 화양경지정리지구 문화유적 발굴조사』

순천대학교 박물관, 2004, 『광양 마로산성 3차 발굴조사 현장설명회 자료』

순천대학교 박물관·광양시, 2001, 『여수고락산성 2차 발굴조사』

순천대학교 박물관·광양시, 2002, 『광양 마노산성 2차 발굴조사 지도위원회
  및 현장설명회 자료-』

신라대학교 가야문화재연구소, 1998, 『산청 소남리 유적발굴조사 현장설명
  회 자료』

신용철·강봉원, 1999, 『여주 하거리 방미기골 고분』

심광주, 2004, 『남한지역의 고구려유적』, 고구려연구회

심재연·김권중·이지현, 2004, 「춘천 천전리 유적」, 『제28회 한국고고학 전
  국대회 발표요지』

심정보, 2001, 「백제 석축산성의 축조기법과 성격에 대하여」, 『한국상고사학
  보』 35호

안산시 · 한양대학교 박물관, 2004, 『안산대부도 육곡고려고분 2차 발굴조사 현장설명회』

안재호, 2000, 『한국 농경사회의 성립』, 한국고고학보 43호

연세대학교 박물관, 2004, 『연당 쌍굴: 사람, 동굴에 살다』, 연세대 박물관 특별전 도록

연세대학교 박물관, 2004, 『영월 연당리 피난굴(쌍굴)유적 시굴조사 현장설명회 자료』

연세대학교 원주박물관, 2004, 『안창대교 가설공사 부지내 문화유적 시굴조사 지도위원회 자료』

연세대학교 원주박물관, 2004, 『춘천 삼천동 37-12 번지 주택건축 부지 내 문화유적 시굴조사 지도위원회 자료』

영남대학교 민족문화연구소, 2003, 『대구 월성동 리오에셋아파트 건립부지 내 문화유적 발굴조사 지도위원회 및 현장설명회 자료집』

영남문화재연구원, 2001, 『진천 코오롱아파트 신축부지 내 대구 진천동 유적 발굴조사』

영남문화재연구원, 2002, 『청도 진라리 유적 발굴조사 현장설명회 자료』

울산문화재연구원, 2003, 『울주 반구대 암각화 진입도로 부지내 유적 시굴 · 발굴조사 지도위원회 자료집』

원광대학교 마한 · 백제문화연구소, 2000, 『익산 영등동유적』

원광대학교 마한 · 백제문화연구소, 2002, 『익산 신동리 간이골프장 시설 부지내 문화유적 발굴조사 약보고』

원광대학교 마한 · 백제문화연구소, 2003, 『정읍 신정동 첨단방사선 이용연구센터 건립 부지내 문화유적 발굴조사 현장설명회의 자료』

육군사관학교 화랑대연구소 국방유적연구실, 2003, 『연천 당포성 지표 및 발

굴조사 지도위원회 자료집』

육군사관학교 화랑대연구소 국방유적연구실, 2003, 『정선 애산리산성 지표
조사보고서』

육군사관학교 화랑대연구소 국방유적연구실, 2004, 『파주 덕진산성 시굴조
사 지도위원회 자료』

윤덕향, 1986, 「남원 세전리 유적지표수습 유물보고」, 『전라문화논집』 1집

尹撤重, 1996, 『韓國의 始原神話』, 白山資料院.

李康承·朴淳發·成正鏞, 1994, 『神衿城』, 忠南大學校 博物館, 大田

李基白·李基東, 1982, 『韓國史講座』 1 古代篇, 一潮閣, 서울

李東歡譯註, 1975, 『삼국유사』 上, 三中堂

이병도, 1956, 『두계잡필』, 일조각

李丙燾, 1959, 『韓國史』 古代篇, 乙酉文化社, 서울

李丙燾, 1976, 『韓國古代史研究』, 博英社, 서울

이숙임, 2003, 『강원지역 점토대토기 문화연구』, 한림대 대학원 문학석사 학
위논문

李御寧, 1976, 『韓國人의 神話』 瑞文文庫 021

李榮文, 1978, 「榮山江下流地域의 古墳群」, 『羅州大安里 5號 百濟石室墳 發
掘調査報告書』, 羅州郡廳, 羅州

李榮文, 1987, 「昇州 九山里 遺蹟과 出土唯物」, 『三佛 金元龍敎授 停年退任
紀念論叢』 I(考古學篇), 一志社, 서울

李榮文, 1993, 「全南地方 支石墓社會의 研究」, 韓國敎員大學校 博士學位論文

李榮文·曺根佑, 1996a, 『全南의 支石墓』, 學研文化社, 서울

李榮文·曺根佑, 1996b, 「全南의 支石墓」 『全南의 古代墓制』, 全羅南道·木
浦大學校 博物館

成洛俊, 1983, 「榮山江 流域의 甕棺墓硏究」, 『百濟文化』 15

李弘植編, 1968, 『國史大辭典』

이훈, 2001, 「공주 장선리 유적발굴조사 개요」, 『제44회 전국역사학대회 발표 요지』

이훈·강종원, 2001, 「공주 장선리 토실 유적에 대한 시론」, 『한국상고사학 보』 34호

이훈·양혜진, 2004, 「청양 학암리 유적」, 『제28회 한국고고학 전국대회 발표 요지』

인천시립박물관, 1994, 『영종·용유지구 지표조사보고서』

인하대학교 박물관, 2000, 『인천 문학경기장내 청동기유적 발굴조사 현장설 명회 자료』

인하대학교 박물관, 2001, 『영종 운서토지구획 정리사업 지구내 문화유적 시 굴조사』

任東權, 1998, 「발언대」, 『중앙일보』, 1998년 2월 19일자 7면

전남대학교 박물관, 2001, 『함평 예덕리 만가촌고분군 2차 발굴조사』

전남대학교 박물관, 1997, 『나주 마한문화의 형성과 발전』

전남문화재연구원, 2003, 『진도 고군지구 경지정리 사업구역내 문화유적 시 굴조사 지도위원회 회의 자료』

전남문화재연구원, 2004, 『나주 복암리 고분전시관 건립부지내 문화유적 발 굴조사 지도위원회 회의 자료』

전남문화재연구원, 2004, 『진도 오산리 유적』 학술총서 14집

全北大博物館, 1985, 『細田里出土土器』, 全北大 博物館, 全州

全榮來, 1987, 「韓國 湖南地方の古墳文化」, 『九州 考古學』 61號, pp.32~60

전주대학교 박물관, 2002, 『구이-전주간 도로 확·포장공사 구간내 문화재

발굴조사 현장설명회 자료」

전주대학교 박물관 · 전북대 박물관, 2002, 「전주 송천동 토지구획정리사업 지구내 문화재발굴조사 현장설명회 자료」

제주대학교 박물관, 1999, 「제주 삼양동 유적」

제주문화예술재단 문화재연구소, 2001, 「신제주-외도간 도로개설구간내 외 도동 시굴조사보고서」

제주문화예술재단 문화재연구소, 2003, 「제주 국제공항확장부지내 문화유적 발굴조사-지도위원회 및 현장설명회 자료-」

趙由典, 1991, 「宋山里 方壇階段形 무덤에 대하여」, 「武寧王陵의 연구현황과 제문제」(무령왕릉 20주년 기념학술회의 발표요지)

趙喜雄, 1983, 「韓國說話의 類型的 研究」, 한국연구원

중앙문화재연구원, 2001, 「논산 성동지방 산업단지 부지내 논산 원북리 유적」

중앙문화재연구원, 2001, 「논산 지방산업단지부지내 논산 원북리 유적 발굴 조사」

중앙문화재연구원, 2001, 「진천 문백 전기 · 전자 농공단지내 매장문화재 발 굴조사」

중앙문화재연구원, 2002, 「대전 테크노밸리 사업부지내 문화재 발굴조사 지 도위원회 자료」

중앙문화재연구원, 2002, 「중부내륙고속도로 충주지사 및 두담 고분군 시굴 발굴조사 지도위원회 자료」

중앙문화재연구원, 2003, 「가오 주택지 개발사업지구내 대전 가오동 유적 지 도 · 자문위원회 자료」

중앙문화재연구원, 2003, 「경주 나정」

중원문화재연구원, 2004, 「고속도로 40호선 안성음성간(제 5공구) 건설공사

사업부지 내 안성 반제리 유적 발굴조사 현장설명회 자료집」

중원문화재연구원, 2004, 『충주 장미산성 발굴조사 현장설명회 자료집』

중원문화재연구원, 2005, 『군포 부곡택지개발지구 부지내 유적 시굴조사 지도위원회 자료』

차용걸, 2003, 「충청지역 고구려계 유물출토 유적에 대한 소고-남성골 유적을 중심으로-」, 『호운 최근묵교수정년 기념논총』

차용걸·우종윤·조상기, 1992, 『중원 장미산성』, 충북대박물관

車勇杰·趙詳紀·吳允淑, 1995, 『淸州 新鳳洞 古墳群』, 忠北大學校 博物館

千寬宇, 1979, 「馬韓 諸小國의 位置試論」, 『東洋學』 9

千寬宇, 1979, 「目支國考」, 『韓國史研究』

崔光植, 1997, 「박혁거세 신화」, 『한국사』 7, 국사편찬위원회

최몽룡, 1972, 「한국 동과에 대하여」, 『서울대 문리대학보』 18권, 27호

崔夢龍, 1975, 「韓國 銅戈に ついて」, 『朝鮮考古學年報』 2

崔夢龍, 1978, 「光州 松岩洞 住居址 發掘調査報告」, 『韓國考古學報』 4

崔夢龍, 1982, 「全南地方 支石墓社會와 階級의 發生」, 『韓國史研究』 35

최몽룡, 1983, 「한국고대국가의 형성에 대한 일고찰-위만조선의 예-」, 『김철준교수 회갑기념 사학논총』

최몽룡, 1985, 「고고분야」, 『일본 對馬·壹岐島 종합학술조사보고서』, 서울신문사

최몽룡, 1985, 「고대국가성장과 무역 -위만조선의 예-」, 『한국고대의 국가와 사회』, 역사학회편

崔夢龍, 1986, 「고인돌과 독무덤」, 『全南文化의 性格과 課題』, 第一回 全南古文化 심포지움 발표요지

최몽룡, 1987, 「한국고고학의 시대구분에 대한 약간의 제언」, 『최영희교수

화갑기념 한국사학논총』

최몽룡, 1987, 『한국고대사의 제문제』, 관악사

최몽룡, 1988, 「반남면 고분군의 의의」, 『나주반남면 고분군』, 광주박물관 학
술총서 13책

崔夢龍, 1989, 「歷史考古學 硏究의 方向-우리나라에서 역사시대의 시작」,
『韓國上古史』, 韓國上古史學會, 서울

최몽룡, 1989, 「삼국시대 전기의 전남지방문화」, 『성곡논총』 20집

최몽룡, 1989, 「상고사의 서해 교섭사 연구」, 『국사관논총』 3집

최몽룡, 1989, 「역사고고학연구의 방향」, 『한국상고사 연구현황과 과제』, 민음사

최몽룡, 1990, 「전남지방 삼국시대전기의 고고학연구현황」, 『한국고고학보』 24집

최몽룡, 1990, 「초기철기시대」, 『국사관논총』 16집(신숙정과 공저)

최몽룡, 1991, 「마한목지국의 제문제」, 『백제사의 이해』(최몽룡·심정보 편),
학연문화사

최몽룡, 1993, 「철기시대: 최근 15년간의 연구성과」, 『한국사론』 23집, 국사
편찬위원회

최몽룡, 1993, 『한국 문화의 원류를 찾아서』, 학연문화사

최몽룡, 1993, 「한국 철기시대의 시대구분」, 『국사관논총』 50, 국사편찬위원회

최몽룡, 1994, 「고고학상으로 본 마한의 연구」, 『문산 김삼룡박사 고희 기념
논총: 마한·백제문화와 미륵사상』(논총간행위원회 편), pp.91~98, 원
광대학교 출판국, 익산

최몽룡, 1994, 「최근 발견된 백제향로의 의의」, 『韓國上古史學報』 15

崔夢龍, 1996, 「한국의 철기시대」, 『東아시아의 鐵器文化-도입기의 제양상-』,
문화재연구소 국제학술대회 발표논문 제5집

최몽룡, 1997, 「백제의 향로제사유적 및 신화」, 『도시·문명·국가』(최몽룡

저), 서울대학교 출판부, 서울

최몽룡, 1997, 「북한의 단군릉 발굴과 그 문제점」, 『도시 · 문명 · 국가』 (최몽
　　룡 저), 서울대학교 출판부, 서울

최몽룡, 1997, 「청동기 · 철기시대의 시기구분」, 『한국사 3-청동기와 철기문
　　화-』, 국사편찬위원회, 서울

최몽룡, 1997, 『도시 · 문명 · 국가-고고학에의 접근-』, 서울대학교 출판부

최몽룡, 1997, 「청동기시대와 철기시대」, 『한국사』 3, 국사편찬위원회

崔夢龍, 1998, 『백제를 다시 본다』(편저), 주류성(2004 『百濟ぉもぅ一度考え
　　る』 日譯, 周留城, 서울

崔夢龍, 1998, 『다시 보는 百濟史』, 周留城, 서울

최몽룡, 1999, 「나주지역 고대문화의 성격-반남면 고분군과 목지국-」, 『복
　　암리고분군』

최몽룡, 1999, 「서울 · 경기도의 백제유적」, 경기도 박물관 제5기 박물관 대
　　학강좌

최몽룡, 1999, 「철기문화와 위만조선」, 고조선문화연구, 한국정신문화연구원

최몽룡, 1999, 「Origin and Diffusion of Korean Dolmens」, 『한국상고사
　　학보 30호

최몽룡, 2000, 「21세기의 한국고고학」, 『한국사론』 30, 국사편찬위원회

崔夢龍, 2000, 「21世紀의 韓國考古學」, 『21世紀의 韓國史學』, 國史編纂委員會

崔夢龍, 2000, 『흙과 인류』, 주류성, 서울

최몽룡, 2002, 「21세기의 한국고고학의 새로운 조류와 전망」, 한국상고사학
　　회 27회 학술발표대회 기조강연

崔夢龍, 2002, 「考古學으로 본 文化系統: 多元論的 立場」, 『韓國史』 1, 國史
　　編纂委員會

최몽룡, 2002, 「고고학으로 본 문화계통」, 『한국사』 1, 국사편찬위원회

崔夢龍, 2002, 「百濟都城의 變遷과 硏究上의 問題點」, 第3回 文化財硏究 學術大會 基調講演, 國立扶餘文化財硏究所

최몽룡, 2002, 「선사문화와 국가형성」, 『고등학교 국사』(5·6·7 차), 교육인적자원부

최몽룡, 2002, 「풍납동토성의 발굴과 문화유적의 보존」, 『풍납토성』, 서울역사박물관

최몽룡, 2003, 「考古學으로 본 馬韓」, 『益山文化圈硏究의 成果와 課題』, 원광대학교 마한·백제문화연구소 창립 30주년 기념 학술대회 및 2004 『마한·백제문화』 16

최몽룡, 2003, 「백제도성의 변천과 문제점」, 『서울역사박물관 연구논문집』 창간호

최몽룡, 2003, 「한성시대의 백제와 마한」, 『문화재』, 36호

최몽룡, 2004, 「부천 고강동 유적 발굴조사를 통해 본 청동기시대, 철기시대 전기와 후기의 새로운 연구방향」, 『선사와 고대의 의례고고학』

최몽룡, 2004, 「역사적 맥락에서 본 경기도 소재 고구려 유적 연구의 중요성」, 고구려유적 정비활용을 위한 학술워크샵

최몽룡, 2004, 「朝鮮半島の文明化-鐵器文化와 衛滿朝鮮-」, 『日本 國立歷史民俗博物館硏究報告』 119輯

최몽룡, 2004, 「철기시대전기의 새로운 연구방향」, 『기전고고』 4

최몽룡, 2004, 「통시적으로 본 경기도의 통상권」, 한국상고사학회 32회 학술발표대회기조강연

최몽룡, 2005, 「동북아시아적 관점에서 본 한국청동기시대 연구의 신경향」, 2005 서울 경기 고고학회 춘계학술대회 기조강연

최몽룡, 2004, 「한국문화의 계통」, 『동북아 청동기문화연구』, 주류성

최몽룡·권오영, 1985, 「고고학적 자료를 통해본 백제초기의 영역고찰 -도성 및 영역문제를 중심으로 본 한성시대 백제의 성장과정-」, 『천관우선생 환력기념 한국사학논총』

崔夢龍·金庚澤, 1990, 「全南地方의 馬韓·百濟時代의 住居址硏究」, 『韓國上古史學報』 4호

최몽룡·김경택·홍형우, 2004, 『동북아 청동기시대 문화 연구』, 주류성

최몽룡 외, 1999, 『덕적군도의 고고학적 조사연구』, 서울대 박물관

최몽룡·김선우, 2000, 『한국지석묘 연구이론과 방법-계급사회의 발생-』, 주류성

최몽룡·김용민, 1998, 「인골에 대한고찰」, 『능산리』

최몽룡·신숙정·이동영, 1996, 고고학과 자연과학-토기편」, 서울대학교 출판부

최몽룡·심정보, 1991, 『백제사의 이해』, 학연문화사

최몽룡·유한일, 1987, 「심천포시 늑도 토기편의 과학적 분석」, 『삼불김원용교수 정년퇴임 기념논총 I (고고학편)』, 일지사

최몽룡·이선복·안승모·박순발, 1993, 『한강유역사』, 민음사, 서울

최몽룡·이청규·김범철·양동윤, 1999, 『경주 금장리 무문토기유적』, 서울대학교 박물관

崔夢龍·李淸圭·盧赫眞, 1979, 「羅州 潘南面 大安里 5號 百濟石室墳發掘調査」, 『文化財』 12

최몽룡·이헌종·강인욱, 2003, 『시베리아의 선사고고학』, 주류성

최몽룡·최성락, 1997, 『한국고대국가형성론』, 서울대학교 출판부

최몽룡·최성락·신숙정, 1998, 『고고학연구방법론 -자연과학의 응용-』, 서울대학교 출판부

崔盛洛, 1986a, 『靈岩 長川里 住居址 I』, 木浦大學博物館, 木浦

崔盛洛, 1986b, 『靈岩 長川里 住居址 II』, 木浦大學博物館, 木浦

崔盛洛, 1992, 『韓國 原三國文化의 硏究-全南地方을 中心으로』, 학연문화사

최성락, 2001, 『고고학여정』, 주류성

최성락, 2002, 「삼국의 성립과 발전기의 영산강 유역」, 『한국상고사학보』 37호

최성락, 2002, 「전남지역 선사고고학의 연구성과」, 『고문화』 59집

최성락·김건수, 2002, 「철기시대 패총의 형성배경」, 『호남고고학보』 15집

최완규, 1997, 『금강유역 백제고분의 연구』, 숭실대학교 대학원 박사학위논문

최완규, 1999, 「익산지역의 최근 고고학적 성과」, 『마한·백제문화』 14호

충남대학교 박물관, 1999, 『대전 궁동유적 발굴조사』

충남대학교 박물관, 2001, 『대전 장대지구 문화유적 발굴조사 지도위원회 회
　　의자료』

충남대학교 박물관, 2001, 『아산 테크노 콤플렉스 지방산업단지 조성부지내
　　아산 명암리 유적』

충남대학교 박물관·공무원 연금관리공단, 2000, 『상록리조트 골프장 증설
　　부지내 천안 장산리유적』

충남역사문화연구원(구 충남발전연구원), 2001, 『연기 운주산성 발굴조사 개
　　략보고서』

충남역사문화연구원(구 충남발전연구원), 2002, 『부여 백제역사재현단지 조
　　성부지내 문화유적조사 발굴약보고』

충남역사문화연구원(구 충남발전연구원), 2002, 『부여 증산리 유적 발굴조사
　　개요(부여 석성 십자거리 우회도로 개설예정 부지내 문화유적 발굴조사)』

충남역사문화연구원(구 충남발전연구원), 2003, 『공주 의당농공단지 조성부
　　지내 발굴조사: 공주 수촌리 유적』

공사 구간 내 문화유적 발굴조사 1차 현장 설명회 자료』

충청매장문화재연구원, 2002, 『장흥-군산간 철도연결사업 구간내 군산 내흥
동 현장설명회 자료』

충청매장문화재연구원, 2002, 『천안 운전리 유적』

충청매장문화재연구원, 2002, 『대전 자운대 군사시설공사 사업부지내 자운
동·추목동 유적 발굴조사 현장설명회 자료』

충청매장문화재연구원, 2002, 『대전 자운대 군사시설공사 사업지역내 문화
유적 현장설명회 자료』

충청매장문화재연구원, 2002, 『장항-군산간 철도연결사업 구간내 군산 내흥
동 유적』

충청매장문화재연구원, 2002, 『천안 운전리유적 현장설명회 자료』

충청매장문화재연구원·고려개발 , 1999, 『천안 용원리 유적』

하문식·백종오·김병희, 2003, 「백제 한성기 모락산성에 관한 연구」『선사
와 고대』 18

한국관광공사, 1995, 『백제의 숨결-일본문화의 원류를 찾아서-』

한국문화재보호재단, 2000, 『청주 송절동 유적』

한국문화재보호재단 , 2000, 『청주 용암 유적 (I·II)』

한국문화재보호재단, 2001, 『하남 천왕사지 2차 시굴조사』

한국문화재보호재단, 2001, 『하남 천왕사지 시굴조사-지도위원회 자료-』

한국문화재보호재단, 2002, 『시흥 목감중학교 시설사업 예정부지 문화유적
발굴조사 -지도위원회 자료-』

한국문화재보호재단, 2002, 『인천 검단 2지구 1·2구역 문화유적 시굴조사-
지도위원회 자료』

한국문화재보호재단, 2002, 『인천 원당지구 1·2구역 문화유적 발굴조사-1

차 지도위원회 자료-」

한국문화재보호재단, 2002, 「제천 신월 토지구획정리사업지구내 문화유적발
　　굴조사 지도위원회 자료」

한국문화재보호재단, 2003, 「울산권 확장 상수도(대곡댐)사업 평입부지내 3
　　차 발 및 4차 시굴조사 약보고서」

한국문화재보호재단, 2003, 「인천 검단 2지구 2구역 문화유적 발굴조사-지
　　도위원회 자료-」

한국문화재보호재단, 2003, 「인천 불로지구 문화유적 시굴조사-지도위원회
　　자료-」

한국문화재보호재단, 2003, 「인천 원당지구 4구역 문화유적 발굴조사-4차
　　지도위원회 자료-」

한국문화재보호재단, 2004, 「인천 동양택지개발사업지구(1지구) 문화유적 발
　　굴조사 지도위원회 자료」

한국문화재보호재단, 2004, 「인천 원당지구 4구역 문화유적 발굴조사-6차
　　지도위원회 자료-」

한국토지공사 토지박물관, 2001, 「연천 군남제 개수공사지역 문화재 시굴조
　　사-지도위원회 자료」

한국토지공사 토지박물관, 2001, 「연천 호로고루-지도위원회 자료」

한국토지공사 토지박물관, 2003, 「연천 신답리고분」

한국토지공사 토지박물관 · 연천군, 2001, 「연천 호로고루 1차발굴조사 약보고서」

한국토지박물관 · 한국토지공사, 2002, 「남한행궁 제5차 발굴조사 지도위원
　　회 자료」

한국토지박물관 · 한국토지공사, 2002, 「용인 죽전지구 4지점 문화유적 발굴
　　조사지도위원회 자료」

『考古學誌』4

호남문화재연구원, 2001, 『나주 공산 우회도로 구간내 문화유적 시굴발굴조
　　사 현장설명회 자료』

호남문화재연구원, 2001, 『아산~고창간 도로공사구간내 만동유적 현장설명
　　회 자료』

호남문화재연구원, 2001, 『해보~삼서간 도로 확·포장 구간내 문화유적: 함
　　평대성유적 현장설명회 자료』

호남문화재연구원, 2002, 『금마~연무대 도로 확·포장공사 구간내 문화유적
　　발굴조사 현장설명회 자료』

호남문화재연구원, 2003, 『익산~장수간고속도로 건설구간내 사덕유적 발굴
　　조사』

호남문화재연구원, 2003, 『전주시 관내 국도대체 우회도로(이서~용정) 건설
　　구간내 완주갈동 유적 현장설명회 자료』

호남문화재연구원, 2004, 『광주 동림 2택지 개발사업지구내 문화유적발굴조사』

洪美瑛·金起兒, 2003, 「韓國南楊州市好坪洞舊石器遺蹟掘調査槪要」, 『黑耀
　　石文化硏究』第2號

■ 미국문헌

Choi, M. L. and S. N. Rhee, 2001, Korean Archaeology for the 21st
　　Century: From Prehistory to State Formation, *Seoul Journal
　　of Korean Studies* Vol.14, Seoul National University.

Rice, P., 1987, *Pottery Analysis-A Source Book-*, Chicago &
　　London: University of Chicago.

Sanders, W. and J. Marino, 1970, *New World Prehistory*, Prentice-Hall, INC, Englewood Cliffs, New Jersey.

Timothy Earle ed., 1991, Chiefdoms: Power, Economy & Ideology Cambridge Univ. Press

Timothy Earle, 1997, How Chiefs Come to Power, The Political Economy in Prehistory, Stanford Univ. Press.

■ 일본문헌

穴澤口禾光・馬目順一, 1973, 「羅州潘南面古墳群」, 『古代學硏究』 70, 古代學

有光敎一, 1940, 「羅州潘南古墳の發掘調査」, 『昭和13年度 古蹟調査報告』 朝鮮總督府

有光敎一, 1980, 「羅州 潘南面 新村里 第九號墳 發掘調査記錄」, 『朝鮮學報』 94, pp. 119~166

岡內三眞 編, 1996, 『韓國の前方後圓形墳』, 雄山閣

北九州市立歷史博物館, 1978, 『海の正倉院 −宗像沖島の遺寶−韓國史硏究−』

田中俊明, 1997, 「熊津時代 百濟의 領域再編과 王・侯制」, 『百濟의 中央과 地方』, 충남대 백제연구소, 대전

谷井濟一, 1920, 「京畿道 廣州, 高陽, 楊州, 忠淸南道 天安, 公州, 扶餘, 靑陽, 論山, 全羅北道 益山及全羅南道羅州郡古墳調査略報告」, 『大正六年度 (1917) 古墳調査報告』. 朝鮮總督府

中山淸隆, 2002, 「繩文文化と大陸系文物」, 『繩文時代の渡來文化』, 雄山閣

藤尾愼一郎, 2002, 「朝鮮半島の突帶文土器」, 『韓半島考古學論叢』, 東京

渡邊素舟, 1971, 『東洋文樣史』